陶希圣与『食货』学派研究

陈园园○著

浙江大学出版社
ZHEJIANG UNIVERSITY PRESS

目　　录

绪 论

第一节 题 旨

一、研究背景

20 世纪二三十年代爆发的中国社会史论战,是近代中国史学史上的重大学术事件,它开辟了两种经济史的研究路向:一种是直接秉承论战,以理论为主导的经济史研究;另一种是扭转论战方向,以史料为主导的经济史研究。[①] 陶希圣与"食货"学派即是第二种经济史研究路向的代表。20 世纪 30 年代,陶希圣以探寻中国社会发展规律为目的,以《食货》半月刊为学术平台,摒弃社会史论战时期社会经济史研究中政论纷争掩盖学术探讨的弊病,高举理论与材料并重的大旗,聚集一批学术旨趣相同的学人在中国史学界掀起一场"食货"运动,对此后的中国社会经济史研究产生了深远影响。这批学术旨趣、治史风格及学术观点相近并有着紧密学术关联的学人被称为"食货"学派。由于"食货"学派是以《食货》半月刊的刊名命之,而且学派主要成员学术观点的刊布多以《食货》杂志为主要平台,因此后来的研究者往往将"食货"学派与《食货》半月刊混为一谈,甚至将《食货》论文的作者都归为"食货"学派。学者李根蟠、黄静、苏永明都曾指出《食货》半月刊不等同于

---

① 陈峰:《社会史论战与现代中国史学》,山东大学 2005 年博士学位论文。

"食货"学派,《食货》作者群并不全是"食货"学派成员。这主要源于在《食货》半月刊上发表论文的学者如嵇文甫、傅衣凌、全汉昇、杨联陞、王瑛、李秉衡、刘兴唐等人,其学术观点及治史旨趣与陶希圣等人相左。而"食货"学派的核心成员何兹全明确说,"食货"学派的主要成员"有陶希圣直接指导的在北京大学法学院'中国经济史研究室'工作的鞠清远、武仙卿、曾謇和后来与陶希圣有工作关系的连士升、沈巨尘、何兹全"①。"学术流派,即某一学科的研究者中,因相同的学术旨趣和师承关系而自然形成的具有独特治学观点、方法、风格的学术群体。"②据此标准,何兹全所言,自为中肯之论。

　　20世纪30年代陶希圣与"食货"学派成员在创办《食货》半月刊的同时,积极组织食货学会,成立北京大学经济史研究室,在《益世报》开辟《食货周刊》,组织出版《中国社会史丛书》,在学界产生了不小的影响力。从陶希圣与"食货"学派的社会经济史研究内容上看,大都是以某一时期具体的社会经济问题为探讨对象,其中有关于社会身份、人口、家族、土地制度、田赋租税、农业、货币、市场、都市贸易、寺院经济、婚姻制度等方面内容的探讨,如鞠清远的中古门生故吏、元代官匠户研究,何兹全的寺院经济、中古大族寺院领户研究及武仙卿的南北朝色役等研究。从研究的时间范围上看,"食货"学派已不再将上古到明清作为一个笼统的时间段做长时段研究,而是集中于魏晋至隋唐时期。他们认为这一时期是中国历史上社会经济发展的转折期。著名的中国古史分期"魏晋封建说"就是"食货"学派通过对这一时期社会经济各方面的探讨后而形成的一个重要的学术观点。"食货"学派不仅开辟了社会经济史研究新领域、构建新观点,而且提出了新的研究理论与方法。他们将社会史与经济史相结合;注重中西比较研究;注重史料与理论方法的会通;提倡研究手段的多样化,注重跨学科研究;倡导学术争鸣,开展学术交流。这些都"引导中国之史学研究进入一境域,为近代中国史学标界立基"③。

　　1937年抗日战争全面爆发后,陶希圣放弃北京大学教授的学者生活投身于国民党政权从事政治宣传活动,在其带领下"食货"学派其他成员也纷

---

①　何兹全:《何兹全文集》第一卷,中华书局2006年版,第594—595页。

②　胡逢祥、张文建:《中国近代史学思潮与流派》,华东师范大学出版社1991年版,第15页。

③　张春树:《民国史学与新宋学——纪念邓恭三先生并重温其史学》,《国学研究》1999年第6期。

纷投身政治,编辑《政论》刊物,撰写品评时事的论文,"食货"学派的学术活动被迫中断。陶希圣及"食货"学派其他成员大都是国民党员,信奉三民主义,但是对国民党的政治腐败不满,并对中日和平抱有幻想。1939年陶希圣随汪精卫逃离重庆,参与汪精卫对日密谋的活动。"食货"学派部分成员受其影响,也参与到中日"和平运动"中。稍后,陶希圣认识到日本妄图诱降灭亡中国的险恶用心,制造"高陶事件"脱离汪精卫集团,而武仙卿、沈巨尘、鞠清远却出任伪职,自甘堕落为汉奸。至此,"食货"学派成员在人生道路的选择上发生重大分歧,"食货"学派由盛转衰。1942年陶希圣重回重庆,在蒋介石侍从室任职,并长期担任《中央日报》主编。抗战胜利后,1946年陶希圣召集"食货"学派成员曾謇、连士升在《中央日报》创办《食货周刊》,希望恢复"食货"学派的社会经济史研究,重振学术声望。然而,时过境迁,中国史学研究经过数年的发展,已形成马克思主义史学派与新史料考证学派平分秋色的局面。马克思主义学者在社会实践中将马克思主义理论与中国实际相结合研治中国社会经济史,使得马克思主义史学产生了丰富的学术成果。此时,"食货"学派成员身居国民政府要职,依托国民党政府官报从事研究,其学术研究受政治因素影响更加明显。"食货"学派在20世纪30年代的学术研究中,运用唯物史观研治中国社会经济史是他们取得较高学术影响力的重要因素之一,但受政治立场的影响,"食货"学派是有选择地运用唯物史观,与正统的马克思主义学者相比,他们的唯物史观是"不纯"的。40年代,"食货"学派没有进一步完善自身的理论建设,而是提出"新经学",倡导史学研究的经世致用色彩。这一时期"食货"学派的学术研究侧重于与社会现实有紧密关联的专题研究,希望以史为鉴,为国民党政权的政策实施提供史实参考。这种逆时代潮流而行的史学观及史学研究不仅不能重振"食货"学派往日的学术威望,反而加速了学派衰落的进程。1949年中华人民共和国成立以后,"食货"学派以陶希圣、沈巨尘赴台湾地区,连士升远走新加坡,何兹全赴美学习后在北京师范大学任教,曾謇、武仙卿、鞠清远身负政治罪名无力从事学术研究而告终。

　　由于"食货"学派政治身份较为复杂,因而人们在研究过程中常将政治和学术等同起来,把学者的政治立场和学术成果混为一谈。这样"食货"学派领袖陶希圣也就有了"资产阶级反动学者""蒋介石的走狗"等政治帽子,"食货"学派也常被人们视为"反动文人""反共组织"。与此相关联,"食货"学派在中国社会经济史研究进程中所做的积极贡献也被学界经常有意无意地忽略。

近年来,黄静、苏永明的博士论文《抗战时期史学流派研究(1937—1945)》《"食货派"史学研究》,都把"食货"学派作为中国近代史学史上的一个重要史学流派,对其社会经济史研究的成就、史学思想、治史方法进行了细致的探讨。这对恢复"食货"学派在中国史学史上的历史地位,无疑有重要的推动作用。

二、研究目的

就目前的研究状况看,关于"食货"学派发展历程,陶希圣与其他"食货"学派成员间的学术、政治关系,"食货"学派学术与政治之关联,都是需要做进一步探讨的。

第一,多方位地探究"食货"学派的兴衰历程,有助于我们更清晰地明了这一史学派别的发展过程,进而丰富中国近代史学史研究。在中国近代复杂的时代背景下,"食货"学派同其他学派一样受到社会环境的影响,它因社会史论战而兴起,在摒弃论战中理论空洞、材料匮乏的基础上,突出自己会通理论与材料、社会史与经济史相结合、注重中西比较研究的治学特色,在魏晋至隋唐时期的社会经济史研究领域建树颇多。对"食货"学派发展历程的深刻探究,有助于我们全面地理解社会经济史研究早期的发展状态,进而有助于全面梳理中国近代经济史的演变。为达到这一学术目标,我们在将"食货"学派作为近代史学发展长河中的一个重要分支,从中国经济史学科的整体发展中来考察"食货"学派的同时,通过对"食货"学派的个体分析反映出社会经济史学科的演变轨迹,进而给予"食货"学派科学的认识。

第二,考察"食货"学派领袖陶希圣与其他"食货"学派成员间的学术、政治关联,一方面有助于我们更深入地探究陶希圣的学术成就及政治经历,另一方面也有助于我们科学地总结这一学派的发展规律。陶希圣是"食货"学派的创始人,也是"食货"学派其他成员学业上的导师,何兹全等人都是在陶希圣的指引下,走上研治社会经济史的学术道路的。陶希圣与学派其他成员在研究过程中相互影响、借鉴,形成了丰富的学术成果。陶希圣是20世纪二三十年代中国著名的社会经济史学家,对其学术成就及影响力的研究具有很高的学术价值。现代学人在对这一历史人物的研究过程中往往忽视其知名学者的社会身份。通过对陶希圣与其他相关学人学术的探讨,可以使我们更深刻地了解陶希圣的学术研究,给予他客观公正的评价。

第二节　学术史回顾

以陶希圣为领袖的"食货"学派于 20 世纪现身中国史坛,在中国经济学、史学领域均有着重要影响。与之对应,迄今为止的研究中,以陶希圣及"食货"学派为研究对象,学界主要围绕以下三个问题进行研究:一是"食货"学派学术平台《食货》半月刊的研究内容及学术贡献;二是"食货"学派成员构成、学术理念及发展轨迹;三是陶希圣及"食货"学派成员的政治活动。

一、民国时期

1934 年陶希圣创办"社会史专攻"刊物《食货》半月刊,即刻引起了学界的关注。1935 年杜若遗和长江分别刊发《介绍食货半月刊》和《陶希圣与〈食货〉》两文,对陶希圣的学术经历、创办《食货》的过程、《食货》的内容做了简单的介绍,并给予这一刚刊行不久的刊物较高的评价:"陶希圣先生主编的《食货》半月刊,批评着过去的中国社会史论战的缺点,又指示着此后该走的途径。"[1]随着"食货"学派成员学术成果的陆续刊布,学界对其治史理念及研究成果给予更多的关注。梁园东的《读物介绍:唐代经济史》、袁永一的《书籍评论:唐代经济史》、皮伦的《评陶希圣、武仙卿著〈南北朝经济史〉》简要地评析了"食货"学派的学术著作,并给予肯定。如称《唐代经济史》"关于唐代租庸调与两税法的内容,作者见解颇为新颖,有它独到的地方"[2],认为《南北朝经济史》一书,"作者关于南北朝经济史料搜集的辛勤,对于中古社会的特色有确切和精彩的论断。这和《读书杂志》的中国社会史论比较起来,可以说是一个很大的进步"[3]。"食货"学派以其对社会经济史研究的独到见解,及其理论与史料并重的治史理念,得到了学界同仁的认同,并逐渐在学界占有一席之地。1937 年,陈啸江在《中国社会经济史研究的总成绩及其待解决的问题》中指出:"它(《食货》半月刊)代表现阶段中国经济史研究一般的趋

---

①　杜若遗:《介绍〈食货半月刊〉》,《文化建设》1935 年第 1 卷第 4 期。

②　袁永一:《书籍评论:唐代经济史》,《中国社会经济史集刊》1937 年第 5 卷第 1 期。

③　皮伦:《评陶希圣、武仙卿著〈南北朝经济史〉》,《文史杂志》1944 年第 4 卷第 5、6 期合刊。

势。"① 1944 年秦佩珩在《中国经济史坛的昨日今日和明日》中认为当时中国经济史研究的大势所趋是倾向于《食货》一派,以陶希圣的倡导马首是瞻②。郭湛波也指出:"陶氏在近五十年中国思想史之贡献,就是他用唯物史观的方法来研究'中国社会史'影响颇大。"③顾颉刚在《当代中国史学》中则说:"研究社会经济史最早的大师,是郭沫若和陶希圣先生,事实上也只有他们两位最有成绩。"……"陶希圣的研究已替中国社会经济史的研究打下了相当的基础。"④学界在肯定陶希圣及"食货"学派学术价值的同时对其不足之处也客观地指出,如王毓铨在《禹贡》刊布的《通信一束》一文中担心"食货"学派变成史料收集员,提醒他们注意理论与方法的修养。⑤ 嵇文甫在为马乘风《中国经济史》一书所作的序中肯定"食货"学派在扭转社会史论战中经济史研究理论空洞的弊病的同时,也不讳言"食货"学派只偏重材料收集,而轻视理论探讨的缺陷。⑥ 由于"食货"学派初现史坛,这一时期的学者大都以介绍《食货》半月刊的办刊宗旨及"食货"学派成员的学术成果为主。虽然学界对陶希圣及"食货"学派各有看法,但总的来说大多给予肯定的评价。直到1949 年,齐思和在《近百年来中国史学的发展》一文中仍认为陶希圣主编的《食货》"是一个著名的社会经济史杂志"⑦。

二、中华人民共和国成立以后

1949 年以后,受时代背景和政治因素的影响,陶希圣的史学成就很少被人提及,偶尔提到者也仅将其当作反面教材加以批判。如 1958 年孙家骧、曾宪楷和郑昌淦发表的《批判陶希圣"前资本主义社会论"的反动观点》一文就认为,陶希圣主编的《食货》半月刊,散布过一些反动的历史观点,迷惑过一些人。因此,把他的主要历史观点,和他发动的政治目的联系起来,加以批判是有必要的。⑧

---

① 陈啸江:《中国社会经济史研究的总成绩及其待解决的问题》,《社会科学论丛季刊》1937 年第 3 卷第 1 期。

② 秦佩珩:《中国经济史坛的昨日今日和明日》,《新经济》1944 年第 11 卷第 3 期。

③ 郭湛波:《近五十年中国思想史》,山东人民出版社 1997 年版,第 180 页。

④ 顾颉刚:《当代中国史学》,辽宁教育出版社 1998 年版,第 91、92 页。

⑤ 王毓铨:《通信一束》,《禹贡》1935 年第 4 卷第 10 期。

⑥ 马乘风:《中国经济史》第 1 册,中国经济研究会,1935 年。

⑦ 齐思和:《近百年来中国史学的发展》,《燕京社会科学》1949 年第 2 期。

⑧ 孙家骧、曾宪楷、郑昌淦:《批判陶希圣"前资本主义社会论"的反动观点》,《历史研究》1958 年第 12 期。

进入 20 世纪 80 年代，随着思想解放，陶希圣及"食货"学派的积极作用开始受到学术界的重视。如刘茂林的《〈食货〉之今昔》一文指出："在《食货》半月刊上发表文章的，大多并不怀有反动的政治意图。有些讨论和研究，对当时的学术争鸣，对中国历史问题的探讨，还是起过启示短长、发明得失的作用。"不过他在肯定《食货》的积极作用的同时，仍认为 30 年代"食货"派的学术研究是与马克思主义史学相对抗的，是对马克思主义进行反革命围剿。①

20 世纪 90 年代，一些综论性的政治思想史著作在对二三十年代中国社会性质论战和社会史论战的叙述中也开始较多地涉及"食货"学派。如高军等编《中国现代政治思想评要》（华夏出版社 1990 年版）第十二、十三章，吴雁南等编《中国近代社会思潮》（四卷本）（湖南教育出版社 1998 年版）第十一编第四、五章，陈哲夫等编《现代中国政治思想流派》（三卷本）（当代中国出版社 1999 年版）第五章第五节等，都不同程度地对陶希圣和"食货"学派加以评述。总体来看，这些著作对陶希圣及"食货"学派的评价是政治倾向重于学术研究，关注点也侧重于思想政治方面，而缺乏对他们史学思想及成就的探讨。当然，类似方面的研究也见诸一些史学史教材中，代表性的有张广智、张广勇的《现代西方史学》（复旦大学出版社 1996 年版），陈其泰的《中国近代史学的历程》（河南人民出版社 1994 年版），胡逢祥、张文建的《中国近代史学思潮与流派》（华东师范大学出版社 1991 年版），它们或多或少有对陶希圣及《食货》半月刊的一些介绍。

20 世纪末 21 世纪初，随着何兹全的《爱国一书生：八十五自述》《何兹全学述》《三论一谈：何兹全郭良玉伉俪自选集》《九十自我学术评述》《我所经历的 20 世纪中国社会史研究》《怀念师生深情忧心国家大事》《我的大学生活》等回忆论著的问世，"食货"学派再次回到人们的视野中。这些论著不仅为我们研究"食货"学派提供了重要史料，而且提醒人们："批判陶希圣和《食货》，学术和政治要分开"②；"《食货》对中国史研究起了一定影响。在 20 世纪中国社会史研究的历史上，应该有它一席之地"③。此后，学界有关"食货"学派研究的论文日益增多。李根蟠在《二十世纪的中国古代经济史研究》《唯物史观与中国经济史学的形成》《中国经济史学形成和发展三题》等文中都肯

①　刘茂林：《〈食货〉之今昔》，《中国史研究动态》1980 年第 4 期。

②　张世林：《学林春秋》，中华书局 1998 年版，第 257—258 页。

③　何兹全：《我所经历的 20 世纪中国社会史研究》，《史学理论研究》2003 年第 2 期。

定了《食货》在推动中国社会经济史发展过程中的积极作用。他指出:"《食货》的研究领域也比'论战'时期大大拓展了,涉及生产、分配、流通和社会生活的各个方面。不少文章有一定的深度,直到今天仍有参考价值。《食货》中的一些研究具有开创的意义。如陶希圣及其弟子们对'魏晋封建说'的建构,对寺院经济的研究,把敦煌卷子引入经济史研究,等等。"①

这一时期,学界开始聚焦陶希圣及"食货"学派,对《食货》半月刊、"食货"学派及陶希圣的政治思想和政治活动等方面均有所研究。

1. 关于《食货》半月刊。朱守芬《〈食货半月刊〉与陶希圣》一文对陶希圣创办《食货》的经过及《食货》半月刊的研究领域、设置的栏目、食货学会会约等做了较为全面的介绍,在肯定陶希圣注重对原始材料的阅读和搜集,注重条目索引等方法的基础上,朱文对《食货》半月刊上发表文章的特征进行了概括总结。② 此外,阮兴的《陶希圣与〈食货半月刊〉》一文从南北学风的异同、陶希圣学术方向的转变、《食货》创刊、《食货》半月刊的影响四方面对陶希圣与《食货》半月刊的学术关联进行了深入的探讨,认为《食货》半月刊在理论探讨、史料收集、研究领域的开拓等方面,为中国经济社会史奠定了一定的基础,在 20 世纪 30 年代的中国史学界开拓出了新的天地。③ 梁捷的《陶希圣和〈食货〉——民国经济思想丛谈之二》一文主要对陶希圣的生平、早期的学术经历、创办《食货》半月刊的经过、抗战时期政治上的经历做了简要的介绍。该文指出:"当代学者谈论经济史,总是提到郭沫若的名字。郭沫若在 1930 年写成的《中国古代社会研究》被认为是用马克思主义分析中国古代社会的开山之作。""当时另一个学者名气比他大得多,开始这方面工作也更早,他就是陶希圣。"④ 向燕南、尹静在《中国社会经济史研究的拓荒与奠基——陶希圣创办〈食货〉的史学意义》一文则明确认定:"陶希圣最大的史学贡献,是创办和主持了《食货》半月刊。""《食货》创办的史学意义,在于明确打出'社会史专攻'的旗帜,对于中国社会经济史研究的开展,起到了拓荒与奠基的作用,在中国史学融入世界史学浪潮的历程中,起到了推进的作

---

① 李根蟠:《中国经济史学形成和发展三题》,载侯建新:《经济—社会史:历史研究的新方向》,商务印书馆 2002 年版,第 94 页。

② 朱守芬:《〈食货半月刊〉与陶希圣》,《史林》2001 年第 4 期。

③ 阮兴:《陶希圣与〈食货半月刊〉》,《兰州大学学报》2005 年第 2 期。

④ 梁捷:《陶希圣和〈食货〉——民国经济思想丛谈之二》,《博览群书》2007 年第 6 期。

用。《食货》的成功,得益于陶希圣在会通史料与理论值研究理路上的探索。"①尹静的《从〈食货〉半月刊看陶希圣的史学贡献》(北京师范大学 2004 年硕士论文)对这一观点进行了详细的阐发。此外,洪认清在《〈食货〉半月刊在经济史学理论领域的学术贡献》一文中探讨了《食货》半月刊撰稿人在译介国外学者的经济史学理论,在经济史料的搜集和整理过程中提出方法论,倡导用各种社会科学理论指导经济史研究,采用跨学科研究方法,一定程度代表了经济史学科发展的新趋向。②

　　阮兴是近年来对《食货》半月刊进行深入细致研究的学者之一。他在《〈食货〉与 20 世纪 30 年代的中国经济社会史学界》一文中指出:陶希圣针对社会史研究中引政论入学术的弊病,倡导史料收集,培植学界新进,倡导交流与合作,在 20 世纪 30 年代中期的中国经济社会史学界产生了相当的影响。③他还在《〈食货〉与中国社会形态研究》一文中就《食货》对中国奴隶社会的有无与封建社会断限问题进行了探讨。阮兴的《〈食货〉与中国经济社会史研究》(中山大学 2005 年博士学位论文),以《食货》半月刊为中心,对此刊物的学术内容、学术价值及时代局限性进行了深入探讨,希望通过分析《食货》杂志的学术价值与研究局限,探讨理想的史学类型。④该文是近年来对《食货》杂志研究比较深入的文章之一。

　　此外,在《食货》杂志撰稿人的唯物史观倾向研究上,陈峰的《〈食货〉新探》一文指出,《食货》的创办思路和唯物史观一脉相承,《食货》的研究路向与唯物史观声息相通,《食货》中的跨学科研究与唯物史观沟通暗合,作者提出假如本书的结论成立,"食货"学派就是唯物史观派的一个不可或缺的分支。⑤李根蟠评价此文把《食货》的唯物史观取向研究的探讨推进了一步。"这些评价是有积极意义的,不过也有需要继续讨论的地方。"⑥陈峰在《社会

---

①　向燕南、尹静的《中国社会经济史研究的拓荒与奠基——陶希圣创办〈食货〉的史学意义》,《北京师范大学学报》2005 年第 3 期。

②　洪认清:《〈食货〉半月刊在经济史学理论领域的学术贡献》,《史学史研究》2007 年第 4 期。

③　阮兴:《〈食货〉与 20 世纪 30 年代的中国经济社会史学界》,《中国社会经济史研究》2005 年第 2 期。

④　阮兴:《〈食货〉与中国经济社会史研究》,中山大学 2005 年博士学位论文。

⑤　陈峰:《〈食货〉新探》,《史学理论研究》2001 年第 3 期。

⑥　李根蟠:《中国经济史学形成和发展三题》,载侯建新:《经济—社会史:历史研究的新方向》,商务印书馆 2002 年版,第 91 页。

史论战与现代中国史学》(山东大学 2005 年博士学位论文)中进一步肯定《食货》杂志从编制论文索引和进行集团分工研究两方面加速经济史走上专业化之途。

以上关于《食货》半月刊的论文多集中在探讨陶希圣创办这一刊物的时代背景、经过,刊物内容,部分学者就《食货》的史学理念及价值进行了探讨。

2. 关于"食货"学派。侯云灏在《20 世纪前期中国史学流派略论》一文中简要地介绍了"食货"学派的诞生过程及史学成就。文中指出"食货"学派诞生在 20 世纪 30 年代社会史大论战之后,既是论战的一项积极成果,又把论战引向深入。他们比较早地重视社会经济史的研究,且取得了一定的成绩。① 李源涛的《20 世纪 30 年代的食货派与中国社会经济史研究》进一步就"食货"学派的学术成果进行研究,文中指出"食货"学派在广泛开展史料的搜集整理工作,同时致力于中国古代社会经济史的专题研究,如在中古庄园经济形态下土地制度、寺院经济、劳动者身份的研究,及秦汉到宋元的赋税与财政问题的研究,为现代中国经济史学科的创建提供了诸多研究成果。②

这一时期有关"食货"学派的研究存在学派成员界定相对宽泛的问题,如李根蟠指出:"陶希圣、'食货'学派和《食货》半月刊是有密切联系的,但毕竟不是一码事,也不应该混为一谈。""如果说存在'食货'学派的话,那就是在陶希圣直接指导和影响下从事研究并持有大致相同的学术观点的各位学者(主要是他的学生)。"③黄静也指出陈峰在《〈食货〉新探》一文中把《食货》撰稿人统统视为食货派成员,李源涛在文中将杨中一、刘道元当作食货派成员,是不恰当的。黄静与李根蟠持基本相同的观点,都认为学界对"食货"学派人员的界定过于宽泛。黄静还指出所谓"学派"者,至少应具备两个基本条件:其一,在学术观点、学术取向、研究方法上有大致相同的认识;其二,有密切的学术联系或师承关系。据此,对"食货"学派的界定不应过于宽泛。④

稍后,黄静在《食货学派及其对魏晋封建说的阐发》一文中继续指出:

① 侯云灏:《20 世纪前期中国史学流派略论》,《史学理论研究》1999 年第 2 期。

② 李源涛:《20 世纪 30 年代的食货派与中国社会经济史研究》,《河北学刊》2001 年第 5 期。

③ 李根蟠:《中国经济史学形成和发展三题》,载侯建新:《经济—社会史:历史研究的新方向》,商务印书馆 2002 年版,第 95—96 页。

④ 黄静:《食货学派及其对魏晋封建说的阐发》,《学术研究》2005 年第 2 期。

"食货学派在陶希圣的带领下,致力于社会经济史研究,对刚刚起步的中国经济史研究有筚路蓝缕之功,并形成'魏晋封建说'之共识。食货学派学术成果的取得归功于唯物史观的运用,然而陶希圣在学术立场与政治立场上的矛盾最终导致了食货派学术生命的过早结束。"①黄静在此研究基础上,进一步就禹贡派与食货派的学术关联进行探讨,《禹贡派与食货派的学术关联》一文明确指出禹贡派与食货派的"这种学术关联在一定程度上揭示了 30 年代中国史学发展的特点及走向,它是一代学人对中国史学发展做出的相同思考"②。此外,黄静的《抗战时期史学流派研究(1931—1945)》(北京师范大学 2003 年博士学位论文)将"食货"学派作为重要的史学派别进行考察。其他学者,如杨祖义的《20 世纪上半期中国经济史学发展初探》(中南财经政法大学 2003 年博士学位论文)评述中国近代经济史研究的主要学术刊物、流派和人物时,对食货派也进行了简要的论述。李方祥的《三十年代的食货派与中国社会经济史研究的兴起》一文探讨了 20 世纪 30 年代"食货"学派在中国社会经济史研究兴起过程中的历史地位,文中指出:"食货派形成以陶希圣为主要代表的中国社会经济史研究队伍,注重系统搜集和整理中国古代社会经济中专题史料,并以此为基础,在寺院经济史等方面开辟中国古代社会经济史研究的新领域。"③陈希红在《评陶希圣的中国社会史研究》一文中指出,社会史论战中陶希圣写下了大量的著作,其深度是当时绝大多数人不能比的,提出的看法直到今天仍能给人以启示。④ 王学军的《食货学派与中国社会经济史研究》(华中师范大学 2008 年硕士学位论文)也对食货派的史学研究进行了探讨。

苏永明是最近几年对"食货"学派进行细致深入探讨的学者之一,他的《"食货派"史学研究》(南开大学 2008 年博士学位论文)是目前研究"食货"学派最为全面和细致的一篇论著。该文将食货派的政治与学术分开考察,一方面从纵向考察了食货派的兴起和演变的历程,另一方面围绕食货派的学术研究分中国社会经济史研究、史学思想、治史方法三个专题展开全面深入的探讨。最后考察了食货派的史学影响并对其历史地位进行了评述。这

①　黄静:《食货学派及其对魏晋封建说的阐发》,《学术研究》2005 年第 2 期。

②　黄静:《禹贡派与食货派的学术关联》,《学海》2003 年第 3 期。

③　李方祥:《三十年代的食货派与中国社会经济史研究的兴起》,《北京科技大学学报》2007 年第 1 期。

④　陈希红:《评陶希圣的中国社会史研究》,《安徽史学》2003 年第 6 期。

为我们进一步深入研究"食货"学派提供了有益借鉴。① 苏文对"食货"学派成员的论文、著作收集甚详,并对"食货"学派除《食货》半月刊外的其他学术平台如《益世报·食货周刊》《中央日报·食货周刊》做了详细的介绍和分类整理,这对学界全面了解和认识"食货"学派具有重要意义。本书在查找和利用"食货"学派学术著作时即受益于苏永明博士。苏永明博士对"食货"学派的史学理论和研究方法进行了深刻分析,他在《史学史研究》上发表的《"食货派"的经济史研究方法探讨》《"食货派"的史学理论与方法》两文都是其博士论文的一部分,文中指出:"食货"学派的史学理论与方法具有自己的特色,如"接近唯物史观,却不是唯物史观"的社会史观,从探寻中国社会形态的演变到"新经学"的研究旨趣,重视史料但不忽视理论的治史主张,倡导分工合作的治史路径。他们在强调从问题入手、广搜史料、寻绎结论的基础上,借用西方经济学理论,比照西方经济史以及倡导"综合研究法",形成了鲜明的学派治史风格。但其治史方法又存在着明显的不足与局限,尤其是未能全面正确地认识马克思主义唯物史观的指导作用,而是有条件、有限度地运用唯物史观进行史学研究。食货派学术生命过早的终结,与其治史方法自身的缺陷不无关系。② 此外苏永明博士还与其导师姜胜利合作撰写了《鞠清远史学初探》,对鞠清远的史学研究进行了考察。

苏永明的论文《"食货派"史学研究》,作为目前研究"食货"学派最系统的论著而享誉学界的同时,亦存在不足之处。苏博士在评析"食货"学派的社会经济史专题研究过程中,详细罗列了"食货"学派对魏晋至隋唐时期的土地制度、赋税财政制度等方面的研究成果,但未将食货派的研究成果与今人的研究成果进行比较分析。而实际上,"食货"学派的重要学术贡献之一,就是他们较早地提出了一些至今仍具有较高的学术价值的学术观点,这种学术价值就需要通过"食货"学派与现代学者的学术观点的比较分析,方能体现出来。此外,苏永明博士在《"食货派"史学研究》博士论文中阐释"食货"学派发展历程时指出:1946 年《中央日报·食货周刊》的创办标志着"食货"学派的重振。③ 事实上,这一时期"食货"学派的学术研究无论是研究内容还是研究质量,都已无法与 20 世纪 30 年代中期《食货》半月刊时期的研

---

① 苏永明:《"食货派"史学研究》,南开大学 2008 年博士学位论文。

② 苏永明:《"食货派"的经济史研究方法探讨》,《史学史研究》2007 年第 3 期;苏永明:《"食货派"的史学理论与方法》,《史学史研究》2010 年第 1 期。

③ 苏永明:《"食货派"史学研究》,南开大学 2008 年博士学位论文。

究相提并论，而且此时"食货"学派倡导"新经学"，注重学术研究的经世致用色彩。在这种史学思想的指导下，食货派的学术研究带有较重的政治色彩，为国民党政权服务的意图明显。40 年代食货派的学术研究并没有在学界产生像 30 年代中期那样的学术共鸣。由此，对于食货派的发展历程的划分有待商榷。

此外，论文作者摒弃政治因素来考察食货派史学研究的方法，虽有值得我们借鉴的一面，但如作者所言"脱离政治的'纯'学术是不可能的"[①]，我们在考察食货派学术活动及学术研究的同时，应该科学合理地参考政治因素进行综合性考察。这样才能更加客观全面地研究与评价"食货"学派，这将是本书进一步研究食货派的目标之一。

3. 关于陶希圣的政治思想和政治活动。其中较有代表性的有：翁凯贺的《1927—1934 陶希圣之史学研究与革命论——兼论其与国民党改组派之关系》，许莹莹的《陶希圣参加"中国社会史论战"缘起初探——兼论其在论战中的政治归属》，孟瑞星、左永平的《也谈陶希圣与"和平运动"》等。

陶希圣一生中参与的颇具历史争议的政治活动是"和平运动"及稍后发生的"高陶事件"。1994 年赵金康、张殿兴发表的《高宗武和陶希圣叛汪原因探析》一文指出：高陶叛汪的原因有日本方面要求的层层加码，高陶两人对汪精卫对日"和平"活动的失望，日方的怀疑和汪精卫集团内部的不信任，以及汪精卫集团内部争权夺利，高陶两人失意拆台，重庆蒋介石方面的打拉，再结合"七十六号"威胁其生命。[②] 与上相仿的文章还有王建科的《"高、陶出逃"原因析》、余文祥的《陶希圣随汪反汪的前前后后》、方秋苇的《陶希圣与"低调俱乐部"、"艺文研究会"》等文，都对陶希圣的政治活动进行了阐述。此外还有中国第二历史档案馆史料组刊布的史料《1941 年陶希圣滞港期间致陈布雷函一组》等。

近年来探讨陶希圣政治活动的著作主要有陶恒生的《"高陶事件"始末》，李扬、范泓的《参政不知政——大时代中的陶希圣》等。论文方面有徐莹莹的《在政治与学术之间——陶希圣评传》（福建师范大学 2007 年硕士学位论文）等。

1949 年中华人民共和国成立以后，港台地区及海外学界对于陶希圣的研究如下：首先，出版了一批陶希圣传记，如《八十自序》（陶希圣撰，食货月

刊社 1979 年版)、《潮流与点滴》(陶希圣,传记文学出版社 1979 年版)、《夏虫语冰录》(陶希圣,法令月刊社 1980 年版)。其次,有关陶希圣与《食货》的文章开始出现。鲍家麟的《中国社会经济史研究的奠基者——陶希圣先生》一文,对陶希圣的学术经历与学术成就进行了简单的介绍。① 美国学者阿里夫·德里克出版的《革命与历史——中国马克思主义历史学的起源 1919—1937》一书,对陶希圣早期的史学研究进行了较深入的探讨,但对《食货》没做更多的论述。

20 世纪 80 年代以来,港台地区有关陶希圣及《食货》的文章也开始增多。许冠三在《新史学九十年》一书中认为"食货"是兼重方法、材料与理论而又以材料处理为根本的史建学派的先行者。② 杜正胜的《陶希圣先生九秩荣庆祝寿论文集·序》《通贯礼与律的社会史学:陶希圣先生学述》《中国社会史研究的探索——特从理论、方法与资料、课题论》对陶希圣的学术思想、学术成就进行了总结。他指出:"希圣先生的学问植根于以社会为核心的史学。其学术历程可以分为成学、社会史论战、《食货》半月刊、《食货月刊》和晚年定论等五个阶段。他因论战而成一时之名,却以《食货》立百代事业,此五个阶段展现几种学识境界,但从青壮之成学到晚年的定论,我们仍可发现其一贯之道,那就是以礼与律为基点,探讨中国的社会组织和社会伦理。"③黄宽重的《陶希圣与食货杂志》对陶希圣《食货》的学术活动进行了简要的介绍。④ 陶晋生《陶希圣论中国社会史》一文也对陶希圣的学术历程、关于中国社会史研究的看法进行了介绍。⑤ 王健文整理,杜正胜、黄宽重访谈《风气新开百代师——陶希圣先生与中国社会史研究》一文是陶希圣的自我学术回顾。⑥

此外,港台地区探讨"高陶事件"的文章颇多,其中较重要的是唐德刚在《传记文学》上发表的《高宗武探路汪精卫投敌始末(一——五)》,该文对"和平运动"及"高陶事件"的过程进行评述,认为汪精卫投敌是"十个'边缘政客'

① 鲍家麟:《中国社会经济史研究的奠基者——陶希圣先生》,《中华文化复兴月刊》1974 年第 7 卷第 11 期。

② 许冠三:《新史学九十年》,岳麓书社 2003 年版,第 474—485 页。

③ 杜正胜:《通贯礼与律的社会史学:陶希圣先生学述》,《历史月刊》1988 年第 7 期。

④ 黄宽重:《陶希圣与食货杂志》,《历史月刊》1988 年第 7 期。

⑤ 陶晋生:《陶希圣论中国社会史》,《古今论衡》1999 年第 2 期。

⑥ 王健文整理,杜正胜、黄宽重访谈:《风气新开百代师——陶希圣先生与中国社会史研究》,《历史月刊》1988 年第 7 期。

的叛国阴谋",并对高宗武、陶希圣在随汪精卫投敌过程中的立场及心态进行了分析。[①]

从上述研究状况来看,学界有关《食货》半月刊、"食货"学派的研究已不少,其学术价值也日益为人所承认,但从总体上看,相关研究还存在两方面的不足。

首先,对陶希圣在"食货"学派中的作用、影响缺乏深入探讨。这是我们深入研究"食货"学派的一个关键问题。陶希圣是"食货"学派的创始人、领袖,相关研究不是主要集中在陶希圣一人就是对"食货"学派整体进行分析,而对于陶希圣与"食货"学派成员间的政治、学术关联研究不足。对"食货"学派内部考察的欠缺容易使我们忽视大量富有价值的信息。陶希圣是近代著名的社会经济史学家,"食货"学派成员各有专长,分析这种学术关联有助于我们了解社会经济史研究早期的发展轨迹。

其次,在上述研究中,一些学者摒弃政治因素,从学术的角度探讨"食货"学派的学术研究,这是值得肯定的。但"食货"学派同其他学派一样身处特定的历史环境中,不可避免地受到社会政治环境的影响,因此,合理科学地考察政治因素对"食货"学派的影响,有助于全面客观地分析"食货"学派。

第三节　内容与思路

一、研究内容

鉴于学界目前的研究现状,本书将研究重点置于三个主要方向上:一是对"食货"学派的形成、发展、衰落过程做出详细的描述分析。二是考察陶希圣与"食货"学派的关系,主要有:陶希圣对"食货"学派的形成发展究竟起何作用并且是如何起作用的;陶希圣与"食货"学派成员在学术思想、学术观点、治学趋向上的学术关联;陶希圣与"食货"学派在社会经济史研究上的治史实绩。三是探究"食货"学派学术研究中政治因素的影响。具体章节安排为:

---

① 唐德刚:《高宗武探路汪精卫投敌始末(一—五)》,《传记文学》1995 年第 66 卷第 2—6 期。

绪论部分主要论述了本专题的研究现状，以及笔者的研究思路和所要解决的问题。

第一章陶希圣与社会史论战。详细考察了"食货"学派诞生的学术背景，以及陶希圣在此学术事件中发挥的作用及影响；论述了社会史论战与"食货"学派形成之间的关联；分析了社会史论战对唯物史观的传播、社会经济史研究领域的拓展及学科模式的建立的影响。此章在分析"食货"学派形成的学术背景的同时也就陶希圣早期的学术研究进行了阐述，梳理陶希圣早期的学术轨迹。

第二章陶希圣与"食货"学派的形成。从陶希圣与《食货》半月刊、陶希圣与食货学人群两个方面对"食货"学派的形成过程进行考察。首先，对陶希圣从法学转向史学，从偏重理论到高举史料与理论并重的大旗创办《食货》的过程进行细致分析，并叙述了主编陶希圣在《食货》的办刊宗旨及出版发行方面做出的贡献，分析了《食货》半月刊与"食货"学派的学术关联。其次，在对陶希圣与"食货"学派人群关系的考察中，通过师承关系、学术思想、学术观点、治学方法的异同，分析"食货"学派成员构成，厘清《食货》作者群体与"食货"学派的关系。在《食货》上发表文章的不都是"食货"学派，其主要成员有陶希圣、鞠清远、何兹全、武仙卿、沈巨尘、曾謇、连士升。他们有着紧密的师承关系，就学术思想及观点上达成共识，治学方法上以理论与史料并重。本章对"食货"学派成员进行界定，并对学界质疑的"食货"学派是否可称为学派的问题给予解答。

第三章陶希圣与"食货"学派的学术研究。从学术平台的扩展、译介西方理论方法、搜集推介史料、开展专题研究及学术与政治之关联这几个方面，对"食货"学派所信奉的基本史学理念，运用的史学方法，在中国古代土地制度、租税赋役及财政制度、寺院经济、宗族及社会等级身份、社会经济生活等方面的治史实绩，做了深入考察。在肯定"食货"学派史学成就的同时，探讨"食货"学派成员间，以及陶希圣与其他成员间的学术关联。在最后一节"学术与政治"中，指出对"食货"学派学术研究的探讨应参考他们的政治思想及立场的影响。从政治立场与学术观点的关系上看，陶希圣及"食货"学派成员的学术观点受到政治立场的影响。"食货"学派接近或倾向于唯物史观的史学思想与他们国民党员政治立场的矛盾，为"食货"学派走向衰落埋下了伏笔。

第四章陶希圣与"食货"学派的衰落。"食货"学派成员在抗战初期纷纷弃学从政，专注于国民党的政治宣传工作。他们中的部分成员受对日妥协思想的驱动,随同陶希圣一起参与了汪精卫的"和平运动"。陶希圣在关键时刻脱离了汪伪集团,而"食货"学派中的部分成员却自甘堕落为汉奸。至此,学派成员出现重大分裂,"食货"学派由盛转衰。此后,陶希圣召集曾謇、连士升在《中央日报》创办《食货周刊》,希望重振学派以往的学术声望。但是此时"食货"学派倡导"新经学",专注学术的经世致用功用,显露出为国民政府服务的意图。政治与学术间的过度渗透最终导致"食货"学派退出历史舞台。第三节主要评述陶希圣与"食货"学派的历史地位。"食货"学派高举"理论与史料"并重的大旗,积极开拓社会经济史研究新领域,构建新观点,为推动中国社会经济史学科的发展做出了突出的贡献,他们在中国学术史上占有重要的一席之地。在肯定"食货"学派学术贡献的同时,也注意到学派发展的局限性。学派过分倚重领袖陶希圣,未能实现学术力量的均衡发展,及在特定的时代背景下受政治因素的影响而忽视学术发展的时代性,致使学派未能健康持续地发展下去。

二、研究思路

第一,通过对"食货"学派学术、政治活动的详细考察,完整勾勒"食货"学派的发展轨迹。学界以往的研究大都集中在"食货"学派20世纪30年代中期的活动上,对他们40年代的学术活动涉猎较少。本书通过对"食货"学派抗战前后不同时间段的学术政治活动及学术思想的比较分析,更加深入全面地认识"食货"学派。

第二,将"食货"学派的社会经济史专题研究中的学术观点与现代学者的学术观点进行比较分析,力争客观公正地评述食货派的史学价值。"食货"学派的重要学术贡献之一,是他们较早提出的一些史学观点,至今仍具有较高的学术价值。这种学术价值需要通过对"食货"学派与今人学者的学术观点的比较分析体现出来。本书通过这种比较分析,或可有助于更客观地考察"食货"学派的学术价值及其局限性。

第三,细致深入地分析"食货"学派成员间及陶希圣与"食货"学派其他成员的学术关联。陶希圣在"食货"学派中的作用和影响力是研究"食货"学派的重要课题,通过对"食货"学派各成员的学术观点、学术思想、治学方法的比较分析,从学派内部关联上进一步深入研究"食货"学派。

第四,在对"食货"学派学术活动的研究中,合理科学地考察政治因素的影响,全面客观地分析"食货"学派。陶希圣与"食货"学派成员的政治经历复杂,这是不可回避的历史事实,但既不能因为政治身份复杂而抹杀他们的学术成就,也不能完全摒弃政治因素的影响而谈论"纯"学术,这都不利于我们客观公正地分析"食货"学派。因此,科学地考察政治因素对"食货"学派的影响,将会有助于我们深入理解"食货"学派学术研究与政治立场矛盾的思想渊源。

第一章　陶希圣与社会史论战

"'学以致用'是中国知识分子的学术传统,'五四'以来,许多知识分子探究鸦片战争以后中国现代社会的形态及其本质,因而再追溯产生这现代中国之以往各期的社会的形态及其本质,而且想用一种理论以解释这各期社会形态之所以形成及转变。"①由此引发了20世纪二三十年代中国学术史上的重大学术事件:社会史论战。这一论战,极大地推动了中国史学的发展,而对中国社会经济史研究的促进表现得尤为明显。

20世纪初,以近代社会科学理论研究中国经济社会历史的论著已零星出现,但尚未形成近代意义的经济史学科。社会史论战以社会经济形态的演进为讨论对象,这本身就是社会经济史研究的内容,要解决论战中提出的问题,就需要对社会经济史进行更深入、更专业的研究。社会史论战启动了中国社会经济史研究的一次高潮。在这次高潮中,陶希圣扮演着极其重要的角色,论战的发起、走向,都受其影响。陶希圣在论战中声名鹊起的同时也饱受争议,此后他开始转变学术路径,创办《食货》半月刊,构建"食货"学派。可以说,社会史论战推动了中国社会经济史的发展,催生了"食货"学派。

第一节　社会史论战缘起

1928年10月,陶希圣在《新生命》杂志上发表《中国社会到底是甚么社

---

① 周予同:《五十年来中国之新史学》,《学林》1941年第4期。

会》一文,引发了一场历经十年的关于中国社会性质、中国社会史以及中国农村社会性质的讨论。这就是中国近代学术史上的重大学术事件——社会史论战。

一、社会史论战

社会史论战不是纯粹的学术争论,而是带有强烈的政治诉求。1927 年大革命失败后,严峻的革命形势引发人们的深刻反思:中国未来的革命道路该怎么走? 如何认识中国社会性质? 这是关系到如何确定革命的性质和战略策略等与革命前途生死攸关的问题。

这一时期,中国国内的革命运动深受国际共产主义运动及共产国际的影响。关于中国革命的性质问题,在共产国际和中国国内,有过多次激烈的争论。尤其在国共合作破裂后,共产国际中原本存在的对中国革命的不同意见趋于尖锐化,表现为斯大林和托洛茨基两派之间的针锋相对,从而也影响到中国,中共的理论与组织相应地出现了分化。1928 年 7 月,中共六大在莫斯科召开,并通过决议案确定"中国现在的地位是半殖民地","现在的中国经济制度,的确应当规定为半封建制度",因而中国革命的性质,"是资产阶级民主革命,反帝反封建是现时革命的根本任务"。[①]中共党内的托陈取消派对中共做出的关于中国社会性质的判断持有异议。1929 年 8 月 5 日,托陈取消派领袖陈独秀在致中共中央的信中指出,"中国的一九二五至二七年之革命,……开始了中国历史上一大转变时期";这"转变时期的特征,便是社会阶级关系之转变,主要的是资产阶级得了胜利,在政治上对各阶级取得了优越地位,取得了帝国主义的让步与帮助,增加了它的阶级力量之比重;封建残余在这一大转变时期,受了最后打击,失了统治全中国的中央政权形式,失了和资产阶级对立的地位。至少在失去对立地位之过程中,变成残余势力之残余"。[②]

此时,关于中国社会性质、对象、任务、动力的辩论,看似是抽象的理论论争,实则是激烈的政治斗争,不同的政治观点都是由对中国社会性质的不同分析而来。正如陶希圣所言:"如果中国社会构造成一个资本主义的构造,那么,革命的基础是无产阶级而对象是资产阶级;不然,则革命的基础是全民,而革命的目的在收回关税自主权以求遂资本主义的发展。如果中国

---

① 　高军:《中国社会性质问题论战(资料选辑)》,人民出版社 1984 年版,第 1 页。
② 　高军:《中国社会性质问题论战(资料选辑)》,人民出版社 1984 年版,第 76—88 页。

是封建制度即封建贵族的统治,那么,革命的对象是封建贵族而基础是第三阶级即市民阶级和农工。"①各党各派要宣传本党本派的政纲,打击敌党敌派的政纲,就必须深入探讨中国社会的内部结构,确定中国社会性质。在社会史论战中,政治与学术相结合,各党派纷纷创办自己的刊物,试图从学理的层面来宣传自己的政治主张,由此出现了《新生命》《新思潮》《双十》《动力》《前进》等杂志。陶希圣是《新生命》杂志的主要撰稿人,当时国民党改组派的主要代表人物,社会史论战中的重要角色。

二、陶希圣其人

陶希圣(1899—1988),原名汇曾,字希圣,以字行,笔名方岳、方峻峰。湖北省黄冈县仓埠汛倒水西之陶胜六湾人(今湖北省武汉市新洲区孔埠镇陶胜六湾),中国历史上有名的政学两栖人物。1918 年入北京大学法科学习,1922 年毕业后在安徽省立法政专门学校任法学教员,1924 年 7 月任上海商务印书馆编辑。五卅运动中任上海中学生联合会法律顾问,主编《独立评论》周刊,标榜三个自觉——"民族自觉、国民自觉、劳工自觉"。国民党上海执行部认为"三自觉"的主张,符合三民主义,力劝其加入中国国民党,由此而与中国国民党有了直接的接触。② 1926 年 8 月,陶希圣加入中国国民党;9 月,兼任上海大学讲师。1927 年任黄埔军校武汉分校政治教官、中央独立师军法处处长、《党军日报》主编等职。1928 年在上海与周佛海等主编《新生命》月刊。

陶希圣出身于耕读官宦家庭,青年时期亲历五四运动、五卅运动,"这两个事件对于我的学业、思想与生活都有重大影响,也是自然和必然的事"③。五四运动唤起全国学生之民族自觉,亦激发每一知识青年之个人自觉。就陶希圣个人而言:"五四之前,对白话运动原无兴趣,对'民主与科学'略为关心。五四之后,对一时风动之新书,如柯茨基阶级斗争论与克鲁泡特金互助论,一并购买,同样批读,无所轩轾。"④如果说五四运动唤起一般知识青年之民主觉醒与个人觉醒,那么五卅运动则唤起知识界与劳工界之社会觉醒。

① 　陶希圣:《中国社会之史的分析》,新生命书局 1929 年版,第 3 页。
② 　陶希圣:《潮流与点滴》,传记文学出版社 1979 年版,第 81 页。
③ 　陶希圣:《潮流与点滴》,传记文学出版社 1979 年版,第 77 页。
④ 　陶希圣:《八十自序》,《传记文学》1978 年第 33 卷第 6 期。注:陶希圣首先发表于《传记文学》的文章《八十自序》,后经陶希圣修改增订,由食货月刊社出版,书名为《八十自序》。由于内容不同,在本书中将《传记文学》上的文章与书本《八十自序》同时引用。

在五卅事件中,陶希圣亲历其役,在《东方杂志》上撰文援引英国法律斥责英国巡捕的非法行为,其犀利的文笔给学界留下了深刻的印象。陶希圣经历大时代革命风潮的洗礼,并于 1927 年参与武汉革命。这次短暂的从政经历对陶希圣的学术、政治立场产生重大影响。1928 年,重回上海的陶希圣发现此时思想界普遍关注"中国社会是什么社会"这一问题。此问题的提出源于 1929 年前后,孔文轩、邓初民等中国国民党湖北省党部改组委员会成员在上海办的一个名为《双十》的刊物。这一问题一经提出,引起了社会各界热烈的讨论。此间,共产党左翼分子出版了一个名为《思想》的刊物。陶希圣早前曾在《独立评论》中发表文章指出中国社会两大阶层是士大夫阶级与农民,对于士大夫阶级的发生、发展与没落,做出了简明的分析。① 稍后,陶希圣经过武汉革命风暴的历练,在思想上加深了对中国社会结构的思考。

1928 年,陶希圣在《新生命》杂志上发表《中国社会到底是甚么社会》一文指出,中国是一个"宗法制度已不存在,宗法势力还存在着"的社会。所谓"宗法制度",表现为尊祖、敬宗和收族;特质是"父系、父权、父治";继承制上实行嫡长子继承制;社会关系上"以弟事兄,以兄率弟";精神文化上,主张尊尊亲亲、男女有别。更重要的是,"宗法制度以世禄为基础"。封建制度建立以后,宗法制度随着世禄被废止而消失,逻辑上说,中国不能称为宗法社会。然而,中国社会的父系(以姓来说)、父权(以继承来说)、父治(以家庭事务的主管权来说)的家族制度并没有改变,"这种家族到今日还是社会组织的一种单位",因此又不能否认其为宗法社会。在此文中,陶希圣还指出中国是"封建制度已不存在,封建势力还存在着"的社会。② 陶希圣所认知的封建社会即"大者王,小者侯",各有分封领地,行集权专制的社会制度。后来他又将其归纳为:大土地所有、半奴隶佃农、实物地租等。以此为依据,他认为,早在春秋战国时代,中国的封建制度就已崩溃,资本主义便已出现,但在以后的两千年中,却保留了大量的封建因素。中国社会"从最下层的农户起到最上层的军阀止,是一个宗法封建社会的构造,其庞大的身份阶级不是封建领主,而是以政治力量执行土地所有权并保障其身份的信仰的士大夫阶级"。在陶希圣看来,中国社会的士大夫阶级,由贵族、知识分子和游侠组成,他们是封建贵族的扩大,有门第、有知识,拥有与庶民不同的身份,属于不同的等级;士大夫以农民作为自己生存的依托,对农民进行剥削与统治;

---

① 陶希圣:《潮流与点滴》,传记文学出版社 1979 年版,第 109 页。
② 陶希圣:《中国社会到底是甚么社会》,《新生命》1928 年第 1 卷第 10 期。

在政治上表现为官僚政治,带有极强的封建性。因此,工商资本主义在这种政治制度下没有发展的可能。直到帝国主义侵入中国,中国的社会构造才有了改变,中国社会的上层除了地主、士大夫阶级而外,新生了以帝国主义资本为中心的资产阶级。由于这个阶级的形成是外力作用的结果,所以,中国的民主革命没有成功,封建社会依然没有被破坏。在都市,资产阶级与无产阶级的对立已经出现;在农村,因为土地过于集中,全国耕地大半属于地主,农民土地问题极为严重。这就是当时中国"封建制度已不存在,封建势力还存在着"的社会现实。①

陶希圣试图通过《中国社会到底是甚么社会》一文解析中国社会的构造,解释中国社会长期停滞不能发展到资本主义的原因,以及此后中国革命的出路。陶希圣经历武汉革命风暴,"在此一年之间,我所知与观察所及,对国际共产党之思想与战略战术,有深切之了解"②。陶希圣在文中将中国社会革命的重大责任归由士大夫承担,并用统治阶级、被统治阶级和士大夫三个阶级概括中国社会的结构,显然是过于单薄了。但是,陶希圣关于中国社会结构的观点,日益引起学界的关注。为了修正和完善自己的观点,陶希圣在《新生命》月刊发表的论文,渐渐集中于中国社会性质的论断与争辩。1928 年 8 月至 12 月,陶希圣在《新生命》月刊发表的论文,以及在复旦大学与劳动大学发表的演讲,在社会上引起了各方面的注意,后结集出版,遂成《中国社会之史的分析》一书,该书"打响了中国社会史论战的第一炮"③。

这一时期,陶希圣从历史发展进程中探寻中国社会发展规律,以求解答中国革命的现实问题。他自言:"民国十三年至十六年,北伐的革命怒潮冲洗了中国,也震动了世界。我亲眼看到且亲身经历社会结构普遍强烈的变动。在这大时代里,我有一种企图,要采用社会科学的理论与方法,向历史中探求中国社会的演变的轨迹,以印证并解答现代中国的问题。"④吕振羽也称:"大革命失败以后,革命处于低潮时期,马克思主义者为了探索革命的前途,解决中国向何处去的问题,开始了对中国社会性质问题的研究。……理论界对中国现阶段究竟是资本主义社会、封建社会还是半殖民地半封建社会的问题展开了争论。既然要争论这样一个涉及中国国情的问题,就不能

---

① 陶希圣:《中国社会之史的分析》,新生命书局 1929 年版,第 17—50 页。

② 陶希圣:《八十自序》,《传记文学》1978 年第 33 卷第 6 期。

③ 齐思和:《近百年来中国史学的发展》,《燕京社会科学》1949 年第 2 卷第 2 期。

④ 陶希圣:《食货复刊辞》,《食货》月刊 1971 年第 1 卷第 1 期。

不回过头去了解几千年来的中国历史。于是问题又从现实转向历史,引起了大规模的中国社会史论战。"①此后,学界关于中国社会性质、社会结构的论著越来越多,中国社会性质和社会结构渐渐成为学界热点问题,进而形成一场延续近十年的学界大讨论。社会史论战是由当时特殊的社会政治环境而引发的关于中国社会革命前途的争论。在这样的环境中,陶希圣作为一个社会革命的参与者,他对中国社会结构的探讨引起学界的共鸣、争论,并引发"论战"这一特殊学术事件的形成。

第二节　社会史论战与中国社会经济史研究的兴起

在中国传统史学中,很早就有关于经济活动的记述。历代正史和政书中的"食货志""食货考"给我们留下了很多有关经济活动的记载。现代意义上的经济史研究始于清末民初,随着西方历史学、社会学及经济学等学科的传入,一些学者开始运用西方的理论研治中国的社会经济现象。同时,中国传统学科体系受西方学术分科观念与方法的影响,正在发生变化,经济史作为一门学科开始走向专业化之途。在中国经济史研究由传统向现代的转变过程中,社会史论战是一个无法绕开的课题。在社会史论战中,唯物史观的传播、社会经济史研究范式的建立、研究领域的拓展都极大地推动了经济史学的发展。作为社会史论战中的重要人物,陶希圣对中国社会经济史研究的兴起也起到了不容忽视的积极作用。

一、宣传唯物史观

唯物史观在社会史论战掀起的中国经济社会史研究热潮中,发挥着至关重要的理论指导作用。社会史论战的主要争论焦点之一是中国社会性质问题。陶希圣指出:"在今日,与其提出解决中国问题的主张,不如对中国社会加以深刻的观察。要解决问题,须先知问题之所在,中国社会构造是中国目前要解决的一切问题的根源,不认识中国社会构造便不知道中国的问题,不知道中国问题,便无从提出解决中国问题的主张。"②要了解现在的中国社会结构就不能回避中国社会的历史发展历程。"我们如果要明白现在中国

---

① 侯外庐:《韧的追求》,生活·读书·新知三联书店 1985 年版,第 222 页。

② 陶希圣:《中国社会与中国革命》绪论,新生命书局 1929 年版,第 3 页。

社会的形态与动向之运动诸法则,要知道目前正在进行着的中国社会经济崩溃的特质,那么就不能不回溯考察中国过去的社会经济。盖我们如欲知道中国社会现在与将来的动向,便不能不回溯考察中国过去的社会经济与其继起诸关系;我们如欲明了现在中国社会经济的崩溃解体是怎样进行着的,那么是不能不先立证过'旧'中国的社会经济究竟是怎样的了。如果对于中国旧社会秩序的特质没有正确的分析,那么对此旧社会秩序之向他形态的社会生活推移上之运用诸法则,自然也就不会明白正确看出的。"①

学者要探究中国社会发展的历史规律,唯物史观是极其重要的理论方法。唯物史观为社会史研究者从经济角度入手,以生产方式的演变为线索,将社会历史视为一个有机体,发掘人类历史发展变化的深层动因,并为以全新的视角构建出完整的历史过程,提供了可能。顾颉刚在 1933 年坦言:"我感觉到研究古史年代、人物事迹、书籍真伪,需要用唯物史观的甚少,……至于研究古代思想及制度时,则我们不该不取唯物史观为其基本观念。"②唯物史观为历史研究提供全新视角,与中国传统的史学家采取以断代为史的叙事方式,聚焦朝代的交替的学术旨趣截然不同,这也填补了历史考证学派专注于史料的考辨整理,在历史观或历史解释方面缺少建树的缺陷。

1917 年俄国"十月革命"后,马克思主义开始大规模传入中国并引起广泛关注,而到了五四时期更是形成了宣传马克思主义的热潮。社会史论战就是在唯物史观广泛传播的思想语境下发展起来的。随着社会史论战时间上的延续、影响范围的不断扩大,唯物史观得到了更广泛的传播及更多学者的认同。据统计,1928—1930 年,在社会史论战兴起的三年间,全国翻译出版的马克思、恩格斯著作就达近 40 种之多。③君素提到:"一九二九年这一年的出版界,可以说是一个关于社会科学的出版物风行一时的年头。……这一年关于方法论,尤其是唯物辩证法这一类书籍的流行。这就意味着中国的读书界已经有更进一步去研究社会科学的需要之表示。还有关于历史方面,如经济史、革命史及经济学史社会思想史等等,占了相当的数目。从这一点,可以看到中国的幼稚的思想界已经有渐渐走上系统研究的道路之

---

① 石决明:《中国经济史研究上的几个重要问题》,《中国经济》1934 年第 2 卷第 9 期。

② 顾颉刚:《顾颉刚古史论文集》第一册,中华书局 1988 年版,第 241 页。

③ 李德模:《关于马克思及马克思主义中文译著书目试编》,《新思潮》1930 年第 2、3 期合刊。

倾向了。"①

　　在社会史论战中,不论学者的政治背景如何,他们在社会史研究中都不同程度地受到唯物史观的影响。中共马克思主义学者自不用说,以陶希圣为代表的国民党学者也受到唯物史观的影响。这些学者之所以能在社会史论战及经济社会史研究的发展过程中占有一席之地,科学的理论指导非常重要。陶希圣早年曾与樊仲云、萨孟武合译河西太一郎著《马克思经济学的发展》。此外,陶希圣在《社会科学讲座:马克思的社会进化论》中,将马克思的《政治经济学批判》和恩格斯的《家庭、私有制和国家的起源》与达尔文的《物种起源》、摩尔根的《古代社会》、斯宾塞的《社会学原理》等并列,视为进化说"在社会学及人类学上还有莫大的权威"的著作。② 陶希圣在李膺扬译、恩格斯著的《家庭、私有制和国家的起源》(该书当时的译名为《家族私有财产及国家之起源》)序言中指出:"这本书的重要,是在以历史的唯物论来叙述民族学家所发见的材料。这本书的价值,是在以民族学家所发见的事实能作历史的唯物论的证明。"③众所周知,恩格斯此作是一部研究原始社会及其解体过程的经典作品,揭示了由生产力的发展而引起的三次社会大分工,原始社会的公有制逐渐被私有制取代,国家出现,原始社会最终解体。陶希圣对此作的重视,表明他对恩格斯关于社会发展规律理论的认同。

　　还有,陶希圣对唯物史观中的生产关系理论很感兴趣。马克思《〈政治经济学批判〉序言》中阐述唯物史观的经典段落:"人们在自己生活的社会生产中发生一定的、必然的、不以他们意志为转移的关系,即同他们的物质生产力的一定发展阶段相适合的生产关系。这些生产关系的总和构成社会的经济结构,即有法律的和政治的上层建筑竖立其上并有一定的社会意识形态与之相适应的现实基础……社会物质生产力发展到一定阶段,便同它们一直在其中活动的现在的生产关系或财产关系发生矛盾。于是这些关系便由生产力的发展形式变成生产力的桎梏。那时社会革命的时代就到来了。"④马克思阐述的这一唯物主义基本原理被陶希圣运用到研究中,他此时论著的一大特点就是从社会阶层的角度分析中国社会结构及社会变迁,如他的成名作《中国社会之史的分析》等。陶希圣将社会史观引入对中国社会

---

　　① 君素:《1929 年中国关于社会科学的翻译界》,《新思潮》1930 年第 2、3 期合刊。

　　② 陶希圣:《社会科学讲座:马克思的社会进化论》,《新生命》1929 年第 2 卷第 5 期。

　　③ 恩格斯:《家族私有财产及国家之起源》序(陶希圣),李膺扬译,新生命书局 1929 年版。

　　④ 陶希圣:《社会科学讲座:马克思的社会进化论》,《新生命》1929 年第 2 卷第 5 期。

历史进程的考察中,成为中国史学发展的一个新方向。这种新的学术动向引起学界的广泛关注,陶希圣也由此"暴得大名"。陶希圣在复旦大学、劳动大学、中国公学及上海法学院兼课,讲中国历史,讲述中国社会组织,尤其分析士大夫阶级与农民的社会关系,及其与政府的政治关系,很受欢迎,每次演讲都能激起青年读书与研究之兴趣。"食货"学派主要成员何兹全回忆:"当时,北大最受欢迎的教授有胡适之、傅孟真、钱宾四和陶希圣四位先生。北伐战争之后,青年学生中最关心的问题是中国革命的反思和前途问题。由中国革命性质而联系到中国社会性质;由中国社会性质而联系到中国社会史的发展。最受欢迎的研究历史的方法是辩证法和唯物史观,陶希圣就是运用辩证法和唯物史观来分析中国社会史问题的。陶希圣讲课声音不大,而分析深刻,鞭辟入里,生动有层次,循循善诱,引人入胜,教室里挤满了人。"[1]唯物史观在中国的传播为陶希圣等学者提供研治中国社会经济史的科学工具的同时,也随着他们学术研究的发展扩大了影响范围。可以说,正是由于陶希圣等学者运用先进的理论方法研治中国社会经济史,为经济史研究筚路蓝缕的同时营造了活跃的学术氛围,才积极推进了社会经济史研究的兴起。

二、社会经济史研究领域的拓展

1927—1937 年,在中国学术界持续近 10 年的社会史论战,主要讨论了中国社会性质、中国社会史和中国农村性质三方面的问题。1927—1928 年由陶希圣挑起的关于中国社会性质问题的论战,参"战"方有王学文、潘东周等中共干部为主力,以《新思潮》杂志为阵地的"新思潮"派;严灵峰、任曙等托派分子,以《动力》杂志为平台的"动力"派;还有以陶希圣、梅思平等国民党员为代表的,以《新生命》杂志命名的"新生命"派。1932—1933 年关于中国社会性质的争论扩大到史学界,由此展开了中国社会史问题的论战。1934—1935 年又进一步引发了关于中国农村经济性质的论战,论战双方是以钱俊瑞、薛暮桥、孙冶方等为代表的"中国农村"派和以王宜昌、张志澄等为代表的"中国经济"派。社会史论战中关于中国社会性质、中国社会史和中国农村性质的争论,其实是一个问题的三个方面,这个中心问题就是中国社会形态问题。

陶希圣作为中国社会史论战的发起者,对于中国社会性质问题,他提出

---

[1]　何兹全:《悼念我师陶希圣先生》,《传记文学》1988 年第 8 期。

中国封建制度早已瓦解,地主阶级虽仍是中国社会的支配势力,但由于商业资本主义的发达,"商人资本却成了中国经济的重心"。"中国农民问题是资本问题的一面","我认为中国农业是以资本为中心的,虽然有封建剥削的存在,不能因此就断定中国的社会形式是封建制度","因此,中国社会是金融商业资本之下的地主阶级支配的社会,而不是封建制度的社会"。①与陶希圣否定中国社会是封建社会、资本主义社会的笼统说法不同,"新思潮"派的中共学者王学文、潘东周、吴黎平等人强调中国社会是半殖民地半封建社会性质。"所谓十八行省或二十一行省地方,多数乡村间,尤其内地的行省的多数乡村间的所谓农村经济的,大体仍是以自给自足为原则,农家自己需要的物质的生活资料由自家生产自家消费……商品生产无论其在农村与都市,都只是单纯商品的生产,前资本主义生产方式的,尤其是封建的半封建的生产方式的生产。"②"用超经济的压迫,以榨取剩余劳动。凡维护此种剥削方法的制度便是封建制度。"③"动力"派任曙、严灵峰等则针对"新思潮"派的中国半殖民地半封建社会的观点,提出完全相反的观点。他们认为,近代中国社会在帝国主义的侵略下,已经成为资本主义社会。"中国社会经济结构虽是复杂,但资本主义的生产方法和生产关系是居领导(亦即支配)的地位;整个社会的再生产行程要依赖于资本主义生产方式的经济部门之再行程的。中国社会内部主要的统治者是资产阶级,……换言之,中国目前是个资本主义社会。"④

中国社会性质论战的焦点集中在对帝国主义、民族资本和封建残余这三种社会势力的相互关系的认知上。随着中国社会性质论战的深入推进,各派关于中国社会性质的理论构架的构建、观点的阐述已完成,而对于中国社会性质问题的解决却陷入困境。如前所述,要了解现在的中国社会性质就不能回避中国社会的历史发展历程。于是,关于中国社会性质的论战转入对中国社会经济史问题的讨论。

20世纪初的中国经济史研究还处在起步阶段。少数的经济史著作如沈同芳的《中国渔业历史》(1906年)、陈家焜的《中国商业史》(1908年)、贾士毅的《民国财政史》(1919年)、王侸的《交通史》(1923年)、曾鲲化的《中国铁

---

① 高军:《中国社会性质问题论战(资料选辑)》,人民出版社1984年版,第32、93、114页。

② 高军:《中国社会性质问题论战(资料选辑)》,人民出版社1984年版,第187、188页。

③ 高军:《中国社会性质问题论战(资料选辑)》,人民出版社1984年版,第239、240、243页。

④ 高军:《中国社会性质问题论战(资料选辑)》,人民出版社1984年版,第8页。

路史》(1924 年)、陈平原的《中国关税史》(1926 年),大都是为谋求现实的经济改革而针对社会经济的某一方面进行的考察,缺乏对其历史的宏观认识,并且民国前期的经济史著作又都存在叙述简略、结构粗糙的弊病。经济史研究真正引起学界的关注,始于 1920 年胡适、胡汉民、廖仲恺在《建设》杂志上进行的一场关于井田制有无的辩论。"这场井田制有无的辩论,对此后中国古代社会历史的研究有着极其深远的影响,可以说这是中国社会经济史方面新探讨的开端,特别是古代经济制度新探讨的开端,包括古代土地制度史和古代租税制度史以及古代财政制度史在内。"[①]

　　稍后发生的社会史论战掀起中国经济社会史研究的热潮,对经济史研究产生的重要影响之一就是研究领域的拓展。在社会史论战中,关于社会史问题的探讨主要集中在以下三个方面:一是关于亚细亚的生产方式;二是中国历史是否经过奴隶社会阶段问题;三是所谓"商业资本主义社会"或"前资本主义社会"问题。学界对于这三方面问题的探讨,极大地拓宽了中国社会经济史的研究领域。

　　譬如,在关于中国历史上有没有奴隶社会阶段的争论中,陶希圣在《中国社会之史的分析》一书中指出:"在封建国家成立以前,人类的社会组织以血统为纽带,以血统为纽带的社会组织便是氏族。……氏族间的战争,如传说上黄帝与蚩尤,炎帝与共工氏间的战争,使一氏族征服他氏族,便成立了初期封建国家。封建国家间的战争,使一国家征服他国家,便成立了次期的封建国家。"[②]陶希圣在书中将中国历史分为"宗法社会""封建社会"和"资本主义社会",认为在中国历史上并不存在奴隶社会。此后不久,陶希圣又修正了自己的观点,认为战国到东汉是奴隶经济占主要地位的社会。[③]

　　陶希圣在中国是否存在奴隶社会这一问题上观点的反复,折射出他对中国古代经济史研究的不足。要解决奴隶社会问题,就需要对奴隶的来源、数量、身份、地位进行研究,以及奴隶在劳动生产中是否占得主导地位,还有生产工具等方面的综合考察来推断中国社会是否存在奴隶社会。正如"食货"学派成员曾謇所言:"我们要确定一个社会的属性,并不能仅就一些表面现象来判断的。我们必须就生产的工具、生产力、生产关系来决定它,……

---

① 杨宽:《历史激流中的动荡和曲折——杨宽自传》,时报文化出版企业有限公司 1993 年版,第 65 页。

② 陶希圣:《中国社会之史的分析》,新生命书局 1929 年版,第 194—199 页。

③ 陶希圣:《中国社会形式发达过程的新估定》,《读书杂志》1932 年第 2 卷第 7、8 期合刊。

我以为奴隶的社会,是应该有这样的经济条件的:(一)生产的性质,是奴隶完全居于被剥削的地位,他没有土地的所有权,他的自身不过处于一种能说话的工具的地位。(二)奴隶的自身不能自己统御,他的工作与生活手段所需的数量的支配权,也都操之于奴隶的所有者。(三)生产的工具,是以笨重见称。"①这表明,当时学界要解决中国历史上是否存在奴隶社会阶段的问题,就需要对中国古代的生产工具、农业生产、社会关系进行深入研究,这就涉及中国古代身份制度、赋税制度、田制、农业经济等专题,这些课题本身就是社会经济史的研究内容。学者们在《食货》半月刊中发表的《春秋的奴隶》《两汉奴隶制度》《用铁时代问题之研究》《中国果真没有奴隶制度吗》《奴隶社会的症结》《西汉奴隶考》《诗经中表现的土地关系》等文章,在对奴隶、奴隶社会这一问题进行探索的同时,极大地拓展了中国社会经济史的研究内容,增加了深度。

还有关于"商业资本主义社会"或"前资本主义社会"的问题。陶希圣是"商业资本主义社会"这一观点的提出者。他在《中国社会之史的分析》中宣称,中国的封建制度早在战国时代就已崩坏了,而引起封建制度崩坏的原因,就是商业资本的发展。"我们乍一看,好像中国历史上几千年没有巨大的社会变动。所以我们可以把春秋以后到清朝划成一个时期——或命名为封建时期,或命名为先资本主义时期,又或命名为商业资本主义时期。"②陶希圣强调商业资本、商品经济的发展对封建社会的瓦解作用,强调商业资本在秦以后社会中的地位和作用,并认为它可以作为一个独立的社会形态与封建社会进行区分。陶希圣关于"商业资本主义社会"的观点,受到马克思主义学者的严厉批判,争论的焦点集中在商业资本的历史作用上。马克思主义学者认为商品经济和商业在以自然经济占统治地位的封建社会,只是自然经济的补充而不可能创造一种独立的社会形态。③

稍后,《食货》半月刊中刊登李立中的《试谈谈中国社会史上的一个"谜"》《商业资本主义社会辩》《关于商业资本主义社会》《商业资本主义社会的生产形态》,丁道谦的《由历史变动律说到中国田制的循环》《再论商业资本主义及其他》《商业资本主义与专制主义的透视》,傅安华的《商业资本主

---

① 曾謇:《西周时代的生产概况》,《食货》1935 年第 1 卷第 7 期。

② 陶希圣:《中国社会形式发达过程的新估定》,《读书杂志》1932 年第 2 卷第 7、8 期合刊。

③ 这方面的论著很多,可参阅朱繁新、李达:《中国现代经济史之序幕》,《法学专刊》1935 年第 3、4 期合刊。

义社会商榷》及范振兴的《商业资本主义社会质疑》《商业资本主义社会再质疑》，等等，对"商业资本主义社会"问题做了进一步的探讨。此外，与商业资本有关的如商人、货币、高利贷等课题也引起了人们的关注，《食货》半月刊中刊发的《唐代绢帛之货币的用途》《两汉货币制度》《五代货币制度》《金文中所窥见的西周货币制度》《唐代的货币》《唐代高利贷及债务人的家族连带责任》《战国时代商人的动向》《唐代官僚地主的商人化》等专题研究填补了中国社会经济史研究的空白。

综上，在社会史论战中，学者在探讨中国社会形态演变过程中，努力开辟经济社会史研究新领域，积极推动了经济史研究的发展。其中陶希圣作为论战中的风云人物，在推进社会经济史研究的发展过程中发挥着不容忽视的积极作用。

三、社会经济史学科模式的建立

19 世纪末 20 世纪初，受西方学术分科理念的影响，经济史作为史学之独立分支的观念开始为学界所接受。黎世衡在 1912 年印行的《中国经济史讲义》中指出："或谓经济史实之研究，尚未抵充分发达之领域，其构成因果也，亦第述过去之经济史实，为经济学之辅助学科，而不为一独立部门，斯盖误矣。夫经济史者，其自身努力于发现史的发展之法理，是当然具有科学之本能，岂仅为经济学之辅助学科而已耶。"并称："经济史以考述经济现象之发展为职志，是属于纵的研究。换言之，即须注意于自古至今，长时间之经济现象之变迁，其第述一时代之经济事实，及说明生产、分配之方法，交换、消费之状态者，乃为'经济志'，而非'经济史'也。不宁维是，发展云者，不仅为进步或向上之意。并包括有退步或衰歇之意焉。要之，罗集经济事实，自客观方面而为庚续的系统的研究，以明其变迁及沿革者也。"[①]著者已充分认识到发源于西方的经济史学与中国传统的"食货志"等历史经济现象的记述之间的区别，也开始逐渐接受经济史这一新学科的学术理念。

在稍后发生的社会史论战中，经济史研究呈现出社会经济史的研究形态。当时，社会经济史这一名词很受欢迎，它与单独的社会史或经济史不同，而是一种把经济和社会联系在一起所做的综合研究。经济史中对经济、社会的重视，应该归功于马克思主义史学的创始人。马克思在《〈政治经济学批判〉序言》中，对社会变迁中的生产力与生产关系、经济基础与上层建筑

---

① 黎世衡：《中国经济史讲义》（京师大学堂讲义），1912 年印（印行者不详），第 1—7 页。

之间的互动关系进行了经典性的表述。马克思既强调经济因素的作用,又将各种社会关系都纳入自己的学术视野。随着中国学者将唯物史观运用到中国经济史研究中,促使一种远超过论战前的各种部门经济史及狭隘的传统记述型经济史学的,具备总体意识的社会经济史学研究形态产生。

在社会史论战中,社会史与经济史是合并在一起现身于中国史坛的。从社会史与经济史的学术逻辑关系看,两者有着紧密的学术关联。如傅筑夫所说,经济史与社会史关系最为密切,它们在许多方面属于同一领域,社会史中大部分的研究对象都是经济史的问题,因此,大多数经济史著作以社会经济史内容为标题。① 社会史与经济史无法截然分开。杨及玄也认为经济史应当称为"社会经济史",因为"我们必须从时间大流中,探索整个社会在经济方面继继续续所表现的消长现象,更必须至全体社会中,阐明经济之史的演变对于社会的全体和部分相生相成相消相杀乃至相反射的交互关系。干脆说来,经济史的研究应当一变而为社会经济史的研究,处处不要离开社会的立场,不然,只是我们所谓'经济志'的研究而已"。他还批评局限于经济现象和经济问题的经济史是"把经济现象从其他的社会关系截然分开,只就经济现象本身的孤立状态加以考察,结果,他们大都把社会经济在演变中的本质完全掩蔽了"②。这一时期,时人几乎将社会史与经济史完全对等。1932 年中央研究院社会科学研究所创办的中国第一份以经济史命名的学术刊物《中国近代经济史研究集刊》,于 1937 年第 5 卷起更名为《中国社会经济史研究集刊》。从刊物的名称看,经济史与社会史的学科涵盖几乎对等,后来有学者称《中国社会经济史研究集刊》萌生了中国的社会经济史学。③

不可否认,社会经济史研究形态的出现大概也受现代西方史学的影响。1893 年,维也纳的学者们创办了《社会经济史季刊》。1929 年,吕西安·费弗尔和马克·布洛赫创办了《经济与社会史年鉴》,在其创刊号的《致读者》中,明确提出了要打破史学研究的专业局限和学科局限。有学者认为西方

---

① 傅筑夫:《社会经济史的分段及其缺点》,《文史杂志》1945 年第 5 卷 5、6 期合刊。

② 杨及玄:《民生史观的中国社会经济史研究发端》,《中山文化教育馆季刊》1935 年第 2 卷第 2 期。

③ 杨国桢:《吸收与互动:西方经济社会史学与中国社会经济史学派》,载侯建新:《经济—社会史:历史研究的新方向》,商务印书馆 2002 年版,第 7 页。

经济史与社会史的这种合流现象为中国史学提供了启发。[①]

陶希圣在中国社会史专攻刊物《食货》的《编辑的话》中指出："本刊的范围,只限于纯粹的中国社会经济史的论文,更注重于史料的搜集。所谓社会经济史者,就是历代的农业、工业、商业、财政、币制这一类的记载。所谓历代,就是上古、殷、周、秦、汉、南北朝、隋、唐、五代、宋、辽、金、元、明、清。"[②]陶希圣也接受社会经济史的研究形态,这一研究形态通过其主编的《食货》杂志得到广泛的传播。

除此之外,陶希圣还将社会经济史的理念运用到研究中,在解析中国社会结构时,将社会关系、经济结构结合起来进行综合考察。如陶希圣在《中国社会与中国革命》《中国社会现象拾零》中,对中国社会结构的分析,首先从经济结构入手,认为"经济发达的不平均,使中国社会经济发达过程停滞迁延,使中国社会经济的发达没有鲜明的段落。我们可以说,自有史以来,便是封建制度起源发达崩坏的纪录,直到今日,尚未结算清楚"[③]。正是由于中国经济发展的不平均,造成货币经济与自然经济的并行,商业区的货币流入农业区后,流通往往会停滞,货币经济返回自然状态,实物地租普遍存在。受经济因素的影响,"商人资本与封建地租两者是构成中国社会的两大成因"。所谓的"商人资本"主要指的是商业资本。在他看来,商业资本与地租是相辅相成的。商业资本与高利贷资本来自于地租,而商业的发达与高利贷资本的流通,促进了私有制度的建立。商业资本直接压迫的对象是小农,高利贷资本更是造成小农破产,促进了大土地所有制的建立。上述内外两种力量联手使中国封建势力衰而不亡。但外国资本侵入中国后,情况发生了变化。陶希圣认为,商业资本起到了使外资与封建地租相联系的桥梁作用,"外国金融资本与中国商业资本相融合,中国商业资本可早与地租关系打成一片"[④]。"所以今日的中国,都市虽在外国资本之下资本主义化,而农村的破坏,较从古以来更为迅速。水利经济的崩溃,尤产生残酷凄凉的饥民,决非薄弱的资本主义化都市所能吸收,实在是异常危急的现象。"[⑤]

---

① 杨国桢:《吸收与互动:西方经济社会史学与中国社会经济史学派》,载侯建新:《经济—社会史:历史研究的新方向》,商务印书馆 2002 年版,第 7 页。

② 陶希圣:《编辑的话》,《食货》1936 年第 4 卷第 2 期。

③ 陶希圣:《中国社会与中国革命》,新生命书局 1929 年版,第 6 页。

④ 陶希圣:《中国社会现象拾零》,新生命书局 1929 年版,第 5 页。

⑤ 陶希圣:《中国社会与中国革命》,新生命书局 1929 年版,第 96—97 页。

最后通过经济资本与社会结构的综合分析得出结论:"中国现在的社会包容了如下的各种成分:(一)金融资本主义组织,如银行,交易所等;(二)商人资本的组织,如钱庄、典当、商店等;(三)工业资本主义的组织,如机器工厂……(四)封建式的剥削制度,如田租……(五)手工业……(六)石器及石铜兼用的村落共产制及物物交换制,如苗瑶等民族。"①它们都有各自的社会生活方式,而它们之间是相互关联,并非独立的,其联系的桥梁就是经济关系。

由上可知,20世纪二三十年代社会史论战的学术语境下,中国经济史研究呈现社会史与经济史交织在一起的研究形态,社会经济史学科模式的确立对经济史研究的发展产生深远影响。陶希圣的学术研究也颇受社会经济史研究形态的影响。

---

① 陶希圣:《中国社会现象拾零》,新生命书局1929年版,第429—430页。

第二章 陶希圣与"食货"学派的形成

　　"史学流派是指具有独特治学观点、方法、风格的学术团体。它一般表现为在研究取向上有自己的侧重,对某些具体问题有大致相同的见解,在流派形成中有多部具有影响的学术著作或具有代表流派风格的学术刊物。"①由此可知,在史学流派的形成过程中,学术刊物占据着举足轻重的地位。不仅如此,在中国史学的近代化进程中,报刊等传媒扮演着至关重要的角色。史学界新旧观点的论战交锋,新史观新方法的传播推广,新的学术群体的形成、凝聚及其代表著述的问世等,无不与报刊有关。换言之,正是由于新闻媒介对社会史大论战的集体聚焦,国内的研究机构和大学的史学刊物及经济学刊物纷纷刊载社会经济史方面的论文,直接促成了 20 世纪 30 年代中国经济史研究第一次高潮的出现。可以说,正是在各类期刊等出版物所营造的浓厚的社会经济史研究氛围中,诞生了《食货》半月刊,并以此为平台,进而形成了名盛一时的"食货"学派。

第一节　陶希圣与《食货》半月刊

　　在"食货"学派的形成过程中,《食货》半月刊占据着举足轻重的地位。"食货"学派学术群体的聚拢、学术观点的发布、学术方法的传播及学术代表著述的问世等无不与《食货》半月刊有关。陶希圣是《食货》半月刊的主编,

---

① 张书学:《中国现代史学思潮研究》,湖南教育出版社 1998 年版,第 5 页。

"食货"学派的重要代表人物。他与《食货》半月刊的创办及"食货"学派的形成有着密不可分的学术关联。

一、"矫正公式主义流弊,创办《食货》半月刊"

何兹全回忆:"《食货》半月刊是 1934 年 12 月创刊的,主编陶希圣。《食货》的出现是应'运'而生的。这个'运',就是中国社会史论战陷入理论之争,参加争论的人中国书读得不多,争论半天也争不出个结果。""因此,《食货》半月刊的出现,是在社会史论战大潮之后,对大潮的反思。可以说,它的出现,是顺应当时史学发展形势演变的大潮流的,是应运而生。陶希圣先生抓住了这个机遇。"①

(一)社会史论战的"回想"

20 世纪 30 年代,在社会史论战进行数年之后,"自秦代至鸦片战争以前这一段中国社会形态发展史中的一段'谜'的时代"仍没有明确的解答,"有些以前极为模糊的观念,现在已甚明了,有些从前不觉得成问题的,现在居然成为问题了"②。为何社会史论战越辩越乱,竟成了一场"混战"?学者们开始对社会史论战进行总结和反思。这种反思主要表现在以下三个方面:

一是社会史论战与马克思主义理论在中国的传播有着紧密的互动关系。唯物史观为社会史论战提供理论工具,通过社会史论战唯物史观得到更广泛的传播和运用,并为更多的学者所接受。从参论者的文章、论著看,绝大多数论文都运用了马克思主义唯物史观。也就是说无论学者们是否真正信仰马克思主义,大多(至少从表面上)接受了唯物史观,并努力将唯物史观运用到中国社会史研究中。学者们大多抱有这样的心态,"就是在中国社会史的论战上,我们为求科学地将中国社会之历史的发展过程,正确地去把握去理解,也必须照在唯一科学的正确的方法论——唯物辩证法——之光下,加以观察"③。参论者常自言:"近年完全站在马克思列宁主义的立场,对于中国革命,常欲作一番切实的研究。"④"论战中各人都以为自己是唯物的,他人全都是唯心的;自己是辩证的,他人全都是机械的。"⑤当时,马克思主义

---

① 何兹全:《何兹全文集》第一卷,中华书局 2006 年版,第 592 页。
② 嵇文甫:《嵇文甫文集》(上),河南人民出版社 1985 年版,第 488 页。
③ 田中忠夫:《中国社会史研究上之若干理论问题》,《读书杂志》1932 年第 2 卷第 4、5 期合刊。
④ 孙倬章:《中国经济的分析》,《读书杂志》1931 年第 1 卷第 4、5 期合刊。
⑤ 王礼锡:《中国社会史论战第二辑序幕》,《读书杂志》1932 年第 2 卷第 2、3 期合刊。

在中国刚刚传播不久,学者们既缺乏对马克思主义经典著作的系统钻研,又没有对中国具体历史史实的深入研究,因此学者们在强调运用马克思主义关于社会经济形态的理论研究中国社会的同时,往往会忽视中国历史发展的特点,因而在理论运用上不免陷于公式化和简单化。

陶希圣是社会史论战中的重要人物,他在唯物史观的使用过程中也不免陷入公式化的矛盾,并受到学界的批评。刘节在《陶希圣著〈中国政治思想史〉》中指出:"原陶(希圣)君之所以采用此三法者,因其胸中固已预存唯物史观之理论。所谓剩余价值、阶级斗争及一切文化建筑经济组织之上诸原则,与夫神权、王权、贵族统治诸名目,久已配置整齐,然后以此三法,取材于吾国史料而充实之。凡以概括法所得共通象征,及以统计法所得之特殊象征着乃合于诸原则之事实也。凡有不合者,则以抽象法淘汰之。如是结果,则千年之中国历史,无往而非唯物史观之色彩矣。"①

陶希圣等人没有充分做到理论联系实际,他在研究中受理论运用的教条化、公式化影响,其观点时常出现自相矛盾的状况。马乘风在评价陶希圣的学术观点时指出:"春秋时代封建社会已崩溃、春秋时代封建社会趋于崩溃、春秋时代是封建社会时代、春秋时代是资本主义时代,封建制度崩溃后,中国没有资本主义社会之可能。""这五项根本不同的见解,若是分之于五个根本不同的作家和著作,犹有可说,事实上,竟出之于陶希圣一人之口,真不知陶先生何以自圆其说?于此,足证陶先生确实是没有了解春秋时代中国社会的性质,没有紧紧的把握住春秋社会核心问题,只是浮光掠影,为一些表面现象所迷惘。"他还指出:"其自破自立,互相矛盾,使我们对于陶希圣之中国社会史的知识,大加怀疑,我们如果走马观花的读他的书,还觉得马马虎虎算是一本书,如果仔细的统合的考究起来,那么他的议论,简直不成个体系。"②

陶希圣后来谈到自己的观点屡屡发生改变的原因是:"历史上两个不同的社会形式,供给我们不同的材料。但因公式主义不许我们指出两者的异点,我们是弃材料而留公式呢?还是弃公式而取材料,重新估定社会进化的途径?公式主义者的办法是前者。我的办法是后者。这是我四年来见解屡有变动的原因。"③这是陶希圣自己对公式主义的反思,也从侧面折射出他观

① 刘节:《陶希圣著〈中国政治思想史〉》,《图书评论》1933年第1卷第12期。
② 马乘风:《中国经济史》第1册,中国经济研究会,1935年,第427—428、35页。
③ 陶希圣:《中国社会形式发达过程的新估定》,《读书杂志》1932年第2卷第7、8期合刊。

点变化的原因正是理论与史料没有很好地结合起来。王宜昌指出："在 1927 年以来,人们都利用着历史的唯物论研究所得的结论作为根本的指导原理,而将中国史实嵌进去。但同时是不了解清楚历史的唯物论,或者有意滑头而曲解而修改而捏造了他们地所谓历史唯物论。……但他们一般只是应用这一根本原理,而没有正确地叙述这一根本原理到底在中国社会史上的如何使用。"①李季在《对于中国社会史论战的贡献与批评》一文中认为要解决社会史论战中的问题必须具备三个条件:(一)深切了解马克思主义;(二)深切了解西洋的经济发展史和社会形态发展史;(三)深切了解中国的经济发展史和社会形态发展史。② 学者们已经认识到要想更好地推进中国社会经济史研究,唯有把唯物史观与中国的社会实践科学地结合起来。

　　二是论战的意识形态化。社会史论战本身就是由政治问题而引发的学术争论。论战中涉及的中国社会性质、中国农村经济结构、中国社会发展历程等问题既是政治问题又是学术问题。参"战"的各方多是具有政治背景的学者,如陶希圣是国民党改组派成员;郭沫若、王学文、吕振羽等是中共党员;李季、任曙、严灵峰等则被视为"托派"。因此,有学者指出论战"既是学理的争鸣,也是论争双方或三方的政治分野,是继政治主张之争之后的又一次深入的政治道路之争"③。

　　陶希圣回忆社会史论战期间"我的功力是用到两方面。一方面是用社会历史方法解释三民主义与国民革命。另一方面是用这一方法研究中国历史,叫作'中国社会史'"。并自言:"《新生命》月刊经常投稿的几个人,包括我在内,决定连续发表一些论文,鼓吹'三民主义的不可分性',在思想界也一度激起波纹。"④而在《中国社会之史的分析》中,陶希圣通过对历史上士大夫阶级所产生的弊害的考察,认为国民党应着力肃清士大夫的势力。他指出中国国民党既不是一阶级党,更不是超阶级党,其基础乃是农夫、工人、商人(受帝国主义经济压迫的工商业者)以及革命知识分子等一切被压迫的民众。"本党的基础如移植于官僚士大夫,则'革命军起,革命党消',党员人人均将以争得政治地位立足,不复计及利害本不切肤的民众的痛苦,而民众的兴起反将不利于己,更将深恶而痛绝之。这便是本党官僚化的危机。本党

---

① 王宜昌:《中国社会史短论》,《读书杂志》1931 年第 1 卷第 4、5 期。
② 李季:《对于中国社会史论战的贡献与批评》,《读书杂志》1932 年第 2 卷第 2、3 期合刊。
③ 陈旭麓:《五四以来政派及其思想》,上海人民出版社 1987 年版,第 5 页。
④ 陶希圣:《潮流与点滴》,传记文学出版社 1979 年版,第 112 页。

官僚化以后,则党籍成了士大夫升化的阶梯,而政治便成为官僚政治。官僚政治本无革命性可言,狐媚外国,压制民权及剥削民生,一切反三民主义政策,本为士大夫阶级官僚政治的根性。"①陶希圣的政治观点和革命主张基于其对中国社会的剖析,在此基础上形成的学术观点也就不可避免地带上意识形态的色彩。

此外,从各参"战"方在论战中的表现看,郭沫若、吕振羽等中共干部派学者受意识形态的影响更深。他们扮演着中共路线方针政策的宣传者和辩护人的角色。受中共领导的"中共社会科学家联盟",根据党的指示与各反对派进行斗争:"'新生命派'、改组派和改良派都以第一次国内斗争的失败来否定马克思主义或者认为马克思主义根本不适合中国国情。我们党虽然也需要对他们作一定的斗争,但主要的对手却是托派分子所散布在中国社会性质问题上的许多谬论。"②

社会史论战虽然带有"极其强烈的党性",但依然保持了"一定高度的学术性和科学性"(李泽厚语)。③ 学者们也不仅仅是为了政治目的而从事学术研究,他们保持了一定的学术自由度。但"不幸的是,这门学问一开始便和社会革命搞在一起,革命口号往往是危言耸听,过分夸大的。因而它惹起经院派学人的反感与歧视"④。赴京后的陶希圣也努力纠正这种倾向,在《食货》的《编辑的话》中着重强调"本刊是没有理由与别的政治宣传品一样看待的。主编及投稿人虽不免在别的出版物上发表政论,但是本刊并不刊载任何争论"⑤。这也是陶希圣对社会经济史研究深受政治因素影响的反思。

三是社会经济史学者学术素养的欠缺。社会史论战的参与者除去理论修养上的不足之外,还缺乏从事社会经济史研究应有的学术素养,对学术问题的探讨不够深入和精细。这一时期的中国经济社会史研究都存在这样的通病,不重视或无视史料的基础性作用,文中所引用的材料或不充分,或不加考证,漏洞百出,从而导致学术性不强的严重后果。1930 年,梁漱溟在《村治》上发表致胡适的公开信,质问胡适"常常聚谈中国的问题",但对社会史

---

①　陶希圣:《中国社会之史的分析》,新生命书局 1929 年版,第 79 页。

②　杨雪芳:《中国社联在三十年代中国社会性质论战中的作用》,载上海市哲学社会科学学会联合会:《中国社会科学家联盟成立 55 周年纪念专辑》,上海社会科学院出版社 1986年版,第 217 页。

③　李泽厚:《中国现代思想史论》,天津社会科学院出版社 2004 年版,第 70 页。

④　唐德刚:《胡适杂忆》,华文出版社 1990 年版,第 153 页。

⑤　陶希圣:《编辑的话》,《食货》1936 年第 4 卷第 2 期。

论战提出的问题并不关注。胡适回答说,"革命论的文字,也曾看过不少,但终觉其太缺乏历史事实的根据",认为"稍一翻看历史,当知这种三尺童子皆能说的滥调大抵不中情理"。① 胡适的话可谓一语中的。

在社会史论战中"暴得大名"的社会经济史学者陶希圣更是直言这一时期"我的中国社会史研究工作是粗放的"。在研究过程中,陶希圣对收集史料等基础性工作是轻视的。他的研究资料主要来源于中华书局出版的二十四史,而且是最低劣的版本,"我在每本书上,涂抹甚至剪裁,来供我的参考之用"②。陶希圣在写作过程中常使用信封将同一问题或事项的简报转入其中,每次持笔作文,只需检出信封,查出资料,组织一下,便是五千字乃至一万字的长篇论文。在其成名作《中国社会之史的分析》里,陶希圣坦言:"各篇的论题非常广泛,所用的材料也不过疏略的大体的,没有经过多少的考证工夫","内容时常有冲突矛盾的处所"。③张绍良指出:"熊得山的《中国社会史的研究》,陶希圣的《中国社会之史的分析》,虽已汇集成书,在量一方面,是丰厚些,而内容的质,依然是很穷乏的。至其见解的失当,则更是另一回事。郭沫若的《中国古代社会研究》,在方法上,虽无可非议,但内容上,依然没有做到精确。"④还有,陶希圣这位高产学者称:"历史是过去的社会,社会是当前的历史。一个题目,若是将过去的历史记载与当前的报刊记载,两下一拉,也就构成了可以讨稿费的文章了。"⑤马乘风批评陶希圣:"对于旧有的历史资料又舍不得出一番苦力,作一番整理融通的功夫。"⑥这正如翦伯赞所言:"这些社会史的战士,不但是史料的搜集不够,而且对社会科学的素养也不够。所以在当时他们都一致以引用马克思、恩格斯的词句为渊博,主要的在辩护其个人的偏见;而忘记了现实的历史,忘记了马克思对历史发展之整个的见解,因而变成了经院式的诡辩,而不是史的唯物论之应用。虽然他们也提出许多历史上的重要问题,但始终没有得到正确的结论。"⑦

此外,在社会史论"战"中,相互辩驳是论战的一大特色。论战立足于批判,通常只论他人之非,不顾他人之是。论争进行到激烈处便变成谩骂,"证

① 胡适:《胡适论学近著》第一集,商务印书馆 1935 年版,第 464 页。
② 陶希圣:《潮流与点滴》,传记文学出版社 1979 年版,第 112 页。
③ 陶希圣:《中国社会之史的分析》,新生命书局 1929 年版,第 23 页。
④ 张绍良:《近三十年中国史学的发展》,《力行月刊》1943 年第 7 卷第 4 期。
⑤ 陶希圣:《潮流与点滴》,传记文学出版社 1979 年版,第 112 页。
⑥ 马乘风:《中国经济史》第 1 册,中国经济研究会,1935 年,第 453 页。
⑦ 翦伯赞:《历史哲学教程》,北京大学出版社 1990 年版,第 17 页。

据不足之处,以谩骂补足"①,"然而嬉笑怒骂之辞多,真讲理论的却甚少。材料只是这些子,理论也只是这些子。你说过来,我说过去,终究只成一场混战而已"②。

1933 年,随着《读书杂志》停刊,社会史论战失去了主要阵地,论战的高潮期随之结束。嵇文甫称:"一场混战使大家感觉无知了,于是返回头来,从新做起。……至最近,南有《中国经济》,出了两本中国经济史专号;北有《食货》,尤其专以搜集史料相号召,和从前《读书杂志》上剑拔弩张的气象迥然不同了。从热烈到冷静,变空疏为笃实,恰和中国近年社会变迁相适应。我相信这种趋势在最近期间一定还大有发展,使中国社会的研究日益充实。"③陶希圣创办的《食货》半月刊,以收集经济史史料为旨趣,使社会经济史研究重理论轻史料的学风为之一变。

(二)陶希圣学术思想的转向

陶希圣晚年自言:"家学所传者为史学,大学所受者为法学。史学与法学两道思潮,汇为中国社会史学,此生若可称为学者,只是中国社会史学而已。"④

陶希圣毕业于北京大学法律系。1918 年陶希圣由北京大学预科毕业升入本科,选读法律系。"我自知拙于诗文,不选文科诸学系。我读史书,志在经世之学,初欲选政治系,又觉政治系课程空虚无实,遂改投法律系。"⑤1922年夏,陶希圣自北京大学法科毕业后,受聘于安徽省立法政专门学校(以下简称为法专)任法学教员,临行之前去拜别北京大学法律系黄左昌教授,受其指教研读秦蕙田《五礼通考》、徐乾学《读礼通考》两书。"黄先生此一番话,决定希圣为学之方向。"⑥这两部书都是有关于中国古代宗法制度,此为陶希圣探究中国社会制度之缘起。在法专,陶希圣教授亲属法、继承法等课程,为研析亲属继承法,研读英文及日文书刊多种,而以英国历史法学家亨利·梅因的《古代法》,"于我启发最为深长"。《古代法》指出了东方社会组织的特点是家族制度。家族制度社会的法律是身份制。西方社会是个人主

①　陶希圣:《汉儒的僵尸出祟》,《读书杂志》1932 年第 2 卷第 7、8 期合刊。

②　嵇文甫:《嵇文甫文集》(上),河南人民出版社 1985 年版,第 487 页。

③　嵇文甫:《嵇文甫文集》(上),河南人民出版社 1985 年版,第 487 页。

④　陶希圣:《潮流与点滴》,中国大百科全书出版社 2009 年版,第 13 页。

⑤　陶希圣:《八十自序》,《传记文学》1978 年第 33 卷第 6 期。

⑥　陶希圣:《八十自序》,《传记文学》1978 年第 33 卷第 6 期。

义的社会,其法律是契约制。这一指出,显示了西方社会与东方社会的分别,也说明了西方法律与东方法律的差异之所在。这本书打开了陶希圣研究亲属制度的"关锁"。1923年暑假,陶希圣购得胡培翚的《仪礼正义》,胡氏以孟子"天之生物也使之一本"为根本论点,来推求中国家族组织与婚姻制度,以阐明丧服丧期规定的标准,尊卑长幼,亲疏远近。陶希圣将《仪礼正义》与《五礼通考》《读礼通考》两书相参证,开始领悟孟子所称"天生之物,使之一本",及其所指"墨子二本"之说,由此寻求商周两代社会组织之差异及其演变之轨迹。受《古代法》与《仪礼正义》两书的启发,陶希圣开始尝试将西方的法律学与中国的历史学相结合,从法律学的视角探究中国古代社会制度的演进过程,"希圣由法学转入中国社会史之枢纽即在此时"①。

1924年,陶希圣在上海商务印书馆编译所任法制经济部编辑期间,首先着力于法律学的书籍,仔细研读了法国社会连带学说的狄骥、美国社会法学家滂德、英国历史法学家梅因和德国法学家籍尔克等人的著作;其次,对民族学的书籍,无论是进化论的、传布论的或是批判主义的,都借来阅读;还有,在史学方面,就中国思想的流派及其演变,再加功力,穷源溯流,以求有所进益。

这一时期的中国史学界,地质学与考古学家开始介入历史研究中,并通过一系列的研究成果,对中国古史进行科学考证。此时正值顾颉刚《古史辨》第一册出版之际,疑古之学术风潮四起,引发了学者们探究中国古史的学术兴趣,陶希圣也不例外。当时他对民族学研究兴趣甚浓,正在着手于礼丧服制之研究,对于从丧服与丧期制度上寻绎中国的社会组织,特别是家族与婚姻,"下了苦功",希望由此推求神话与传说中之史料,"重建古代史"。②陶希圣在《学艺》杂志,发表《丧服之本则与变则》一文,推出义理及礼记所称一世、二世、三世、四世之计算法,与欧洲日耳曼法及寺院法亲系法等之计算法相同。此文是陶希圣东西方社会制度比较研究的初起。稍后,陶希圣又发表《理论上之宗法》一文,从《礼记·檀弓》中的"古者不降,上下各以其亲"一句话,推论商道与周道之差异。周道有与日耳曼法同者,商道则同于罗马法。"此论文实为我由亲属制度转入社会史的研究之关键。"③此后陶希圣对法学与民族学和中国社会组织,继续研究,逐渐有些心得和进境。陶希圣在

---

① 陶希圣:《八十自序》,《传记文学》1978年第33卷第6期。

② 陶希圣:《八十自序》,《传记文学》1978年第33卷第6期。

③ 陶希圣:《夏虫语冰录》,法令月刊社1980年版,第342页。

《独立评论》周刊上,偶然发表一篇短文,指出了中国社会组织是以士大夫与农民为主要阶层,并对于士大夫阶级的发生、发展与没落,做了简明的分析。这篇短文引起学界的注意。稍后,陶希圣在《中国社会到底是甚么社会》一文中形成了士大夫阶级与农民构成中国社会两大阶层的观点,并指出:中国是一个"宗法制度已不存在,宗法势力还存在着"的社会①,由此引发了社会史论战。

陶希圣运用新的理论方法,从社会与经济相结合的宏观视角考察中国社会的历史进程。这种中国社会经济史研究的新动向引起学术界的关注,陶希圣也由此成为"现在国内有相当威信的历史学者"②。顾颉刚称:"陶希圣先生对于中国社会有极深刻的认识,他的学问很是广博,他应用各种社会科学和政治学经济学的知识,来研究中国社会,所以成就最大。"③

但是,如前所述陶希圣的学术研究存在理论空泛、材料贫乏的弊病,因而未得到学院派学人的普遍认可。"三十年代,中国史学界诸流竞起,但以学术文化的中心北平而言,与西方'科学的史学'相汇合的考证学仍然居于主流的地位。"④"北平的学术界里充满着'非考据不足以言学术'的空气。"⑤陶希圣等人的社会史研究在京派学人的眼中称不上是学术研究。胡适认为其研究只是"革命论的文字,……但终觉其太缺乏历史事实的根据"⑥。顾颉刚言:"当时的'社会史研究者',大部分只是革命的宣传家,而缺少真正的学者。"⑦"中国社会是什么社会"这一在当时学生群众中辩论的"一种兴趣",却成为"一个京朝派文学和史学的名家不愿出口甚至不愿入耳的问题"。⑧ 在正统历史学家的心目中,陶希圣以社会史观来研究古代历史及考察现代问题之论点与方法,是"旁门左道"。陶希圣自言:"正统历史学可以说是考据学,亦即是由清代考据与美国实证主义之结晶。我所持社会史观可以说是

① 　陶希圣:《中国社会到底是甚么社会》,《新生命》1928 年第 1 卷第 10 期。

② 　张横:《评陶希圣的历史方法论》,《读书杂志》1932 年第 2 卷第 2、3 期合刊。

③ 　顾颉刚:《当代中国史学》,辽宁教育出版社 1998 年版,第 91 页。

④ 　余英时:《犹记风吹水上鳞:钱穆与现代中国学术》,三民书局股份有限公司 1991 年版,第 174 页。

⑤ 　《古史辨》第四册书评,《读书杂志》1933 年第 2 卷第 7 期。

⑥ 　胡适:《胡适论学近著》第一集,商务印书馆 1935 年版,第 464 页。

⑦ 　顾颉刚:《当代中国史学》,辽宁教育出版社 1998 年版,第 91 页。

⑧ 　陶希圣:《潮流与点滴》,传记文学出版社 1979 年版,第 129 页。

社会观点、历史观点与唯物观点之合体。两者格格不入。"①

从陶希圣应聘北京大学教授的过程中,也可以看出学院派学人对这位知名社会经济史学者的态度。1931 年夏,陶希圣受聘北大的起因是该年上半年北大史学系发生了学生对于课程设置不合理而提出罢免系主任朱希祖和要求改革课程设置的学生运动。最后,学生向校长蒋梦麟提出聘请陶希圣等担任教授和开设社会史学、唯物史观研究等相关课程的要求。② 陶希圣接到学生会聘请其担任教授的电报,也颇感诧异,"为什么教授由学生会来聘请"?③之后才接到北大法学院院长周炳琳发出的聘书。陶希圣作为"现在国内有相当威信的历史学者"④,在北京大学被聘为法学院政治系教授而非历史系,且"被胡适派挤得靠边站,薪金上也打了大折扣"⑤。后来陶希圣回忆"他当年持教北大时,就颇受校中当权派胡适那一伙的歧视"⑥。此时社会史的研究正处于起步阶段,且一开始就被革命宣传者当作宣传的工具,在学界占据主流的京派学人对其自然不以为然。陶希圣北上以后,很快感受到了这些社会经济史研究发展中的不利因素,开始致力于矫正社会经济史研究的弊病,试图将其引入学术正轨。

事实上,早在陶希圣北上之前,他已经注意到社会史研究中理论空泛、材料贫乏的弊病,这也是他本人对社会史论战的"反思"。1929 年,他曾对论战中学者生搬硬套马克思主义理论表示批评:"在马克思本人的著作如《资本论》,还算慎重,处处把亚细亚社会撇开,不列入欧洲古代社会、封建社会及市民社会的任何范畴。今日的所谓马克思主义者这一点学者的态度都保持不住,拿'耳食的'一两语(句)话,便会分析中国社会。这是最滑稽的事情了。"⑦陶希圣承认历史有其法则可循,但反对将西方学者分析社会所得的结论,不加分析地当作中国社会研究的结论。"须知各种不同的社会形式,各有不同的社会法则。中国社会的各个要素,虽大抵与欧洲社会史上曾发现的各个要素,不甚悬殊,但自身要素的结构之异点,却自有特殊之点。"⑧

① 陶希圣:《夏虫语冰录》,法令月刊社 1980 年版,第 344 页。
② 《北京大学史料》,北京大学出版社 1993 年版,第 1725—1727 页。
③ 陶希圣:《潮流与点滴》,传记文学出版社 1979 年版,第 124 页。
④ 张横:《评陶希圣的历史方法论》,《读书杂志》1932 年第 2 卷第 2、3 期合刊。
⑤ 唐德刚:《胡适杂忆》,华文出版社 1990 年版,第 154 页。
⑥ 陶恒生:《"高陶事件"始末》序三(唐德刚),湖北人民出版社 2003 年版,第 15 页。
⑦ 陶希圣:《社会科学讲座:马克思的社会进化论》,《新生命》1929 年第 2 卷第 5 期。
⑧ 陶希圣:《中国社会与中国革命》序,新生命书局 1929 年版。

正是基于这种认识,陶希圣开始在治学风格上由重理论转向理论与史料相结合。陶希圣在以考据学派占主流的历史研究重镇北平,"想把中国历史通前到后地细看它一回",但"到了详看以后,便感觉立论极难了","唯物史观固然与经验一元论不同,但决不抹杀历史的事实。我希望论中国社会史的人不要为公式而牺牲材料。论战已有四年之久,现在应当是逐时代详加考察的时期。我四年来犯了冒失的毛病,现已自悔。我希望有志于此者多多从事于详细的研究"。①陶希圣指出:"丰富的材料才是犀利的战具,现在谁都感到缺乏材料的毛病。"所以他打算以后少写文章,多搜集材料。②

陶希圣开始从自身做起,实践其少写文章、多搜集材料的打算。1933年春夏之际,陶希圣开始在法学院着手筹建中国经济史研究室,并决定通过自己创办的新生命书局刊行《中国社会史丛书》,以加强中国经济社会史的史料搜集工作,进而着手专业细致的研究。在《中国社会史丛书发行缘起》中,陶希圣坦言:"史学不能创造历史。反之历史的研究产生史学。……断定中国社会的过程,当从中国社会历史的及现存的各种材料入手。如果把史料抛开,即使把欧洲人的史学争一个落花流水,于中国史毫没用处。……我们的誓愿是:宁可用十倍的劳力在中国史料里去找出一点一滴的木材,不愿用半分的工夫去翻译欧洲史学家的半句字来,在沙上建堂皇的楼阁。我们的誓愿是:多找具体的现象少谈抽象的名词。"③陶希圣在《中国社会史丛书》中主要出版三方面的著作,其中之一就是史料的搜集。

此外,1930年陶希圣发表《唐代中国社会之一斑》一文,文章中没有抽象的理论、空洞的议论,全篇几乎是材料的汇集。如陶氏在文中所说:"这是一篇无组织的随笔。随笔所记,只限于《旧唐书》的记载中摘录下来的材料。这些材料没有经过组织,还可以见唐代社会之一斑。如果组织得完密了,反不免有改换面目的处所,所以在这儿发表了。"④陶希圣来北平之前在上海短短的两年时间里,出版了多部风行一时的著作,如《中国社会与中国革命》《中国社会现象拾零》《婚姻与家族》《中国封建社会史》《辩士与游侠》及《西汉经济史》等。居北平六年间,陶希圣出版的著作主要有《中国政治思想史》《秦汉政治制度》《唐代经济史》与《南北朝经济史》四部,其第一部作品《中国

---

① 陶希圣:《中国社会形式发达过程的新估定》,《读书杂志》1932年第2卷第7、8期合刊。
② 《通信》,《读书杂志》1932年第2卷第4、5期合刊。
③ 陶希圣:《中国社会史丛书发行缘起》,载刘道元:《两宋田赋制度》,新生命书局1933年版。
④ 陶希圣:《唐代中国社会之一斑》,《新生命》1930年第3卷第6期。

政治思想史》被认为是"所用之材料比较审慎"①的著作,其余三部都是与他人合著的。这是陶希圣在北平"非考据不足以言学术"的氛围中,逐步转变自己治学风格的结果。

陶希圣认识到仅仅通过出版图书、撰写文章来匡正社会史研究流于"公式主义"的弊端,其影响力是远远不够的。20 世纪 30 年代正值中国出版界的"黄金时代","杂志渐夺单行本书籍之席,这是出版界普遍的现象。因为杂志有两大优点:(一)每册内包含许多的东西,使读者不觉单调……(二)杂志是定期出版的,每期可载着最近发生的事情,论文中也便于利用最新的资料。"②这一时期,创办专门性学术期刊、发起组织学会是有效地组织史学工作者进行交流分工合作,充分利用及合理配置人力、物力资源来推进史学研究的最好形式。

1934 年 3 月,顾颉刚在北平创办《禹贡》半月刊,发起"禹贡学会",致力于地理沿革、边疆史地及民族演进史的研究,在中国史学界影响很大。陶希圣受顾颉刚创办《禹贡》的启发与影响,决定创办《食货》半月刊,发起"食货学会",开展中国经济社会史的研究。顾颉刚称:"自本会发行半月刊,搜集中国民族演进史及地理沿革史之材料,并讨论其问题,研究中国经济史者陶希圣先生视此为有效之方法,亦发起食货学会,刊行《食货》半月刊,搜集经济史料而讨论之。"③陶希圣也称:"本刊第一个热烈的发起人是顾颉刚先生。'食货'这个名称便是他提出的。他认为社会的基础和历史的动力是经济,他又曾提出一个名称叫作'史心',后来'食货'便被采用了。"④

陶希圣创办《食货》,"对于中国社会史研究之理论与方法,是一大转变"⑤。当时社会史论战各方共通的弱点或缺点,即以唯物史观为问题之焦点,单凭唯物史观之理论与方法,使用贫乏的历史资料,填入公式,加以推断,以达成预定之目的。"《食货》半月刊出版两年半,自成一种学风。"⑥这种学风即是以理论与史料并重,从史料中寻找历史的法则。陶希圣自言:"其

---

① 刘节:《陶希圣著〈中国政治思想史〉》,《图书评论》1933 年第 1 卷第 12 期。

② 胡道静:《1933 年的上海杂志界》,载宋原放主编、陈江辑注:《中国出版史料》第一卷:现代部分(1919.5—1937.7),山东教育出版社 2001 年版,第 355 页。

③ 《禹贡学会募集基金启》,《禹贡》1935 年第 4 卷 10 期。

④ 陶希圣:《搜读地方志的提议》,《食货》1935 年第 1 卷第 2 期。

⑤ 陶希圣:《八十自序》,《传记文学》1978 年第 33 卷第 6 期。

⑥ 陶希圣:《夏虫语冰录》,法令月刊社 1980 年版,第 344 页。

实,食货半月刊转变此一部门之学风,亦是无可否认之事实。"①

综上,何兹全称:"《食货》是在 20 世纪 20—30 年代之际中国社会史论战理论之争而又争不出个名堂来之后应运而生的。"②陶希圣抓住了这个机遇,创办《食货》半月刊,在近代中国史学史上赢得一席之地。

二、《食货》半月刊办刊宗旨及出版发行

中国社会史专攻刊物《食货》半月刊,创刊于民国二十三年(1934)12 月 1 日,停刊于民国二十六年(1937)7 月 1 日,共发行 6 卷 61 期。《食货》半月刊的创办,为"食货"学派的形成提供了学术平台。

(一)办刊宗旨

1934 年 11 月 14 日,陶希圣在北平《晨报·社会研究周刊》发布《食货半月刊宣言》中谈及《食货》半月刊的发刊缘起、旨趣及开展学术活动的方法:

> 近年来,中国史研究有一个新的部门,叫作中国社会史。这门学问的研究,第一步只是中国史的社会学的解释;第二步是中国社会史内容的充实。如今走到第二步的时候,我们觉得经济社会史料的收集,是主要的工作。有许多问题,在经济社会史料还没有收集得很多以前,我们还知都不知道,哪能说到解决! 说到收集经济史料,工作既大也繁。我们现在想对这一繁大工作做一件起手的事。我们出版一个半月刊,叫作《食货》,《食货》半月刊的办法是这样:一、凡是中国经济社会史料,足够提出一个问题或足够解答一个问题,整理成文不论字数,都可在这里发表。二、多举事实,少发空论,不谩骂,更绝对不做政论。三、凡是愿意或正在做一个时代的社会经济状况的研究,或特定问题的研究,都可任意做食货学会的会员。四、食货学会的会员对中国经济史料的收集及研究如能分工进行,使工作不致重复,那是最希望的事情。如此,会员应当随时分配工作交换成绩。③

1934 年 12 月 1 日《食货》半月刊正式刊行。在创刊号《编辑的话》中,陶希圣再次表明《食货》创刊的宗旨:"这个半月刊的意思,在集合正在研究中国经济社会史料的人,把他们的心得、见解、方法,以及随手所得的问题、材

① 陶希圣:《八十自序》,《传记文学》1978 年第 33 卷第 6 期。
② 何兹全:《我所经历的 20 世纪中国社会史研究》,《史学理论研究》2003 年第 2 期。
③ 陶希圣:《食货半月刊宣言》,《晨报·社会研究周刊》1934 年 11 月 14 日。

料,披露出来。大家可以相互指点,切实讨论,并且进一步可以分工进行。这个刊物并不像过去所谓'中国社会史论战'那样的激昂,那样的趋时。"①

《食货》由陶希圣创办,此刊"与小农家的工作一样,由天文的知识到锄草的劳动都出于一人"②。《食货》的编务、学术走向皆由陶希圣一人操办,刊物渗透着陶希圣的学术旨趣。他希望通过《食货》杂志这一学术平台,召集学界同人一起从史料的搜集等基础性工作做起,经过细致深入、科学规范的学术研究,逐步实现社会经济史学科的专业化。"本刊不是为了销路的,是为了研究的,所以便简陋的写起发表了。""不惜重名流,不强作浮夸。""这个刊物原只想在各大学里流通,以沟通那研究中国经济社会史的人们的消息。"③

《食货》的办刊宗旨之一就是通过加强社会经济史研究者的交流,进行分工合作,以共同推进社会经济史研究的发展。以搜集史料为例,这"是不能急不能讨巧的工作。我们现在没有大研究室或记录室,只有一点一滴去积累。但是个人的积累,终竟是没有成就的一天"④。陶希圣拟以《食货》半月刊为平台,成立食货学会加强合作。陶希圣在《食货》创刊号上,草拟了《食货学会会约》:"凡是愿意或正在做一个时代的社会经济状况的研究,或特定问题的研究,都可任意做食货学会的会员。各大学史学系经济系社会学系师友愿参加本会时,无须另觅介绍。此外的人,经本会征求或经会员介绍,即为本会会员。食货学会以《食货》半月刊为相互报告及讨论机关。食货学会是个松散的学会组织,会员可以任意脱会,无须缴纳会费,也不举行具体形式的任何会议","本会发达到了有具体组织的必要或举办别项研究事业时,再以法定团体的程序,成立组织"。⑤陶希圣希望通过这样一个松散自由的学会组织,以《食货》杂志为平台,发表最新的研究成果,互相交流学术信息,积极开展合作。

食货学会的发展得到了社会经济史研究者的支持,学会组织日益健全,影响力渐增。1936年9月,学会开始依法组织运作,包括确立会员会籍,征

---

① 陶希圣:《编辑的话》,《食货》1934年第1卷第1期。
② 陶希圣:《编辑的话》,《食货》1935年第3卷第1期。
③ 陶希圣:《编辑的话》,《食货》1935年第1卷第3期。
④ 陶希圣:《编辑的话》,《食货》1934年第1卷第1期。
⑤ 《食货学会会约》,《食货》1934年第1卷第1期。

收会费,召开会员大会,选举理事,依法立案等。① 不久,陶希圣又筹划扩大组织。他与南开大学经济研究所主任方显廷商议联合国内研究中国经济史的几个文化机关和团体及个人,发起一个大的学会。② 陶希圣苦心经营的食货学会得到同行的称许。高耘晖评论道:"我以为现在国内外对中国社会史从事研究的人,虽然不少,可是真正有具体组织的,还只是食货学会。"③食货学会影响范围的扩大也增强了《食货》杂志的影响力,为"食货"学派的形成提供了学术积累。

此外,《食货》在栏目设置上也较为完备。作为一个"中国社会史专攻刊物",陶希圣在《食货》杂志中开辟有《琐谈》《参考资料》《研究资料》《杂组》《索引》《论文》《方法与理论》《研究方法》《理论与比较》《比较与参考》《工作计划》《介绍与批评》《通信》《专号》等栏目。此外,《食货》每一期都附有《编辑的话》,由主编陶希圣对本期作者和文章逐一做简介、评论,指引学术方向,报道各研究者的工作计划和进程。《食货》提倡史料与理论并重,重学术,轻政治,倡导学术交流、百家争鸣的办刊宗旨,受到了广大读者的欢迎。

（二）出版发行

1934 年 12 月《食货》创刊后,由新生命书局承印发行。新生命书局是由周佛海、陶希圣创办,樊仲云主持,陈宝骅任经理的国民党系出版机构。书局名字缘于社会史论战中颇有影响力的带有国民党政治背景的杂志《新生命》月刊。此刊物是 1927 年蒋介石下野后,根据其临走前的布置,由戴季陶领头,陈果夫出钱,周佛海与陈布雷等人在上海创办的以"阐明三民主义理论,发扬三民主义的精神"为宗旨的杂志。同年,随着蒋介石的上台,戴季陶、陈果夫、周佛海、陈布雷等人先后赴南京任职,《新生命》月刊随即停刊。是年,周佛海、陶希圣等创办新生命书局,出版各种丛书。

《食货》选择由新生命书局出版发行,除与陶希圣的个人关系有关外,还受到出版界大环境的影响。当时"书店是印刷工具和资本的拥有者,发行杂志自然就成不了大问题。上海书店林立,每家都有一种至数种杂志出版,这数目就不少了。还有许多杂志名义上是由什么团体经营,可是除了编辑以

---

① 陶希圣:《编辑的话》,《食货》1936 年第 4 卷第 7 期。

② 陶希圣:《编辑的话》,《食货》1936 年第 4 卷第 11 期。

③ 高耘晖:《分工研究的方法》,《食货》1935 年第 2 卷第 2 期。

外,印刷发行方面往往是和书店合作,由书店负责的"①。新生命书局位于上海棋盘街宝善里,后迁至上海爱尔近路 262 号,属于上海福州路文化街的一部分,福州路不仅是近现代中国最大的出版机构——商务印书馆、中华书局的所在地,还是现代新出版业(以出版新文学和新社会科学书籍为主)的发源地。中国共产党领导和影响下的出版机构,国民党和其他党派团体的出版机构,以及各文学社团流派的出版机构都设在这里。新生命书局与各类书局毗邻,自然容易得到出版界的最新动向,为《食货》杂志的出版发行创造有利条件。

《食货》自 1937 年 1 月 1 日第 5 卷第 1 期起转由上海杂志公司发行。上海杂志公司是张静卢于 1934 年创办的我国首家专门经营杂志的公司。至于更换出版机构的原因,陶希圣称:"今年七月,他的发行家请我们于第三年开始时,即五卷一期起另托别家出版,因为他们想暂把出版的活动停止,整理内部。"②然而,在上海杂志公司刊行《食货》杂志 7 个月后,抗战爆发,《食货》杂志随即停刊。

《食货》半月刊是 16 开本,封面印有古代钱币,并特别注明是中国社会史专攻刊物,每期四五十页,每月 1 号和 15 号发刊。《食货》每册大洋 1 角,预定国内全年 2 元,国外 3 元(国内外邮费一律在内)。《食货》的印刷者是上海蔚文印刷局。新生命书局发行《食货》的外埠特约为位于南京太平街、北平琉璃厂、武昌横街头的新生命书局。这表明《食货》杂志的发行区域侧重于上海、北平、南京、武汉等地。

1935 年以前,各地的出版物尤其是书刊,主要通过城市中的各书店及其分店发行。各出版机构一般都是自己办理预定、发行业务。在农村及小乡镇地区,则通过民间邮局即电信局寄递,这些电信局因为熟悉地方情形,关系网络众多,服务态度好,所以颇受欢迎和信赖。"准各信局将所收信件之收寄及分送,仍由电信局自由处理。并允对于发自或寄交之处,如未设有邮局或信柜,为村镇信差投递所不及者,准由电信局自行递寄,以示体贴。"③1935 年以后,国民政府制定《邮政代订购刊物书籍办法》,读者可以直接在各地邮局订购书刊,邮局把书款、订单汇至出版机构,然后,各出版机构将书刊

---

① 胡道静:《1933 年的上海杂志界》,载宋原放主编、陈江辑注:《中国出版史料》第一卷:现代部分(1919.5—1937.7),山东教育出版社 2001 年版,第 354 页。

② 陶希圣:《食货周刊创刊的意思》,《益世报·食货周刊》1936 年 12 月 6 日。

③ 申报年鉴社:《申报年鉴》第二回,申报馆售书科,1934 年,第 994 页。

通过邮局送至读者手中。

《食货》也主要通过邮局寄送刊物。《食货》常在封底提醒读者如更换地址请及时通过邮局将新地址通知本书局。此外，《食货》可以代售："本刊对于代售户，以开始二月为试售期，在试售期内，得将其剩余之数退还本刊，以后即由代售户确定每期数目，但必须在五份以上；其退还之数。不得过于代售数之三分之一。本刊批价，照定价七五折计算，计费在内。代售户经理代订事宜，可照价九折，为需现款往来。"①

《食货》的办刊经费并不充裕，"半月刊虽交新生命书局出版，收款还不大能够敷布印刷广告的支出"②。主编陶希圣每个月还要补助 100 元，并且投稿者是没有稿酬的。陶希圣也曾表示待以后经费宽裕了再酌情付给作者稿酬。稍后，从 1936 年 4 月 1 日起，"依于今后所得补助，略送薄酬，以供持笔同人报刊之资"③。然而仅仅持续了 3 个月，1936 年 7 月 16 日，《食货学会启事》："出版人受时局影响，周转不甚灵活，《食货》半月刊之稿费自七月起停止送付。"④此时的社会经济史研究，通过社会史论战的宣传已经引起学界的关注。加之主编陶希圣以研究中国经济社会史，而负一时声望，虽然没有稿酬，投稿者依然踊跃。陶希圣也尽可能多地刊发各位的来稿，《食货》从没有出现断刊现象。

相比之下，顾颉刚与谭其骧共同主编的《禹贡》，在编辑事务交予谭氏一人处理的一段时间，由于谭其骧格外重视稿件的质量，坚持宁缺毋滥的原则，因此常有缺稿之虑，第三卷第一期的出版就推迟了一个星期。对此顾颉刚非常生气，批评谭氏道："我说《食货》篇幅多，《禹贡》不应少，为的是有个比较。你说东西好坏在质不在量，不必计较这个。你的话固然很对，但你的经验实在不够。试问懂得质的美恶的，世上能有几个？大多数人是只懂得量的多少而已。你将说，办这专门刊物何须取悦于大多数人！学问之道何必妥洽于一班庸众！话说得自然对，但试问《禹贡》半月刊的基础建设在哪里？如果定户与零售减少，我们能不能存在？"⑤从顾颉刚的话语中我们认识到，当时学术期刊的生存空间是由经济杠杆决定的，即期刊的发行量。陶希

---

① 《本刊代售简则》，《食货》1935 年第 1 卷第 4 期。
② 陶希圣：《经济史名著选译计划》，《食货》1935 年第 2 卷第 1 期。
③ 《本刊稿费简约》，《食货》1936 年第 3 卷第 9 期。
④ 《食货学会启事》，《食货》1936 年第 4 卷第 4 期。
⑤ 顾潮：《历劫终教志不灰：我的父亲顾颉刚》，华东师范大学出版社 1997 年版，第 164 页。

圣也称:"说到销路。要知道在商品社会里,任何东西都成商品。一个小的刊物当然也是商品。……仍需取商品流通的方法。"①此外,从顾颉刚对谭其骧的批评中,可以看出陶希圣主编《食货》的选稿倾向,即尽可能多地刊发对经济史研究感兴趣的读者的来稿。"我们不借重名流,不强作浮夸。我们还收些断片式的文字。"②"对于成熟的系统的论文,固然万分喜悦,便是一段片,一段落,都可以搜罗。"③

陶希圣自言,当初《食货》"预先每期只印两千份,打算发出一千五,留五百预备作合订本,供给将来的需要。创刊号发出后一星期,发行人被迫再版一千。到了第一卷五六期,发行人便每期印四千,发出三千三,赠阅'食货'会员两百,留下五百份作合订本"④。《食货》创刊后引起社会与学界的关注,成为流行一时的刊物。据钱穆回忆,当时《食货》与《禹贡》,"两杂志皆风行一时",影响所及,以至北京大学的一些学生想敦请钱穆出面,创办《通典》杂志,以与《禹贡》《食货》"鼎足而三"。⑤ 陶希圣晚年称:"这个刊物的销路始终不大,但是它得到了留心研究中国经济社会史的大学师生的爱护。它的影响比它的销路大些。"⑥

三、《食货》半月刊与"食货"学派

一种专门性的史学刊物一般都有一个对历史学的基本的观点,并以此作为其办刊宗旨。陶希圣创办《食货》半月刊,提倡史观与史料并重,反对过分倚重理论,注重专题研究的学术理念,吸引了一批有类似倾向的学者,如何兹全、鞠清远、武仙卿、曾謇、连士升、沈巨尘等。据统计,在《食货》半月刊上,主编陶希圣发表论文36篇,翻译2篇,其他7篇,合计45篇;其次是鞠清远,有16篇,曾謇9篇,武仙卿8篇,何兹全5篇;以翻译篇数计,则连士升最多,共18篇。⑦ 这些成员是《食货》半月刊作者群体中发稿较多的学人,也是《食货》半月刊比较稳定的投稿群体,他们都成为"食货"学派的"班底"成员。

这一时期,青年学子受社会史论战的影响,对社会经济史研究抱有很高

---

① 陶希圣:《编辑的话》,《食货》1935年第1卷第4期。
② 陶希圣:《编辑的话》,《食货》1935年第1卷第4期。
③ 陶希圣:《编辑的话》,《食货》1935年第1卷第1期。
④ 陶希圣:《编辑的话》,《食货》1935年第3卷第1期。
⑤ 钱穆:《八十忆双亲·师友杂忆》,生活·读书·新知三联书店1998年版,第170页。
⑥ 陶希圣:《潮流与点滴》,传记文学出版社1979年版,第130页。
⑦ 森鹿三:《食货半月刊简介》,高明士节译,《食货》月刊1971年第1卷第1期。

的学术热情,论战中暴露出的学术弊病也激发了他们从事社会经济史研究的兴趣。陶希圣创办《食货》杂志,提倡理论与材料并重的研究理念,得到越来越多青年学子的认同。何兹全回忆说:"三大论战都是在人们探索革命道路的思潮下产生的,是人人关心的问题。对各路论战的文章,我也翻看。""我模糊地认识到,大论战中谈的理论多是'以史带论'。引用的文献也多是类书、政书,很少从正史中找材料钻问题。我是史学系学生,应该读书,从搜集史料做起。"①他从"二年级开始读《资治通鉴》、二十四史"②,为写《中古时代之中国佛教寺院》一文,他"每天跑北京图书馆善本阅览室,看日本大正新修《大藏经》史传部和有关的书"③。这篇文章"刊登在 1934 年 9 月《中国经济》月刊第 2 卷第 9 期《中国经济史专号》上。陶希圣先生也在下一期《中国经济史专号下》里写文章称赞我写的《中古时代之中国佛教寺院》。随后他办《食货》就约我写稿,因此《食货》创刊号里面就有我的文章"④。

连士升也对社会史论战中理论的贫乏感到厌倦。他指出:"十几年来中国所输入的多是空洞的新名词,很少得着具体的理论或历史的介绍,所以趋时的人虽然爱用新名词,其实对于新名词的含义,丝毫没有领会。什么'重商主义'、'自由主义'、'社会主义'等名词,固然家喻户晓,就是近几年来的'资本主义合理化'、'苏联五年计划',及最近一两年间的'经济统制'等新鲜名词,也不断地见于大小的报章杂志上。名词虽然听得很熟,可是内容莫名其妙,于是所谓赞成或反对某种主义的人,只抓住几个空洞的名词来'论战','论战'战了几年,到头还是莫名其妙。"⑤于是,他致力于西方经济理论的译介工作,并在《食货》上发表译文 18 篇,积极推动了中国社会经济史研究的发展。

这些青年学生大都认同陶希圣所倡导的理论与史料并重的治史理念,并通过《食货》杂志进行集体阐发,引起学界的广泛关注。王毓铨指出:"自从《食货》出版后,在学人群中对于中国社会史的研究掀起一个新浪潮,每人

---

①　何兹全:《我的史学观和我走过的学术道路》,《何兹全文集》第六卷,中华书局 2006 年版,第 3230 页。

②　何兹全:《何兹全文集》第一卷自序,中华书局 2006 年版。

③　何兹全:《我的史学观和我走过的学术道路》,《何兹全文集》第六卷,中华书局 2006 年版,第 3230 页。

④　何兹全:《我和中国社会经济史研究》,载张世林:《为学术的一生》,广西师范大学出版社 2005 年版,第 215 页。

⑤　连士升:《重商制度略说》,《食货》1935 年第 2 卷第 5 期。

都能找点材料做点文章,这确是个好现象。"①梁园东曾如是评价:"《食货》在大夏为最风行之读物,大夏出有《历史社会论文索引》,对《食货》论文几无篇不索,可见同学等之爱好。"②陶希圣等人偏重史料的经济史研究新路向也得到学界的认同,并取《食货》刊名称之。如 1935 年长江在《北平晨报》上介绍陶希圣创办《食货》,将这种社会经济史研究理念称为"'食货'运动"③。杜若遗也称在中国社会史研究方面,《食货》"指示着此后应走的途径"④。《食货》已不仅仅是杂志的名称,而被学人赋予了更多的学术含义。1944 年秦佩珩在《中国经济史坛的昨日今日和明日》一文中总结道:在"'中国经济史'的总旗帜下,尽管各路诸侯云集,然而,大势所趋,仍倾向于食货一派。结果自然要以陶希圣马首是瞻。他所主办的《食货》杂志,执笔者几遍全国,而其思想亦掩袭大江南北,这时,中国经济史的倡导工作,已达到了最高潮"。⑤由此可知,主编陶希圣通过《食货》杂志,倡导社会经济史的专业方向及学术理念被一个学术群体所认同,并转化为一种集体的实践活动。其团体自身的专业特色逐渐形成,团体的凝聚力也因此而增强,"食货"学派渐具雏形。

民国时期,专业性史学期刊的出现为史学发展带来了许多新元素,极大地推动了史学研究的发展。张春树将民国时期史学期刊的贡献概括为四点,其中第四点就是:养成众多之具高度史才、史学、史识并多具科学分析方法之青年史学家。⑥一大批青年才俊,通过期刊这一媒介,出现在民国学界的学术视野中,使学界对他们产生了初步的印象。陶希圣也积极通过《食货》的《编辑的话》向学界介绍这些年轻人。如"何兹全先生在北京大学史学系,多花精力在中国经济史的研究上面";"曾謇在北京大学中国文学系,对于古代的社会组织有深入的探讨。他长于丧服、宗法、婚姻,曾在《北平晨报》上《北晨艺圃》有《守三斋杂说》,陆续发表几项的创见";"连士升是燕京大学研究院出来的专攻经济史的笃实的学者。他在北平图书馆阅览室已两年。他正在翻译世界经济史几部名著,有工夫还调查北平的庙会等经济现象,经济史名著译毕以后,他将根据他的素养,从事于中国经济史的研究";"鞠(清

---

① 王毓铨:《通信一束》,《禹贡》1935 年第 4 卷第 10 期。

② 梁园东:《中国经济史研究方法之诸问题》,《食货》1935 年第 2 卷第 2 期。

③ 长江:《陶希圣与〈食货〉》,《北平晨报》1935 年 1 月 18 日。

④ 杜若遗:《介绍〈食货半月刊〉》,《文化建设》1935 年第 1 卷第 4 期。

⑤ 秦佩珩:《中国经济史坛的昨日今日和明日》,《新经济》1944 年第 11 卷第 3 期。

⑥ 张春树:《民国史学与新宋学——纪念邓恭三先生并重温其史学》,《国学研究》1999 年第 6 卷。

远)武(仙卿)两先生现正在北京大学经济史研究室工作"。①

这些青年学者通过《食货》杂志,发表论文,刊布学术观点,逐渐在学界崭露头角。何兹全是《食货》的固定撰稿人之一,后来成长为中国有名的经济史学家。他对寺院经济的开拓性研究,始于《食货》半月刊。何兹全的《中古大族寺院领户研究》一文发表于《食货》第 3 卷第 4 期(1936 年),探讨了寺院经济中的依附关系和人口分割,对中古(三国至中唐)寺院的生产关系做了讨论,是作者自认为"比较重要的"一篇论文。曾謇在《食货》上对自己的古代社会组织的研究成果及主要观点进行了介绍:"我的这部宗法社会与儒家学说研究,一部分是专门于宗法社会组织的研究;一部分便是就宗法社会的起源及其组织来解释从宗法社会里面所孕育出来初期的儒家的学说的。""从宗法社会的物质基础分析到宗法的社会组织,更从物质基础与社会组织探讨到宗法社会的意识诸形态的起源。因而及于渊源于宗法社会的儒家学说的发生发展完成与其实际的内容。这些研究的结果便构成了这部《宗法社会的研究》了。"②鞠清远的《汉代的官府工业》是《食货》创刊号的第一篇文章。此外,他的文章常被主编陶希圣推荐给读者。"鞠清远先生的地方志读法是大家可注意的一篇话"③;"我(陶希圣)请大家注重鞠清远先生这篇论文(《两晋南北朝的客、门生、故吏、义附、部曲》),共同的做再进一步再细一些的探讨"④。武仙卿在《食货》上刊发的《魏晋时期社会经济的转变》《西晋末的流民暴动》《南朝大族的鼎盛与衰落》《魏晋南北朝田租与户调对立的税法》《南北朝色役考》(上、下)等论文,对南北朝经济的多个方面进行了探讨。连士升在《食货》上发表译文多篇,其中有桑巴德、克拉判、约克曼、格拉斯、卫布思夫妇、西摩勒尔等人的作品,为中国经济史研究的发展奠定了理论基础。

史学期刊的兴起,打破了传统史学研究中相对封闭的状态。学术的发表使一种学术成果或者学术观点能够在学术圈内被更多的人接触,并引起公开讨论与评价,这对学者尤其是青年学者来说受益匪浅。论文成为媒体时代青年学者叩响学术大门的敲门砖。正如胡适鼓励罗尔纲把《金石萃编唐碑补订偶记》"此项金石补订笔记之最工者,陆续送给《国学季

---

① 陶希圣:《编辑的话》,《食货》1934 年第 1 卷第 5 期、第 7 期,1936 年第 3 卷第 3 期。

② 曾謇:《古代宗法社会与儒家思想的发展》,《食货》1937 年第 5 卷第 1 期。

③ 陶希圣:《编辑的话》,《食货》1934 年第 1 卷第 2 期。

④ 陶希圣:《编辑的话》,《食货》1935 年第 2 卷第 12 期。

刊》发表,用真姓名。此项文字可以给你一个学术的地位,故应用真名"①。以陶希圣为代表,《食货》为平台,以社会经济史为治史旨趣的学术团体,逐渐得到学界的认同,并获得一席之地。余英时指出:"三十年代,中国史学界诸流竞起,但以学术文化的中心北平而言,与西方'科学的史学'相汇合的考证学仍然居于主流的地位,其次则《食货》派的社会经济史学也很快激起了波澜。"②

综上所述,学术期刊是学术研究成果的重要载体,是及时传播学术研究成果的一种重要形式。《食货》杂志的创办既为经济史学人提供了及时发布研究成果的平台,也为他们进行学术交流创造了条件。最重要的是《食货》杂志提倡史料与理论并重,注重专题研究的办刊宗旨,吸引学术旨趣相同的学人聚集在一起共同切磋,进而形成具有相同学术理念及观点的史学派别。

第二节　陶希圣与食货学人群

通过陶希圣的努力,先后有 150 多位作者撰文,在《食货》上发表了 345 篇论文(包括翻译及其他)。③ 在《食货》上发表论文的作者中,既有青年教师、学生,也有从政人员,还有革命战士。他们中的很多人是受到陶希圣的影响,从而走上了研治中国社会经济史的学术道路。全汉昇回忆:"我在 1931 年进入国立北京大学攻读史学系,在师长的指导和勉励之下,确立了我的治学方向和治学态度。当时,政治系教授陶希圣先生讲授'中国社会经济史',我对这门课极感兴趣。陶先生不但使我了解经济史对于解释人类历史演进的重要性,而且使我感到眼前呈现出一片新境界,亟待开发,于是决心研究中国经济史。""1934 年我写成《中国行会制度史》,希圣师阅稿后即推荐发表,于时希圣师创办《食货》半月刊,目的是促进国人对社会经济史的研究,我也写了几篇论文,在这个刊物上发表。"④杨联陞也是《食货》作者群体

① 罗尔纲:《师门五年记·胡适琐记》(增订本),生活·读书·新知三联书店 1998 年版,第 49、57 页。

② 余英时:《犹记风吹水上鳞:钱穆与中国现代学术》,三民书局股份有限公司 1991 年版,第 174 页。

③ 森鹿三:《食货半月刊简介》,高明士节译,《食货》月刊 1971 年第 1 卷第 1 期。

④ 全汉昇:《回首来时路》,载杜正胜、王泛森:《新学术之路》,台湾"中央研究院"历史语言研究所,1988 年,第 489 页。

中的一员,他称:"陶希圣先生'中国社会史'课,上课亦在三院,亦每得晋谒于同一之教员休息室。陶师与《食货》诸君,对联陞皆有影响,经济史之转向,实发于此。"①他们后来都成长为中国经济史研究领域里的一流学者。如果近代史学史上存在"食货"学派,全汉昇、杨联陞等受到陶希圣影响,并在《食货》上发表文章的学者是否都是"食货"学派的成员?"食货"学派究竟指的是哪些学者?

近年来学界关于"食货"学派的研究,存在学派成员界定相对宽泛的问题,如陈峰、李源涛在研究过程中把《食货》撰稿人统统视为食货派成员,受到了其他学者,如李根蟠、黄静的质疑。胡逢祥、张文建指出:"学术流派,即某一学科的研究者中,因相同的学术旨趣和师承关系而自然形成的具有独特治学观点、方法、风格的学术群体。"②依此标准,《食货》作者群中的嵇文甫、傅衣凌、全汉昇、杨联陞、王瑛、李秉衡、刘兴唐等人,由于学术观点及治史旨趣与陶希圣等人相左,都不能被算作"食货"学派成员。《食货》作者群不等同于"食货"学派。何兹全指出:"称得上'食货'学派的人,主要有陶希圣直接指导的在北京大学法学院'中国经济史研究室'工作的鞠清远、武仙卿、曾謇和后来与陶希圣有工作关系的连士升、沈巨尘、何兹全。"③在众多的食货作者中,陶希圣与鞠清远、武仙卿、曾謇、连士升、沈巨尘、何兹全等学者形成了非常紧密的学术关系。本节中所要考察的食货学人群指的就是这几位学者。

一、建立紧密的师承关系及学术关联

1931—1937年,陶希圣在北京大学担任法学院教授,并在北京师范大学史学系、北平大学法商学院政治系、燕京大学社会学系、清华大学政治系、朝阳大学法律系轮流兼课,这一时期正是"食货"学派主要成员完成大学学业的时间段。如1930—1931年入学的北京大学学生武仙卿、沈巨尘、何兹全、曾謇,北京师范大学学生鞠清远;1934年入燕京大学研究所继续深造的连士升。这些青年学生都师从陶希圣,并在其影响下专攻中国社会经济史。何兹全回忆:"我走上研究中国社会史的道路,是受陶希圣的影响。我在北京

---

① 杨联陞:《打像为誓小考》,载北京大学中国中古史研究中心:《纪念陈寅恪先生诞辰百年学术论文集》,北京大学出版社1989年版,第282页。

② 胡逢祥、张文建:《中国近代史学思潮与流派》,华东师范大学出版社1991年版,第15页。

③ 何兹全:《何兹全文集》第一卷,中华书局2006年版,第594—595页。

大学史学系读书时(1931—1935年),陶希圣正在北大教书。他开中国政治思想史、中国社会史的课,我都选听。"①陶希圣自言这一时期"希圣讲课以中国社会组织或结构为骨干,旁及政治制度与政治思想,各方面虽多实质上同条共贯。我自觉尺有所短,人谓我寸有所长。其长处在讲义与讲辞可以激起学生青年读书与研究之兴趣"②。陶希圣居京期间正是其学术的成熟期,他本人精通中国社会、政治、思想等各领域,并对中国历史有精深的研究。因此,他就中国历史的各个方面提出的观点、假说总能给学生以启迪,并引发他们进行深入研究。何兹全称:"他提到南北朝的佛教寺院之战,也使我很受启发,我便立意要研究这一课题。"③沈巨尘《秦汉的皇帝》一文的写就也受到陶希圣的启发:"文化建设一卷五期载有陶希圣先生的《中国政府制度史略》。虽然只简单的叙述古代官职的沿革及职权,然于初学者的启示实匪浅。惟上文乃从皇帝以下的三公九卿说起,没有涉及古代——秦汉皇帝的权力及职务。所谓专制魔王的皇帝,究有多大的权力? 有无应行的职务? 是不是应负责更高权力者?"④沈巨尘虽没有在《食货》上发表论文,但他是陶希圣主持的经济史研究室的成员,也是"食货"学派的"班底"成员。陶希圣在教学过程中,不断发掘年轻有为的青年,并引领他们从事社会经济史研究。

这些"食货"学派成员的很多论著大都是在陶希圣的指导下完成的。曾謇原本在北京大学国文系研习语言学,但对史学很有兴趣,著有《中国古代社会》(上)一书。曾謇称:"这部家族组织的研究工作,却大都是在他们(陶希圣等)启迪下完成的。没有他们的启迪,我决做不出来,至少是现在不能做出。""我最初没有获得齐燕民族婚媾家族习惯的许多材料。所以我并不企图把它们独立作一章来处理。但最近承希圣师把他所得的关于齐燕婚姻家族的材料见示以后,我才决计加添一章,……假如他不把材料供给我,我能有这样的发现吗?"⑤此外,沈巨尘也回忆:"民国二十年秋,我进入国立北京大学,在政治系肄业,政治系的课程,多是舶来品,政治思想是西洋的,政治制度是讲欧美的,无一课涉及中国。以《比较宪法》而论,教者对美国的内

① 何兹全:《何兹全文集》第一卷,中华书局2006年版,第602页。
② 陶希圣:《八十自序》,《传记文学》1978年第33卷第6期。
③ 何兹全:《我的大学生活》,《史学理论研究》1997年第3期。
④ 沈巨尘:《秦汉的皇帝》,《文化建设》1935年第1卷第8期。
⑤ 曾謇:《中国古代社会》(上)自序,新生命书局1935年版。

阁制,美国的总统制,尚能言之成理,对中国的宪法则一字不提。""我因此,便立定志愿,要彻底研究中国政治制度,显示其清晰面貌,编著一部中国政治制度史。"①"在校时,常蒙陶希圣指导鼓励,利用课余时间,寻找有关资料,撰写成《秦汉政治制度》一书。"②

陶希圣不仅在学业上指导这些青年学者,还积极帮助他们出版著作,向学界推介这些年轻人。如《中国古代社会》(上)一书,据作者曾謇说:"我即在他(陶希圣)的影响下作成了这本书,而这本书的出版,又是他一手替我办理。此外花了他宝贵的时间替我作序。"③陶希圣还与武仙卿、鞠清远合著《南北朝经济史》《唐代经济史》两书,并交由商务印书馆出版。何兹全回忆,鞠清远的《唐代经济史》、武仙卿的《南北朝经济史》,作为商务印书馆的《史地小丛书》出版,商务出版社要求作者与陶希圣合著。④ 陶希圣对这两本书的出版花费了很多心血。关于《南北朝经济史》一书,陶希圣指出:"1936年暑假,武仙卿先生乘北京大学法学院中国经济史研究室休息之暇,把两三年来所搜中古时期的经济社会史料写成《南北朝经济史》的初稿。写时,我们讨论的次数很多。初稿成后,由我重加斟酌,除修改几处文字之外,更有改动见解的二三处。"⑤还有《唐代经济史》一书,陶希圣称"这本小册子,受了本丛书编辑者的托付,已有两年。二十三年的冬末,乘寒假的闲暇,我和鞠清远先生详细讨论纲要,经过几回合的改写,到二十四年三月末,才写成了。材料搜集的周到,功在鞠先生。体裁、系统及观察解释如有错误,由我负责"⑥。陶希圣对食货学人的提携是不遗余力的。

陶希圣与食货学人除了学业上的师承关系外,还有着紧密的工作关系。他们大都是北京大学经济史研究室的成员。北京大学经济史研究室是北京大学法学院为开设"中国经济史研究"课程的授课需要而特设的,以便"搜集的史料,将分题分类编为长编以供经济史家的利用"⑦。该室的指导教师是法学院院长周炳琳、经济系主任赵迺博,实际负责人是陶希圣。1935年9月该室成立之日恰逢"食货"学派学人毕业择业之时,于是鞠清远、武仙卿、连

---

①　沈任远:《历代政治制度要略》序,洪范书店有限公司1988年版。

②　陶希圣、沈任远:《明清政治制度》序二,台湾商务印书馆1967年版。

③　曾謇:《中国古代社会》(上)自序,新生命书局1935年版。

④　何兹全:《爱国一书生:八十五自述》,华东师范大学出版社1997年版,第101页。

⑤　陶希圣、武仙卿:《南北朝经济史》自序,商务印书馆1937年版。

⑥　陶希圣、鞠清远:《唐代经济史》序,商务印书馆1936年版。

⑦　《国立北京大学一览:民国二十四年度》,国立北京大学出版组,1935年,第237页。

士升、沈巨尘、曾謇等人被陶希圣安排在经济史研究室工作。

北京大学经济史研究室在"食货"学派的形成过程中,扮演着重要的角色。它既为食货派人员聚拢提供物质保障,又为其学术研究成果的形成提供学术积累。该室主要从事经济史料的搜集整理工作,最先着手的是唐代经济史料,经过近一年的钻研,遂成《中国经济史料丛编·唐代篇》八册。但仅刊就武仙卿主编的《土地制度》、陶希圣主编的《寺院经济》和鞠清远主编的《唐代之交通》三册。这三册书的发行为食货派赢得了不少学术声誉。日本学者森鹿三称:"知以陶希圣为代表之食货派诸君有编撰经济史料集之计划",并"颇期待此事业完成之日也"。① 还有宇都宫清吉,他指出《土地问题》一册遗漏了相当一部分史料,文献出处也有一些错误,但"此种史料集对于未经整理之中国经济史而言实为不可缺少者"②。

食货学人在收集整理中国经济史资料的基础上,对中国经济史进行深入细致的研究,形成了一系列的学术成果。1934年鞠清远的《唐宋官私工业》出版;1935年陶希圣、鞠清远的《唐代经济史》,曾謇的《中国古代社会》(上)出版;1936年陶希圣、沈巨尘的《秦汉政治制度》,陶希圣、鞠清远的《唐代经济史》出版;1937年陶希圣、武仙卿的《南北朝经济史》,鞠清远的《刘晏评传》出版;1940年鞠清远的《唐代财政史》出版。这些著作除《唐宋官私工业》和《中国古代社会》(上)两书由新生命书局出版外,其余皆由商务印书馆出版。

这些研究成果的刊布,在学术界产生了一定的影响力。袁永一评价陶希圣与鞠清远合著的《唐代经济史》一书"关于唐代租庸调与两税制的内容,作者见解颇为新颖,有它独到的地方"③。现代学者称赞鞠清远的《唐代财政史》为"唐代财政史研究划时代的著作"④。此外,《食货》半月刊上刊发陶希圣的《唐代处理商客及蕃客遗产的法令》《五代的都市与商业》《唐代管理"市"的法令》,鞠清远的《唐宋时代四川的蚕市》《唐代的户税》《汉代的官府工业》,武仙卿的《北魏均田制度之一考察》《唐代土地问题概说》,何兹全的

① 森鹿三:《唐代之交通——中国经济史料丛编·唐代篇之四》,《东洋史研究》1937年第2卷第6号。

② 宇都宫清吉:《土地问题——中国经济史料丛编·唐代篇之二》,《东洋史研究》1937年第2卷第6号。

③ 袁永一:《书籍评论:唐代经济史》,《中国社会经济史研究集刊》1937年第5卷第1期。

④ 胡戟等:《二十世纪唐研究》,中国社会科学出版社2002年版,第389页。

《中古大族寺院领户研究》,曾謇的《秦汉的水利灌溉与屯田垦田》等都是"就唐代经济及其他史料,加以分析与综合,写成论文或书册多种"①。这些学术成果的取得为食货派的形成提供了必要的学术积累。

此外,食货学人在研究过程中相互交流、合作,就研究成果相互援引、呼应,形成更紧密的学术关联。由陶希圣、武仙卿合著的《南北朝经济史》,"其中工业部分,又由研究室同人著有《唐宋官私工业》的鞠清远先生补写。综计这本小书,前后经三年的准备,前后经三人的协力,而武仙卿先生独为主干"②。陶希圣在《西汉的客》一文中言:"我在写《中国政治思想史》第三册的时候,就断定部曲和佃客是一样的身份,在经济上叫佃客,在法律上叫部曲。近二年,我推求东汉以后,豪宗大族的附从的人口,奴婢以外,有客,门生,故吏,义附,部曲,愈有所得。鞠清远先生在《食货》半月刊第三卷第三期第十二期发表的论文,更有详明的研究。"③何兹全在《中古大族寺院领户研究》中援引武仙卿的研究成果:"《食货》一卷二期武仙卿先生有一篇《魏晋时期社会经济的转变》,论述其形成过程甚详,大家可以参看。"④

综上,食货学人在学术研究过程中形成以经济社会史研究为共趋目标的学术群体。陶希圣在这个群体的形成过程中,扮演着至关重要的角色。"食货"学派成员的聚拢,研究成果的形成、刊布无不在其指导、提携下完成。

二、就学术思想及观点达成共识

(一)在学术思想上,陶希圣及食货学人倾向于唯物史观

20世纪前半叶是唯物史观风行一时的时代,陶希圣及其他食货学人都受到唯物史观的影响。陶希圣早期影响较大的两部著作《中国社会之史的分析》(1929年)和《中国封建社会史》(1929年)中应用的许多概念、名词、术语皆直接来源于马克思政治经济学。如在《中国社会之史的分析》中,随处可见阶级、生产技术、生产力等术语。此外"士大夫阶级成为中国的治乱之源。优秀分子大抵贱工贱商而趋于政治活动,则生产技术不易改良,而农工商不能进步。游惰者多,官位又少,则政争便由此发生"⑤的观点,受马克思的影响非常明显。在《中国封建社会史》一书中,陶希圣对商人资本的论述

---

① 鞠清远:《刘晏评传》序,商务印书馆1937年版。

② 陶希圣、武仙卿:《南北朝经济史》自序,商务印书馆1937年版。

③ 陶希圣:《西汉的客》,《食货》1937年第5卷第1期。

④ 何兹全:《中古大族寺院领户研究》,《食货》1936年第3卷第4期。

⑤ 陶希圣:《中国社会之史的分析》,新生命书局1929年版,第61页。

援引自马克思《资本论》中的观点。"这种并不直接统制生产,换句话说,并不占领劳动过程的商人资本,决不能作转换一个生产方法为另一个生产方法的媒介。马克思在《资本论》第三卷中曾说道:'若自其本身观之,商业资本之发展,以之媒介一生产方法相他生产方法的转换,并以之说明这种转换,皆不充分。'"①在此书绪言中陶希圣更是直言:"本书的用意在提出历史的事实,供读者尤其是历史唯物论者的讨论和批评。"②傅筑夫甚至在《陶希圣著〈中国封建社会史〉》一文中批评此书是从河上肇著作中照抄公式。③

陶希圣对唯物史观显然是接受的。他在 1929 年出版的《中国社会与中国革命》一书中,明确表达了自己持"唯物的观点"。陶希圣称观察中国社会应持三个观念,第一是历史的观点,第二是社会的观点,"第三是唯物的观点。中国历史发展不是心的发展或观念的发展,不是天道或理气的流行。中国历史是地理、人种及生产技术与自然材料造成的"④。在 1932 年发表的《中国社会形式发达过程的新估定》一文中,陶希圣表达了"把唯物史观的中国史在中国学术界打下一个强固的根基"的愿望。⑤ 陶希圣的《中国政治思想史》一书,在宣传中自称此书是"国内的唯物辩证法叙述古代政治思想发展概况及各派主张之详细内容者,本书首屈一指"⑥。陶希圣还指出:"这个方法(唯物史观)的毛病是在用来指破历史上隐蔽在内幕或黑暗里的真实。因为他指出别人不肯又不敢指出的真实,便易受别人的攻击。"⑦陶希圣竭力维护唯物史观,反驳其他学者对唯物史观的批评。不仅如此,他对唯物史观还有自己独特的看法。陶希圣指出:"历史的唯物论不是创自马克思。马克思不过综合黑格尔的辩证法,韦科及其他唯物的历史观,及法国唯物论。但是这种辩证法的唯物论自有特点,与一般的历史的唯物论不同。"他认为"唯物史观包括两个部分:一是辩证法的唯物论的方法。一是把辩证法的唯物论应用到社会所得到的论断,这两个部分是应当分别观察的"⑧。

由此,时人郭湛波认为:"中国近日用新的科学方法——唯物史观,来研

---

① 陶希圣:《中国封建社会史》,南强书局 1929 年版,第 44—45 页。

② 陶希圣:《中国封建社会史》,南强书局 1929 年版,第 4 页。

③ 傅筑夫:《陶希圣著〈中国封建社会史〉》,《图书评论》1933 年第 1 卷第 3 期。

④ 陶希圣:《中国社会与中国革命》绪论,新生命书局 1929 年版,第 3 页。

⑤ 陶希圣:《中国社会形式发达过程的新估定》,《读书杂志》1932 年第 2 卷第 7、8 期合刊。

⑥ 参见《食货》1935 年第 2 卷第 2 期,第 5 页。

⑦ 陶希圣:《编辑的话》,《食货》1935 年第 2 卷第 2 期。

⑧ 陶希圣:《社会科学讲座:马克思的社会进化论》,《新生命》1929 年第 2 卷第 5 期。

究中国社会史,成绩最著,影响最大,就算陶希圣先生了。""陶氏在近五十年中国思想史之贡献","在他用唯物史观的方法来研究'中国社会史',影响颇大"。① 其弟子何兹全也称:"不持偏见、公平地说,主编《食货》半月刊和在北京大学教书时代的陶希圣,他的历史理论和方法正是辩证唯物史观。使陶希圣高明超出他的同辈史学家的正是他的辩证唯物史观。"②

但是,陶希圣晚年表示:"我的思想方法,接近唯物史观,但却不是唯物史观。与其说我重视马克思恩格斯的作品,毋宁说我欣赏考茨基的著作。例如考茨基的《基督教之基础》,就是我用心读过的一本书。然而我的思想方法仍不拘限于此。我用的是社会的历史的方法,简言之即社会史观。如桑巴德的《资本主义史》和奥本海马的《国家论》,才真正影响我的思路。"③有学者认为这是陶希圣在台受身份与时局的影响而发表的"与其当时学术思想的原本状态并不完全重合"的言论。④ 对这一时期陶希圣学术思想的探讨应结合其政治思想进行综合考察,政治观点不等同于学术观点,但学术思想不可避免地受政治立场的影响。陶希圣是国民党员,他在政治主张上反对无产阶级革命理论,反对中国共产党领导的工农暴动。陶希圣的这种政治倾向表现在学术上就是对唯物史观中的阶级斗争、无产阶级专政理论的抵触,仅注重生产力和生产关系理论的运用。如在对中国社会性质问题的阐释中,陶希圣指出中国的封建主义制度于周初建立,维持了大约 700 年的时间,"自公元前四百年以后,封建的要素开始分解"。这种分解具体表现为:"贵族分解为地主及丧地的人。农奴分解为自由民,奴隶佃户及雇工。士分解为地主及丧失土地者。封建地租分解为国税(田赋及徭役)与地租。土地权归于地主,政治支配权归于国家。"分解的原因大致有四个方面:(一)犁耕及灌溉的发达,破坏独立庄园制度。(二)农业生产力的增加,促进商人资本的发达。(三)商人资本又促进大土地私有与土地买卖自由,因此农民虽离村,而走入奴隶经济的道路。(四)外国资本促进并结合商人资本于其下,使货币经济破坏自然经济,加速农业手工业的破产。⑤ 陶希圣在对中国封建社会分解过程的分析中回避了阶级斗争的历史作用,仅从经济层面以及生产

---

① 郭湛波:《近五十年中国思想史》,山东人民出版社 1997 年版,第 179 页。
② 何兹全:《何兹全文集》第一卷,中华书局 2006 年版,第 593 页。
③ 陶希圣:《潮流与点滴》,传记文学出版社 1979 年版,第 111 页。
④ 阮兴:《〈食货〉与中国经济社会史研究》,中山大学 2005 年博士学位论文。
⑤ 陶希圣:《中国封建社会史》,南强书局 1929 年版,第 1、90—91、21—23 页。

力与生产关系的互动上解析社会的历史变迁。这显然与正统的马克思主义学者将生产力与生产关系、阶级斗争理论和无产阶级专政三者有机结合的唯物史观不同。

此外,陶希圣对马克思依据唯物史观分析所得的一些结论并不认同。他在社会、国家、历史的看法上,更倾向于奥本海默、考茨基、桑巴德等人的观点。陶希圣在其所译的奥本海马《国家论》的"译者序言"中指出:"著者的论断与马克思原有根本不同之点。著者以为原始国家的发生是由于一种族对他种族的征服。著者对于马克思是反对的,而马克思主义者对于著者的论断却不得不为之首肯。""马克思则以为国家的发生是由于社会内部的分裂,换句话说,国家是阶级社会自发的阶级统治。""以为征服是国家成立的诸形式之一种,最纯粹最典型的形式确是氏族社会内部发生阶级对立而直接成立的国家。"马克思主张无产阶级革命说,而奥本海马认为"自由市民团体"可以不依革命,单依进化而实现。陶希圣认为"本书的国家论在出发点与归宿点上皆与马克思主义国家论有别。至于其中的精神则任何论敌皆不能否认。译者从此书受了多少的暗示,在最近所作中国社会史论文中,颇有引用之点"①。陶希圣曾言:"我用了力,翻译奥本海马的《国家论》。这本书无异于表现我自己的社会史观的方法论。"②因此,何兹全指出:"他的思想方法接近唯物史观,却并不是唯物史观。……他用的是社会的历史的方法,简言之即社会史观。但在所谓正统马克思主义者的眼中,他的史观是不纯的。"③正如郭沫若对陶希圣的评价:"他的方法大抵上是依据唯物辩证法的倾向,但只是倾向,应该还要有更正确的把握。"④

1936年,陶希圣在《研究中国社会史的方法和观点》中对自己这一时期的中国经济社会史研究方法做了详细阐述:

> (一)一件事必为变动过程中的一点! 每个事情(Event)都是动的,而非静的,固定的。(二)由各方面观察研究——竭力采求我们研究的对象与社会各方面的关系,由这个错综复杂的整个关系中,找寻这个因素的性质、功用和地位。(三)各种变动有悠久的来源,由微至显——每个大变动都是由长期的小变动累积而成的。(四)物质条件为社会变迁

---

① 奥本海马:《国家论》译者序言,陶希圣译,新生命书局1929年版。
② 陶希圣:《潮流与点滴》,传记文学出版社1979年版,第111页。
③ 何兹全:《爱国一书生:八十五自述》,华东师范大学出版社1997年版,第54页。
④ 杜荃(郭沫若):《读〈中国封建社会史〉》,《新思潮》1929年第2、3期合刊。

之基本因素——此处所谓物质条件非仅指经济组织而言,广括所有看的得,摸得着的客观存在的东西。如:气候、地势、土壤等地理条件亦在其内,仅仅物质条件也不会发生决定的力量。物质条件必须透过人的努力,亦即人类之生产劳动力,才能有效,在社会物质生活充裕后,始能有进步可言。经济组织受物质条件的影响,而发生决定其他社会组织的力量。同时,社会的其他方面,亦可影响经济组织。如思想可影响政治,政治亦可影响经济。思想界的大变化,往往引起经济组织的变化,进而酿成社会的改造。我们并不否认艺术和道德的力量。艺术道德虽都受经济组织的影响,但是,他们也反而可影响经济组织。我们也不否认个人的重要。天才或英雄在历史上自有他的相当的地位。假如个人能把握住一般人的要求,他便可以领导群众影响历史。但是,个人的成功,必受客观条件的限制和决定。是以经济制度为社会构造的基本组织,物质条件有决定社会上层建筑的伟大力量。经济组织的重要,只能从社会事实的变动,社会各部门的关系中观察出来。我们也只能从整个社会现象的矛盾,冲突,和这种矛盾的发展中去明了社会史的发展。总之,在社会史的研究上,思想方法和工作方法必须双双并重。我们必须在变动过程中,由整个社会各方面的关系里,了解物质条件的重要以及各个制度的性质、发展、功能和地位。①

由此可知,这一时期陶希圣社会经济史研究是接近或倾向于唯物史观,陶希圣晚年也不得不承认"我所持的观点可以说是社会观点、历史观点与唯物观点之合体"②。当然,他接近或倾向于唯物史观的学术思想与正统的马克思主义学者不同。

"食货"学派成员中的其他学者也大都接近或倾向于唯物史观。如何兹全回忆:北伐战争后,很多马克思主义的书被各个出版社竞相出版,"给我印象深的是河上肇的关于辩证法的书。对我以后研究中国古代和中世纪史影响大的是恩格斯的《家庭、私有制和国家的起源》《德国农民战争》和考茨基的《基督教之基础》。我从这些书里学习的是读史、学史和写史的理论和方法——辩证法和唯物论"③。曾謇也曾坦言:"西洋的两位学习者——莫尔甘

---

①　陶希圣讲、贾文熙记:《研究中国社会史的方法和观点》,《益世报·社会研究复刊》1936 年 12 月 9 日。

②　陶希圣:《夏虫语冰录》,法令月刊社 1980 年版,第 344 页。

③　何兹全:《九十自我学术评述》,《北京师范大学学报》(人文社会科学版)2001 年第 5 期。

和恩格斯,他们的著作对于我的影响也极大,我理解的中国的古代社会也多是以他们的学说为根据而参加我自己的主张的。"①此外,他还指出:"真正的古史体系的建设,并不是疑古辨伪的工作所可完成,而是社会学民族学的古史体系的建立事体。从社会的物质基础与婚姻家庭的结构把握整个古代社会的发展过程,才是真正古史研究的事情,才能建设起古史体系。"并"从宗法社会的物质基础分析到宗法的社会组织,更从物质基础与社会组织探讨到宗法社会的意识诸形态的起源"②。曾謇对中国古代社会的研究也接近或倾向于唯物史观。还有连士升,他称马克思在其《〈政治经济学批判〉序言》中对经济基础与上层建筑关系的论述是"经济史学开路先锋的重要宣言",同时也认为"经济史就是人类使用种种方法发展物质生活的历史"。"人类社会的经济的构造是一切形而上的基础,所以我们要了解过去的历史必须先从经济史做起"③。

综上,陶希圣、何兹全等食货学人在学术思想上达成共识,他们受唯物史观的影响,但又没有完全接受唯物史观,他们在学术思想上表现出接近或倾向于唯物史观的状态。

(二)食货学人形成基本一致的学术观点

1. 商业资本主义社会

商业资本主义能否成为一个独立的社会形态,是社会史论战中争论较多的问题之一。陶希圣早前提出秦汉以后是商业资本主义社会的观点,"我们乍一看,好像中国历史上几千年没有巨大的社会变动。所以我们可以把春秋以后到清朝划成一个时期——或命名为封建时期,或命名为先资本主义时期,又或命名为商业资本主义时期"④。稍后又修正为由宋至清末为商业资本主义社会。此论一出,受到学术界尤其是马克思主义学者的批判,焦点集中在商业资本的历史作用上。马克思主义学者认为商品经济和商业在以自然经济占统治地位的封建社会,只是自然经济的补充;春秋战国时代商业资本的发展的确对封建领主制起了瓦解作用,但它没有能够破坏封建生产方式的基础;在秦汉以后漫长的岁月中,商业资本始终没有摆脱它的隶属性和限制性。商业资本不是生产资本,它只能依附于其他生产方式来发挥

① 曾謇:《中国古代社会》(上)自序,新生命书局 1935 年版。
② 曾謇:《古代宗法社会与儒家思想的发展》,《食货》1937 年第 5 卷第 7 期。
③ 连士升:《研究中国经济史的方法和资料》,《大公报·史地周刊》1936 年 10 月 9 日。
④ 陶希圣:《中国社会形式发达过程的新估定》,《读书杂志》1932 年第 2 卷第 7、8 期合刊。

其剥削和破坏的机能,而不可能创造一种独立的社会形态。①

面对学界的批评,陶希圣逐渐改变了商业资本主义可以单独成为一个社会形态的观点。他在《中国社会形式发达过程的新估定》一文中明确说:"长期前资本主义社会说也一样的不妥当,我向来也是主张此说的,现在我觉得此说从根本上有应当改正之点。"②稍后,陶希圣在《食货》的《编辑的话》中承认:"从前我曾取长期商业资本主义社会说及循环论,甚至使商业资本主义等于陶希圣主义。近来略对中间这一段加些研究,看出一些重大变化出来,自觉从前把春秋战国与清代两头一拉的见解是有缺陷的。"③并直言:"商业资本固然不能决定社会形态,他分解旧有社会形态的作用是不能否认的。氏族社会分解而转变为奴隶社会,中古社会分解而转变为资本主义社会。虽然所转变的社会是什么决定于生产条件,商业资本却有助产的作用。"④

"食货"学派中就商业资本主义社会发表观点的还有何兹全,他也认为"封建社会中前后两个时期的变化,是很重要的。过分看重这种变化,而于封建制度和资本主义制度之间划成一个商业资本主义社会的独立阶段,固然是不妥,过分忽视这种变化,而含糊的看下去,也是不妥。"⑤由此可知,食货学人大都对商业资本主义社会的观点持否定态度。

2. 奴隶社会的有无

《食货》杂志上刊发的有关奴隶社会的文章有两种截然不同的观点。陶希圣等有着紧密学术关联的食货学人认为在中国历史进程中存在奴隶社会;刘兴唐、武伯伦、吴景超等学者认为中国历史上不存在奴隶社会。刘兴唐等学者主要通过对奴隶的来源、数量、身份、地位的考察,认为在劳动生产中奴隶没有占得主导地位,因此中国社会不存在奴隶社会。

陶希圣等食货学人认为秦汉时期是奴隶经济居主导地位的奴隶社会。虽然在社会史论战早期陶希圣曾否定奴隶社会的存在,但他在 1932 年的《中国社会形式发达过程的新估定》一文中提出战国到后汉时期是奴隶经济

①　这方面的论著很多,可参阅朱繁新、李达:《中国现代经济史之序幕》,《法学专刊》1935 年第 3、4 期合刊。

②　陶希圣:《中国社会形式发达过程的新估定》,《读书杂志》1932 年第 2 卷第 7、8 期合刊。

③　陶希圣:《编辑的话》,《食货》1935 年第 2 卷第 11 期。

④　陶希圣:《编辑的话》,《食货》1935 年第 1 卷第 6 期。

⑤　何兹全:《南北朝隋唐时代的经济与社会》(上),《益世报·食货周刊》1937 年 5 月 18 日。

占主导地位的社会。稍后武仙卿就这一观点进行详细论证,他在《秦汉农民生活与农民暴动》一文中指出:"秦汉两代的社会形态,是奴隶制度的古代社会。无论田园的耕作与工商业的经营,莫不以奴隶劳动为主要的劳动。尤其当时所谓开泽的'虞',简直都是用奴隶去开发。"并指出,因为奴隶劳动能够忍受过量的榨取,且奴隶劳动不受军事服务的影响,因此奴隶劳动在当时成了主要的劳动形态,由此可认定秦汉时期是奴隶社会。①

何兹全也持秦汉奴隶说:"秦汉以来,在整个社会经济结构中占支配地位的,是以奴隶生产作基础而发达的交换经济,社会经济的重心在城市而不在农村。我们不否认小农经济的发达,我们也不否认小农数量众多,但支持秦汉社会性质的,却是基于奴隶劳动而发达的城市交换经济。经过黄巾暴动及五胡之乱,城市破坏,交换经济衰落。社会经济的重心才由城市转移到乡村,自然经济占了优势,封建关系与封建的生产突破旧的社会关系,成为社会经济中支配的主导的生产与生产关系。"②

食货派另一成员曾謇,在奴隶社会的分期问题上与陶希圣等人的观点相左,他持西周奴隶说。曾謇指出:"我们要确定一个社会的属性,并不能仅就一些表面现象来判断的。我们必须就生产的工具、生产力、生产关系来决定它……我以为奴隶的社会,是应该有这样的经济条件的:(一)生产的性质,是奴隶完全居于被剥削的地位,他没有土地的所有权,他的自身不过处于一种能说话的工具的地位。(二)奴隶的自身不能自己统御,他的工作与生活手段所需的数量的支配权,也都操之于奴隶的所有者。(三)生产的工具,是以笨重见称。"他以此标准,通过对西周生产概况的考察,得出"西周是奴隶社会,父子家长制的奴隶社会"的结论。③ 陶希圣称:"他(曾謇)以西周为奴隶社会,此后为封建社会,所见与我是不同的。"④虽然食货派学人在奴隶社会的分期上出现分歧,但仍就奴隶社会存在这一点上达成共识。

3. 封建社会的断限

在社会史论战中,学者对中国社会发展过程中封建社会的存在已无异议,但就封建社会的起始时间则争论不休,其中既有西周封建说,也有春秋战国封建论。食货派则提出魏晋封建说,认为中国封建社会始于魏晋南北朝,迄于唐末。

---

① 武仙卿:《秦汉农民生活与农民暴动》,《中国经济》1934 年第 2 卷第 10 期。
② 何兹全:《南北朝隋唐时代的经济与社会》(上),《益世报·食货周刊》1937 年 5 月 18 日。
③ 曾謇:《西周时代的生产概况》,《食货》1935 年第 1 卷第 7 期。
④ 陶希圣:《编辑的话》,《食货》1935 年第 1 卷第 7 期。

1929 年陶希圣在《中国封建社会史》中称汉代至唐初是封建制度发生、完成、发达的时期。① 1932 年他又特别指出:"由三国到唐末五代,要另划一个时期。其中南北朝时期,是中国史里最少研究的一个段落。……这是一个发达的封建庄园时期。"② 1937 年他在《南北朝经济史》序中指出:"东汉以后,中唐以前,无论在经济社会,政治思想上都自成一个段落,与以前的秦汉及以后的宋明,各有不同之点。最重要的特征,是大族与教会的经济特权及政治特权。……如再进一步,看取大族与寺院下面的社会的经济的组织,更可见与前代后代不同的特质。在大族及僧侣之下,庇护着多数的自由人,领有着多数的部曲僮客,持有着多数的奴隶。反之,在秦汉,我们看见最引人注意的是家内奴隶;在宋明,我们看见的是自由劳动的发达,庇护特权的沦没。所以,魏晋至隋唐,社会上严于士庶之分辨,政治上显有大族的操持,思想上富于佛教的影响。彼此因应,断非偶然。"③陶希圣明确地指出东汉至唐初这一历史阶段的特殊性,并暗示这一时期封建社会的特征。

食货派学人较早较为明确地提出"魏晋封建说"的学者是何兹全。1934 年 9 月何兹全发表《中古时代之中国佛教寺院》一文,指出:"中国历史的分期,至今尚无公认的定说,本篇所用中古时代,是约指从三国到唐中叶即从 3 世纪到 9 世纪一时期而言";"中古中国的社会是封建社会";"寺院是披着一件宗教外衣的,所以在封建关系的表现上也特别显著"。④ "中古时期,就是封建时期的同义语",此文"已有了魏晋之际封建说的意思"。⑤ 稍后,何兹全在《食货》创刊号上发表的《魏晋时期庄园经济的雏形》一文中指出,魏晋时期中原地方社会经济发展呈现的三个主要趋势:(一)大族兴起,土地集中大族手里。(二)自由民衰落,丧失土地而降为部曲、佃户、半自由民农奴。(三)交换经济破坏,自然经济占优,庄园生产渐具雏形。这种生产组织后来为入主中原的拓跋氏所模仿,而使其制度化;把掠夺的人口和土地,分配给从征的王公、军事领袖,而建立北朝的庄园制度。⑥ 此文"明确以魏晋之际(以建安时代为魏)为中国封建社会的开始"⑦。

---

① 陶希圣:《中国封建社会史》绪论,南强书局 1929 年版。

② 陶希圣:《中国社会形式发达过程的新估定》,《读书杂志》1932 年第 2 卷第 7、8 期合刊。

③ 陶希圣、武仙卿:《南北朝经济史》序,商务印书馆 1937 年版。

④ 何兹全:《中古时代之中国佛教寺院》,《中国经济》1934 年第 2 卷第 9 期。

⑤ 何兹全:《何兹全文集》第六卷,中华书局 2006 年版,第 3289 页。

⑥ 何兹全:《魏晋时期庄园经济的雏形》,《食货》1934 年第 1 卷第 1 期。

⑦ 何兹全:《何兹全文集》第六卷,中华书局 2006 年版,第 3289 页。

随后,武仙卿在《食货》发表《魏晋时期社会经济的转变》一文,直接提出"魏晋封建说"。文章从庄园的形成、社会隶属关系的转变、新社会的阶级组织、从屯田到占田等几方面分析了魏晋时期社会经济关系的转变,指出:"秦汉奴隶社会已经解体,新的社会制度——封建社会正在演进。魏及西晋就是这个新社会制度的发端,五胡时期,东晋及南北朝就是这个新社会制度的典型时期。"①稍后,曾謇在《三国时代的社会》一文中也指出:"三国时代是一个社会经济政治的剧乱时代。经过这一个时期,秦汉的社会转入于两晋南北朝中古的封建社会。"②鞠清远在《两晋南北朝的客、门生、故吏、义附、部曲》一文中对魏晋封建说进行呼应。虽然文中特别声明:"我没有意指出这时代的社会,是不是能为客、门生、故吏、义附、部曲等等现象,而决定了性质。我只说明了这些现象的性质、地位及发展。不过,我可以说的,是这期间里除自由农民以外,奴隶仍然是很盛行的,耕田、经商的奴隶,仍然不少。"③但陶希圣就此文指出:"客的转变过程的研究是了解中古社会的钥匙。自由人怎样依附豪宗大族,从自由的食客变为半自由的农奴,这种转变指示我们以古代社会为何转变为中古社会的两大线索之一。"④也对"魏晋封建说"进行附和。此外,何兹全的《三国时期农村经济的破坏与复兴》《三国时期国家的三种领民》《中古大族寺院领户研究》,"都是在封建说的基础上写出的"⑤。

食货派学人在《食货》上就魏晋封建说进行集体阐述,"都是受陶氏同一系统的指导或影响而写出的"⑥。然而,学界对于"魏晋封建说"存有异议,陈啸江在给陶希圣的信中指出:"魏晋南北朝之于两汉,虽有量之变更,却未有质之转换,以其整个社会之生产力及主导的生产关系,尚依然如旧故也。先生及食货持笔诸先生对于此期封建状态,阐发颇详,令人佩服,但如以此比附欧洲中世纪封建社会并否定周代之封建社会,窃意尚有未妥。盖西欧中古之封建社会,系由奴隶社会蜕化而出,而魏晋一朝之封建'状态',则明系佃佣制衰落是外族入侵之结果。"⑦吕振羽也认为:"确定魏晋为中国史由奴

---

① 武仙卿:《魏晋时期社会经济的转变》,《食货》1934 年第 1 卷第 2 期。
② 曾謇的:《三国时代的社会》,《食货》1937 年第 5 卷第 10 期。
③ 鞠清远:《两晋南北朝的客、门生、故吏、义附、部曲》,《食货》1935 年第 2 卷第 12 期。
④ 陶希圣:《编辑的话》,《食货》1935 年第 2 卷第 12 期。
⑤ 何兹全:《何兹全文集》第六卷,中华书局 2006 年版,第 3289 页。
⑥ 陈啸江:《封建制度成立的条件及其本质新议》(续),《中国经济》1935 年第 3 卷第 12 期。
⑦ 陈啸江:《中国社会史略谈》,《食货》1936 年第 4 卷第 4 期。

隶制转入封建制的时代,南北朝为中国史之封建主义下的庄园经济时代——在这一点上,我觉得应该从内的矛盾之斗争的统一,和外的矛盾之对立诸关系上去作全盘的把握。……《食货》的意见,似乎不应太统一化了。"①魏晋封建说的观点虽然没有得到学界的普遍认同,但已成为以陶希圣为首的食货派学人的共同观点。

三、形成理论与史料并重的治学方法

"食货"学派成员对社会史论战中将"方法当结论"的研究方法极不赞同,都认为只有通过竭泽而渔似的史料搜索,并加以科学的分析,才能真正了解中国社会经济的发展历程,探寻其演变规律。

"食货"学派所刊发的论著和文章的一大特点就是史料丰富。连士升称"据我看来,研究中国经济史的人须注意下列的几种材料",二十四史、十通、方志、文集、档案、账簿、古迹和钱币。② 这些材料在食货学人的研究中得到充分运用。

陶希圣在《食货》中发表的《读史随笔》16篇,都是通过阅读正史,钩沉相关材料撰写而成的,以《十六七世纪间中国的采金潮》(读明史随笔之一)为例,该文虽篇幅不长,但援引《明史》却达30多处。鞠清远的《两晋南北朝的客、门生、故吏、义附、部曲》一文资料来源于《三国志》《后汉书》《晋书》《南齐书》《宋书》《梁书》《魏书》《陈书》,被陶希圣称为"这篇论文已经搜集可搜集的材料的大部分了"③。何兹全的《中古大族寺院领户研究》中对各类史料的引用甚详。武仙卿与陶希圣合著的《南北朝经济史》被学者评为"由于作者关于南北朝经济史料搜集的辛勤,这本书对于中国中古社会的特色遂有确切和精彩的论断"④。曾謇在《中国古代社会》(上)的自序中称他此书能够获得较大的成功,与搜集了大量先秦金文的史料分不开,其中包括王国维和郭沫若在金文中整理的大量史料。⑤ 连士升也表示经济史研究中材料的搜集"以详尽为主,兼收并蓄"⑥。

---

① 吕振羽:《对本刊的批评与贡献》,《食货》1935年第1卷第8期。
② 连士升:《研究中国经济史的方法和资料》,《大公报·史地周刊》1936年10月9日。
③ 陶希圣:《编辑的话》,《食货》1935年第2卷第12期。
④ 皮伦:《评陶希圣、武仙卿著〈南北朝经济史〉》,《文史杂志》1944年第4卷第5、6期合刊。
⑤ 曾謇:《中国古代社会》(上)自序,新生命书局1935年版。
⑥ 连士升:《研究中国经济史的方法和资料》,《大公报·史地周刊》1936年10月9日。

除了常见的正史等史料外,"食货"学派还非常重视方志、文集、账簿等资料。陶希圣和鞠清远发起的搜读地方志的提议得到学界同仁的热烈响应。此外,充分运用文集、笔记中的经济史料是食货派史学研究的一大特色,他们运用这一题材的史料研究经济史起到了开风气之先的示范作用。鞠清远在这方面着力较多,他的《元代的寺产》一文主要根据《牧庵集》《吴船录》《翰苑前集》等文集辑录而成;《南宋官吏与工商业》一文资料来源于《朱文公集》;《唐宋时代四川的蚕市》中大量使用《茅亭客话》《文苑英华》《云笈七笺》《全蜀艺文志》《太平广记》等资料。此外,《清开关前后的三部商人著作》《校正江湖必读》则是鞠清远根据《商贾便览》《江湖尺牍分韵》和《酬世群芳杂锦》这三部商人的著作整理出来的,"这三部书,正好是在鸦片战争前后,所以这三部书中,可看出一点商业组织的改变,特别是货币问题"①。陶希圣自言:"关于社会史料,我觉得笔记小说是狠要急看的。笔记小说和文集有含社会史料多的,也有少的。大抵经学考据的笔记,所含材料少,见闻录之类所含较多。神怪小说如神录之类,甚至劝善的书,因果数应的书,如厚德录之类,所含倒是不少。"②并根据几部宋人的笔记写就《宋代社会之一斑——几部宋人笔记所择录》一文。③ 连士升也指出:"好些笔记和文学作品常有价值很高的史料,如杜甫和白居易的诗集,洪迈的《荣斋随笔》,顾炎武的《日知录》,赵翼的《廿二史札记》都有丰富的社会经济史料。"④

食货派成员在广搜史料的基础上,对待史料的态度也是审慎的。连士升称:"中国历史上数字的记载极少,即有也很笼统。所存的记录又随史家主观的观察,变成了事实的断片的解说的阴隐。两汉以前的史乘和典籍尤其靠不住,大抵经过汉儒的伪造。这种伪造的史料非经过一番科学的辨伪工作,实在不能随便使用的。至于近代的史料又因为卷帙繁多,纷散各处,同时分类与索引的工作正在萌芽,应用时也有很多困难。""材料收完之后,须详为分类,严加鉴定,以辨它收完真伪和可信的程度,如字句的校对,版本和作者年代的考证,文字内容的讨论等。这样得来的材料,才适合详尽精确

① 鞠清远:《清开关前后的三部商人著作》,《益世报·食货周刊》1937年4月6日。

② 陶希圣:《从旧书中找经济史料的方法》,《西北风》1936年第7期。

③ 陶希圣:《宋代社会之一斑——几部宋人笔记所择录》,《社会学刊》1934年第4卷第3期。

④ 连士升:《研究中国经济史的方法和资料》,《大公报·史地周刊》1936年10月9日。

的材料。"①武仙卿在《唐代土地法令叙说——唐代经济史料丛编法令集序》（上）一文中也指出："《唐律疏议》《唐六典》《通典》《唐会要》《文苑英华》《册府元龟》《唐六诏》《新旧唐书》《宋刑统》《文献通考》诸书中"，"选出记载比较翔实，年代比较确切的材料，互相校雠，反之，年代记载都较模糊的材料，则予以舍弃"。②"食货"学派对史料的考证辨伪是符合历史科学的，这种治史态度为他们学术成就的取得提供了科学的保证。

食货派成员重视史料的同时并不轻视理论，参考借鉴外国学者的理论方法及研究成果有助于研治中国社会经济史。如连士升所言："经济史是探讨过去的经济生活的问题，所以我们必须有经济理论的素养，使我们能够洞悉问题之所在。同时又能帮助我们解释经济史料。……同样的，著述中国经济史的人必须懂得经济学的理论。因为，史学家的任务是把个别的事实只当做连锁中的小环看，所以他自己应熟悉理论的系统，彻底了解各种事实的要素及其相互关系。换一句话说，假如著述经济史的人不想做个古董，那么他对于有关系的研究范围，应该有彻底的理论的训练，否则他一定不能提出他的问题，解释他的材料。"③"食货"学派成员认为对于社会经济史研究者而言，理论和史料同等重要。

在译介西方的理论方法上，着力最多的是连士升，他在《食货》上共发表译文 18 篇，其中有桑巴德、克拉判、约克曼、格拉斯、卫布思夫妇、西摩勒尔等人的作品。食货派其他学人则较多地参照西方的理论方法研治中国经济史。如何兹全在《中古时代之中国佛教寺院》一文中指出："在性质上，中古中国之佛教寺院与中古西欧之基督教会是完全相同的。两者都于宗教的组织外成功为一个政治的社会的经济的组织，都是占有大人口及大土地的庄园领主；所不同的只是在政治上成功的大小差异。西欧中古的教会在政治上发展到最高点，教会凌驾俗界君主权势之上，作了人间的最高统治者。而中国中古时代的寺院，在政治权势上永没有超越俗界君主。"④在他早期的寺院研究中，中西比较的研究方法对其影响至深。何兹全晚年指出："写佛教寺院和佛教经济，也是学《基督教之基础》的写法，先写这一时代的社会，再

① 连士升：《研究中国经济史的方法和资料》，《大公报·史地周刊》1936 年 10 月 9 日。

② 武仙卿：《唐代土地法令叙说——唐代经济史料丛编法令集序》（上），《益世报·食货周刊》1937 年 2 月 2 日。

③ 连士升：《研究中国经济史的方法和资料》，《大公报·史地周刊》1936 年 10 月 9 日。

④ 何兹全：《中古时代之中国佛教寺院》，《中国经济》1934 年第 2 卷第 9 期。

写佛教寺院和寺院经济的发展成长。"①曾謇的《中国古代社会》(上)主要是依据摩尔根、恩格斯的家族形态来进行分析。而《殷周之际的农业的发达与宗法社会的产生》一文也参照了西方的社会形态,他认为:"在这儿我们必须先要讨论到的,是父系家长制家族的形态,这个家族的形态,照《古代社会》的作者穆尔甘的意见,以为并不是人类均须经过的一个阶段,他只特别见于少数的像 Hebrew 一样的种族里面,所以在他的书里面,对于这个家族的形态的处理得非常的简单。但他对于这个家族阶段的物质条件和重要的特征,却很正确的把握了。"②鞠清远在《唐宋时代四川的蚕市》中称:"'蚕市'实际上是近代北方所说的'会',欧洲中古时代的 Fair,是一种季节的市场。"③武仙卿在《魏晋时期社会经济的转变》一文中称:"避乱避役的人民聚集在大地主庇护之下,都是屯'垒'相保。这'垒'的形式,如同欧洲中古的 castle 一样,是领主保护自己附庸的防御物。"④

"食货"学派成员在研究过程中逐渐形成理论与史料并重的治史风格,正如何兹全所言:"一个历史研究者的态度至少是应该理论和材料并重的。"⑤

"史学流派是指具有独特治学观点、方法、风格的学术团体。它一般表现为在研究取向上有自己的侧重,对某些具体问题有大致相同的见解,在流派形成中有多部具有影响的学术著作或具有代表流派风格的学术刊物。"⑥陶希圣与其他"食货"学人,武仙卿、沈巨尘、何兹全、曾謇、鞠清远、连士升等,已经在学术研究过程中形成了稳定的师承关系、基本相同的学术观点和治学取向,并以经济社会史研究为共趋目标。因此,以陶希圣为中心的这一学术团体可以被称为"食货"学派。

在此之前,学界对《食货》学人群是否形成学派存有异议的主要原因是"在《食货》上发表文章的作者政治背景和观点很不一致"⑦。由此,在《食货》半月刊上发表文章的学者不都是"食货"学派成员。此外,当时陶希圣等"食

---

① 何兹全:《我的学史经验与体会》,《文史知识》1982 年第 4 期。
② 曾謇:《殷周之际的农业的发达与宗法社会的产生》,《食货》1935 年第 2 卷第 2 期。
③ 鞠清远:《唐宋时代四川的蚕市》,《食货》1936 年第 3 卷第 6 期。
④ 武仙卿:《魏晋时期社会经济的转变》,《食货》1934 年第 1 卷第 2 期。
⑤ 何兹全:《与曾兴论"质任"是什么?》,《文史杂志》1941 年第 1 卷第 4 期。
⑥ 张书学:《中国现代史学思潮研究》,湖南教育出版社 1998 年版,第 5 页。
⑦ 李根蟠:《中国经济史学形成和发展三题》,载侯建新:《经济—社会史:历史研究的新方向》,商务印书馆 2002 年版,第 95 页。

货"学派成员本身对于这一称谓并不完全认同，或者说他们还并不认为自己已经形成学派。何兹全回忆：1938 年在"武汉时期，陶先生精神很愉快。工作之余，常常和我们一块聊天。'过去办《食货》，连稿费都发不出，现在可以批钱给人。''将来抗战结束，送你们出国读书。回国后分在各大学开中国社会史，创始一个学派。'"①何兹全在陶希圣从香港回重庆任职于蒋介石"侍从室"时，曾劝陶："在这侍从室做什么。找一个大学教书不好吗，可以创立个学派。"②事实上，《食货》半月刊的一些骨干经过数年的相互砥砺，已逐渐形成以社会经济史研究为共趋目标的、具有共同学术旨趣和治学风格的学派。何兹全晚年指出："应该说，在 20 世纪中国社会史研究史上有个'食货'学派。"③

　　20 世纪二三十年代，史学刊物有很多，但能像《食货》半月刊这样发展成为学派的，确属凤毛麟角。究其原因，除《食货》青年学者个人的努力外，与导师的指导，特别是陶希圣个人的人格和学术感召力确实有很大的关系。陶希圣在这个学术团体中扮演着极其重要的角色。《食货》半月刊的创刊、发行，"食货"学派成员的聚拢，研究成果的形成及发布无不在其指导及推介下完成。还有，当时受到陶希圣影响而走上社会经济史研究道路的青年学者很多，如全汉昇、杨联陞等。他们之所以不能列为食货派人员，是因为他们在学术思想和治史方法上与陶希圣等人不同，他们更倾向于胡适、傅斯年一派。共同的治学方法和学术思想是食货派形成的关键，在这方面，陶希圣的学派领袖地位更加明显。食货派学人对魏晋封建说的集体阐述、理论与史料并重的治史方法的形成等都受到陶希圣的影响。可以说，陶希圣创建了"食货"学派。

---

　　①　何兹全、郭良玉：《三论一谈：何兹全郭良玉伉俪自选集》，新世界出版社 2001 年版，第 24 页。

　　②　何兹全：《爱国一书生：八十五自述》，华东师范大学出版社 1997 年版，第 186 页。

　　③　何兹全：《何兹全文集》第一卷，中华书局 2006 年版，第 594 页。

第三章　陶希圣与"食货"学派的学术研究

　　20 世纪二三十年代"食货"学派之所以能在史学界"激起波澜",与他们所取得的令人瞩目的社会经济史研究成果有关。"食货"学派成员在中国社会经济史诸多领域内颇有建树,尤精研于魏晋至唐宋社会经济史。他们所开展的经济史专题研究开阔了学界的学术视野,在推动我国社会经济史学科的发展方面做出了积极的贡献。"食货"学派同其他学派一样,诞生于特定的社会环境中,不可避免地受到社会政治因素的影响。我们在探讨"食货"学派学术成就的同时,综合考察政治因素的影响,有助于全面深刻地研究"食货"学派。作为"食货"学派的领袖人物,陶希圣在"食货"学派学术研究过程中所发挥的作用,以及他与"食货"学派其他成员们之间的学术关联也列入本章的考察范围。[①]

第一节　学术平台的扩展

　　"食货"学派的名称缘于《食货》半月刊,这一中国社会史专攻刊物是"食货"学派的主要活动平台。随着《食货》半月刊影响力的扩大及时局的变化,"食货"学派的活动平台也在扩展。20 世纪 30 年代,陶希圣在刊行《食货》半月刊的同时,在天津《益世报》开辟《食货周刊》,为"食货"学派开展学术活动创造有利条件。

---

　　① 1937 年《食货》半月刊停刊,1946 年陶希圣在《中央日报》开辟《食货周刊》,继续从事社会经济史研究。"食货"学派在 20 世纪 30 年代《食货》半月刊时期的学术研究奠定了他们的史学地位,此章所论"食货"学派的学术研究主要指 30 年代的学术成果。

一、《食货周刊》缘起

1936 年 12 月 6 日,陶希圣在天津《益世报》开辟《食货周刊》。陶希圣在《食货周刊创刊的意思》一文中详细说明了这个周刊的办刊缘由及宗旨:

> 今年七月,它(《食货》半月刊)的发行家请我们于第三年开始时(第五卷第一期起),另托别家出版,因为他们想暂时把出版的活动停止,整顿内部。我们考虑到出版家委托不是容易的事情,想改编季刊与周刊两种来代替,周刊便托本报开一园地,本报即刻答应了。这是九月里的事。到了十月,上海杂志公司又承认半月刊的发行,我们经过一回挫折倒是得到了周刊半月刊两个地方,供我们的论文的登载。

> 周刊与半月刊体例不同。周刊登载短些的论文,内容以叙述原委为主,不多插材料在里面。半月刊的内容是以集合材料为主的长些的东西。两刊写稿人也不大一致。半月刊是各地食货学会会员的论文的汇聚地。周刊虽也是食货学会的出品,主要的却是北京大学法学院中国经济史研究室同人的译著。当然周刊也欢迎室外的稿子。现在把周刊编辑室的人名列下:

> 主编:陶希圣
> 编辑:鞠清远、武仙卿、方济霈、曾资生、贾钟尧①

二、《食货周刊》刊载"食货"学派论文统计

《食货周刊》从 1936 年 12 月 6 日创刊起到 1937 年 7 月 27 日停刊,共出 37 期。起初出版日期不稳定,第 1 期是星期日,稍后第 4 期被放在星期五出版,第 6 期又改为星期日,自第 7 期以后才稳定在星期二出版。在《益世报·食货周刊》刊行的近 7 个月的时间里,共发表论文 71 篇(以单篇计,连载 1 次记作 1 篇)。"食货"学派成员在《食货周刊》上共发表论文 43 篇,其中鞠清远 16 篇、武仙卿 10 篇、曾謇 10 篇、陶希圣 5 篇、何兹全 2 篇。现将论文分类列表如下。

1936—1937 年《益世报·食货周刊》刊载"食货"学派成员论文统计表

	篇名	作者	出版日期
秦汉及以前 (2篇)	战国时代的士人与客	曾謇	1937 年 7 月 20 日
	秦汉之际社会政制的转移	曾謇	1937 年 1 月 10 日

---

① 陶希圣:《食货周刊创刊的意思》,《益世报·食货周刊》1936 年 12 月 6 日。

续表

篇名	作者	出版日期
五胡北朝及隋的官工业机关	鞠清远	1936 年 12 月 27 日
魏晋南北朝官工业中之刑徒	鞠清远	1937 年 1 月 1 日
魏晋南朝之官工业机关	鞠清远	1937 年 1 月 19 日
魏晋南北朝的冶铁工业	鞠清远	1937 年 2 月 16 日
魏晋南北朝的匠师及其统辖机关	鞠清远	1937 年 2 月 23 日
魏晋南北朝的匠师及其统辖机关(续完)	鞠清远	1937 年 3 月 2 日
魏晋南北朝的纺织工业	鞠清远	1937 年 3 月 30 日
魏晋南北朝田租与户调对立的税法	武仙卿	1936 年 12 月 13 日
南北朝色役考(上)	武仙卿	1937 年 3 月 9 日
南北朝色役考(中)	武仙卿	1937 年 3 月 16 日
南北朝色役考(下)	武仙卿	1937 年 3 月 23 日
三国时代的各种杂税	曾謇	1937 年 1 月 26 日
晋代的占田与课田的考察(一)	曾謇	1937 年 2 月 16 日
三国时代的社会	曾謇	1937 年 3 月 2 日
永嘉前后的社会(上)	曾謇	1937 年 4 月 6 日
永嘉前后的社会(中)	曾謇	1937 年 4 月 20 日
永嘉前后的社会(下)	曾謇	1937 年 5 月 11 日
北魏时代的婚姻家族	曾謇	1937 年 7 月 27 日
南北朝隋唐时代的经济与社会(上)	何兹全	1937 年 5 月 18 日
南北朝隋唐时代的经济与社会(下)	何兹全	1937 年 5 月 25 日
唐代寺院经济概说——唐代经济史料丛编寺院经济篇序	陶希圣	1936 年 12 月 13 日
唐代财政上的特种收支(上)	鞠清远	1936 年 12 月 6 日
唐代财政上的特种收支(下)	鞠清远	1936 年 12 月 20 日
唐代的都市概说	鞠清远	1937 年 3 月 16 日
唐代宗初年江南的两大暴动	鞠清远	1937 年 6 月 22 日
唐代土地问题概说	武仙卿	1936 年 12 月 6 日
唐代土地法令叙说——唐代经济史料丛编法令集序(上)	武仙卿	1937 年 2 月 2 日

续表

	篇名	作者	出版日期
唐代 （10篇）	唐代土地法令叙说——唐代经济史料丛编 法令集序（下）	武仙卿	1937年2月9日
	唐代几首描写农村生活的诗	武仙卿	1937年5月4日
	唐代的汴州	武仙卿	1937年5月25日
清代 （4篇）	清开关前后的三部商人著作	鞠清远	1937年3月30日
	怎样作商客——清开关前后的三部商人 著作	鞠清远	1937年4月13日
	伙计需知——清开关前后的三部商人著作	鞠清远	1937年4月27日
	清代银锭之种类	鞠清远	1937年6月22日
其他 （7篇）	食货周刊创办的意思	陶希圣	1936年12月6日
	格式与头衔	陶希圣	1937年3月9日
	以感情答感情	陶希圣	1937年3月23日
	瞿兑之先生中国社会史料丛编序	陶希圣	1937年5月4日
	商路与马头	鞠清远	1937年6月29日
	"僱"字之一解	武仙卿	1937年7月13日
	中国古代社会政治发展的阶段	曾謇	1937年6月29日

据统计，"食货"学派成员在《益世报·食货周刊》上发表的论文以魏晋及隋唐时期为最多。魏晋时期的论文多侧重于官工商方面的，这主要与发表这一时期论文较多的鞠清远的学术侧重点有关。此外，有关隋唐时期的论文多以概述为主。如前所述，《益世报·食货周刊》所刊发的论文主要是北京大学法学院经济史研究室同人的文章。这一时期经济史研究室的主要工作是唐代经济史料的搜集整理，主要研究成果是《中国经济史料丛编·唐代篇》八册，《益世报·食货周刊》也就是对他们学术研究的进展情况进行及时发布。"食货"学派成员在《食货》半月刊上发表的论文也以魏晋至隋唐这一历史时期为侧重点，《益世报·食货周刊》与之遥相呼应。很多文章都是先刊于《食货周刊》，再重刊于《食货》半月刊，如武仙卿的《南北朝色役考》、曾謇的《三国时代的社会》等。这两个学术平台对"食货"学派学术思想、治学方法、研究内容的集体阐发，极大地壮大了"食货"学派的学术声势，积极推进了"食货"学派的史学研究。

第二节　重视史料

一、理论与史料之争

陶希圣与"食货"学派成员从事中国社会经济史研究的宗旨是探寻中国社会形态的演变。他们这种研究旨趣的形成受马克思社会经济形态理论的影响,从社会历史现实出发,以阐明中国社会形态发展过程为治史目标,力图发现中国社会的发展规律。陶希圣在 1929 年发表的《历史的法则可否成立》一文中,从论述历史学的学科属性出发,阐述了历史学的任务是探索社会现象因果关系的法则,即所谓的社会形态演变的历史的法则。陶希圣称:"科学是探求因果关系之法则的学问。科学的使命,在从混沌复杂的现象中,探求因果关系的法则。"科学又分为自然科学与社会科学,"由社会现象探求因果关系的法则的学问是社会科学,历史学属于科学中的社会科学,它的根本任务即是探求历史的法则"。陶希圣认为探明历史的法则是可能的。[①] 食货派其他成员,如何兹全时至今日仍认为社会史研究的对象、内容应当说是社会经济、社会结构、社会形态,"这是研究人类社会总体的发展规律的。掌握人类社会发展规律、发展方向,知道人类社会向何处走,这是社会史研究的主导面"[②]。正如连士升所言,中国社会经济史"就是要研究我们的祖先怎样使用种种方法发展物质生活,使我们能够明了过去,把握现在,推测未来"[③]。

除食货派外,参与社会史论战的其他学者,如正统的马克思主义学者所进行的社会经济史研究也是以探寻中国社会形态的演变为研究旨趣。郭沫若的《中国古代社会研究》一书根据恩格斯、摩尔根的古代社会理论探索中国夏商周时期的社会演变历程,"本书的性质可以说是恩格斯《家族私产国家的起源》的续篇"[④]。

在相同的目标下,使用何种方法研究中国历史可得出中国社会形态演

---

①　陶希圣:《历史的法则可否成立》,《新生命》1929 年第 2 卷第 1 期。

②　何兹全、郭良玉:《三论一谈:何兹全郭良玉伉俪自选集》,新世界出版社 2001 年版,第 160 页。

③　连士升:《研究中国经济史的方法和资料》,《大公报·史地周刊》1936 年 10 月 9 日。

④　郭沫若:《中国古代社会研究》序,上海联合书店 1930 年版,第 6 页。

变的规律,成为人们关注的问题之一。如王宜昌所言:"在争论着中国社会史的人们,可曾提出这个方法论的问题么? 在 1927 年以前,顾颉刚、傅斯年对于古史的研究,便应用着古书的考据法,和新渗进了些神话解说等。而在 1927 年以来,人们都利用历史的唯物论研究所得的结论作为根本的指导原理,而将中国的史实填进去了。但同时不能了解清楚历史的唯物论,或是有意滑头而曲解而修造而捏造了他们的所谓历史唯物论。……直可以说他们是没有仔细考究方法论的问题。有些简直是在胡乱的应用他的所谓历史的唯物论。"① 在时人看来,持续近十年的社会史论战并没有解决中国社会发展形态问题,原因之一是研究方法的不正确。

由于学者们对中国社会经济史研究方法的不同理解,在社会史论战高潮结束之后,学界开辟了两种经济史研究路向:一种是直接秉承论战,以理论为主导的经济史研究;另一种是扭转论战方向,以史料为主导的经济史研究。② 郭沫若、吕振羽等马克思主义学者是前者的代表,陶希圣及"食货"学派成员是后者的代表。陶希圣与"食货"学派成员强调史料收集,提倡专题研究,是鉴于社会史论战理论之争的混乱使得论战无法取得进展而在研究方法上的改弦易辙。

陶希圣就历史研究中史料与理论的关系坦言:"史学虽不是史料的单纯排列,史学却离不开史料。理论虽不是史料的单纯排列可以产生,理论并不是尽原形一摆,就算成功了的。方法虽不是单纯把史料排列,方法却不能离开史料而独立发挥作用。有些史料(尤其是社会史料)非预先有透辟的理论与精密的方法,不能认识,不能评定,不能使用。也有些理论和方法,非先得到充分的史料,不能证实,不能精致,甚至不能产生。""中国社会史的理论斗争,总算热闹过去了。但是如不经一番史料的搜求,特殊问题的提出和解决。局部历史的大翻修、大改造,那进一步的理论争斗,断断是不能出现的。"③并称:"方法是史学所必须,方法不就是历史。观念中的方法,必须从历史现象里再产生出来,总是正确的方法。""把方法当结论,不独不是正确的结论,并且不是正确的方法。其实这不过是外国社会史拿来代替中国社会史罢了。说了多少话,写了千万字,一点于中国社会史没有干系。正确的方法是能够把握中国历史上社会现象的内部关系的方法。中国历史上的社

---

① 王宜昌:《中国原始社会史方法论》,《新社会科学季刊》1935 年第 1 卷第 4 期。
② 陈峰:《社会史论战与现代中国史学》,山东大学 2005 年博士学位论文。
③ 陶希圣:《编辑的话》,《食货》1934 年第 1 卷第 1 期。

会现象并没有明显的整齐地摆在陈列室里面,还须大家去搜求。"①

　　陶希圣认为理论和方法应当从材料中产生,社会经济史研究应该以史料为基础,中国社会发展规律需要通过大量的史料分析才能得出。此观点受到其他学者的质疑,辩驳的焦点集中于理论与史料在社会经济史研究中的地位上。如王宜昌认为研究中国社会经济史,理论是最重要的。理论决定研究的观点与方法,而观点与方法又决定材料的收集。由其观点而来的方法不能全靠主观而做武断的推论,也不能纯任客观为故纸堆所迷惑,它排斥迷惑于众多材料之中的完全归纳,也排斥以一概全的武断,而只是吸取适当的、必需的材料。材料是无穷多的,而且并不在某时代便完全出现,注重搜集材料的完全归纳是不可能的。只需有适当数量的材料,便足供观察把捉得住真的趋向。历史科学的理论与法则,是要从历史材料中抽绎而出的。但在世界已经有历史科学存在的今日,还要单研究中国史实以再抽绎历史科学的理论,而不直接地利用科学,以做进一步的探讨,这乃是一种阻碍历史科学的反动行动。"过去社会史论战及其以前,颇多蜘蛛,以一二事例来推断全史,现在颇多蚂蚁,只搜集材料。我希望有蜜蜂,能将历史科学武装他的头脑,以自己之力消化所挑选的材料。"②李秉衡也认为论战有两个重要的启示:(一)方法需要休养与确定;(二)材料之广事搜集。而材料的搜集,则又须在方法确定以后,只有具备了正确的研究方法,才能获得正确的结论。并直言:"(一)搜集史料为研究的必备条件,无庸质言;(二)史料产生的理论与方法,易陷于机械或折衷之弊。研究须以伟大的方法,照耀着、贯能着、运用着一切材料,透过去有色眼镜是必要的,有色眼镜乃经过若干年月,若干心血,若干证验所得。无从吾人再度配制也。时代的任务,非创造新的方法,而为辩证地实践,一切学术研究,贵以此为前提。"③王瑛则更进一步认为理论亦即方法,两者并无实质区别,"研究中国经济史把方法当结论,在原则上是妥当而正确的,亦唯有把方法当结论才有所成就"④。并声称:"研究中国经济史,第一应先把握一般的正确的方法及理论;第二才能去进行所谓'广搜材料'!"⑤这些学者都认为在社会经济史研究中,理论是不可或缺的头

---

① 陶希圣:《编辑的话》,《食货》1935年第1卷第5期。
② 王宜昌:《关于"反对读历史"的话》,《食货》1935年第1卷第8期。
③ 李秉衡:《方法与材料》(通信),《食货》1935年第1卷第9期。
④ 王瑛:《研究中国经济史之方法的商榷》,《食货》1935年第1卷第5期。
⑤ 王瑛:《研究中国经济史的大纲与方法》(下),《食货》1935年第2卷第5期。

等重要的研究方法,没有理论的指导则学术研究无法推进。

陶希圣面对质疑采取包容的态度。他回应王瑛:"没有一个确定的方法在心里,便无从搜辑史料,也无从广搜史料。""所以在研究的开始便须弄清方法,不过,把方法适用到中国的历史现象时,预先描写那个图案,只可以说是假设。根据这个假设,我们可以下手得到应得的材料。所得的材料对于假设,或是证实,或是充实,或是发展,或是修正。由此所结成的结论,比假设高一等的。而此高一等的结论,对于以后的研究,又是新的假设。"①对李秉衡他称:"把方法当结论,虽不是机械主义,却易陷于公式主义。历史的研究必须顾到历史的事实。"②

从陶希圣与质疑者就理论与史料关系的辩驳中可知,"陶希圣当时的思想。一、认为理论、方法和材料是互相推进的。理论、方法,指导找材料;丰富的史料,证实理论、方法的正确,也推动理论方法改变和进步。二、反对把理论、方法当作结论。'各人既有了结论在心里,只有向书籍里去找印证,不必广搜材料。'三、但他并不反对心里先有疑问和假设。有了疑问和假设,才会去找证据,才能够找着别人没有说出的证据来。"③何兹全称:"从纯学术的观点来看,陶希圣这些思想、意见,并没有问题。在社会史论战中多是理论方法之争,而争来争去又没争出个结果来之后,回到书斋里找材料,也是论战的必然归宿。"④

从另一个角度看,陶希圣此时国民党员的政治立场,使他在社会史论战陷入困境时,从史料出发推进社会经济史研究也是一种合理的选择。陶希圣非常清楚理论在社会革命中的重要性。他自言:"试问知识分子不求知识的充实,你在政治运动中又站什么立场?你既不拿镰,又不拿斧,你也只有充实你的知识了。……如果你以为只有在街上示威,屋里开会,才是实践,那么,政治运动又何必要理论?理论不是需要有些人腾工夫去从历史和社会的研究观察,才能充实吗?……我并不是说,我是在革命。我是说那些以革命为借口而不长进的人们的错误。"⑤这一时期,中国社会经济史研究时常与政治革命联系在一起,因此颇受正统史学家的抵制。何兹全回忆:"正统

①　陶希圣:《〈研究中国经济史之方法的商榷〉附注》,《食货》1935 年第 1 卷第 5 期。

②　陶希圣:《附注》,《食货》1935 年第 1 卷第 9 期。

③　何兹全:《何兹全文集》第六卷,中华书局 2006 年版,第 3225 页。

④　何兹全:《何兹全文集》第六卷,中华书局 2006 年版,第 3225 页。

⑤　陶希圣:《瞿兑之先生中国社会史料丛编序》,《益世报·食货周刊》1937 年 5 月 4 日。

的马克思主义者,当时都在战场上和地下,郭沫若、侯外庐、吕振羽等没有机会也没有可能进入北大。"①陶希圣作为社会史研究者,能在北京大学这一中国学术重地占有一席之地,并能引导一批学生从事社会经济史研究与他国民党员的政治身份不无关系。

陶希圣是国民党改组派成员,他虽痛恨国民党腐败,但仍认为国民革命必须以三民主义为指导。他的中国社会经济史研究虽受唯物史观的影响,但他在中国社会形态演变上的一些观点与马克思主义学者相左。他曾提出的商业资本主义社会的观点来辩驳中共干部派关于中国半殖民地半封建社会的观点,并以此来否定中共所倡导的革命路线的正确性。在论战高潮结束后,陶希圣并不以理论研究为出发点深入探讨唯物史观与中国历史的契合性,而选择以史料为基础来验证理论的合理性。陶希圣称:"只有从材料中再产生出来的方法才可以说是结论。如果把自己从别人袭取来的观念,当做结论,那只有障碍自己的进步。"②陶希圣倡言搜集史料,从学术意义上讲,他希望以此来推动社会史论战之后的经济社会史研究向理论与史料并重的道路上前进,脱离政论,步入学术发展的正常轨道。但他这一学术转向的立足点与其政治立场有着不可分割的关联性。

"食货"学派的其他成员也认为理论是以史料为基础。如曾謇称"历史本身实际的发展是不会错的,但我们观察历史有时却不免陷于错误,所以其结果我们必须要求我们的理论和方法,能从真实的史料里面再生产出来。"③何兹全也称:"前人的理论,能帮助我们作新的研究,新材料及新的发现也可用来修正前人的理论,我们不能只迷信前人的教条,而作他们的应声虫。一个作学术研究的人至少要有这一点客观的态度。"④陶希圣与"食货"学派成员强调历史学作为一门社会科学,应以理论为指导,但和理论同等重要的是史料。

二、史料的搜集与整理

20 世纪二三十年代,正值疑古风潮盛行的时代,很多古书的史学价值遭到否定,与疑古风潮相对应的是释古风潮,"把古史的记载随意地使用"。"疑古家不信一切古史记载;释古家会用种种方法,把古史上的神话传说,都

---

① 何兹全:《爱国一书生:八十五自述》,华东师范大学出版社 1997 年版,第 54 页。
② 陶希圣:《瞿兑之先生中国社会史料丛编序》,《益世报·食货周刊》1937 年 5 月 4 日。
③ 曾謇:《永嘉前后的社会》(下),《益世报·食货周刊》1937 年 5 月 11 日。
④ 何兹全:《与曾兴论"质任"是什么?》,《文史杂志》1941 年第 1 卷第 4 期。

解释成史实,会把汉儒伪作的古史,解释成史实。"面对这两种对待古史的不同态度,陶希圣指出:"依我的意见,单纯的疑古固然也有不能做到的事情,也有疑的过分的处所;单纯的释古更有不妥当的。""单纯的释古,所取的方法是这样的:看见了'王',就解释为秦汉明清的皇帝;于是殷商部落变作了专制国家。看见了身份差别,他们就解释为封建制度;于是欧洲五世纪以后的贵族冠裳,披到尧舜以降的战士身上去了。"①科学的古史是建立在对史料正确认识的基础上。陶希圣认为经济史研究是以史料为基础的,如何在浩如烟海的中国古籍中,运用科学的方法搜集整理经济史料是从事学术研究的基础性工作。

陶希圣在《从旧书中找社会史料的方法》一文中,明确了经济史料的范围和内容。他把可供收集社会史料的旧书分为三类。第一类为史书,包括正史:官书如二十四史,别史《华阳国志》《元秘史》。编年:如《资治通鉴》。纪事本末:通体如《通鉴纪事本末》,别体如《平定粤寇方略》。政书:通体如《通典》《文献通考》,别体如《大清会典》,小记如《汉官仪》。杂史:综记如《国语》,琐记如《世说新语》,诏令奏议如《陆宜公奏议》。传记:通体如《国朝先正事略》,别体如个人的年谱。地志:通体如《天下郡国利病书》,别体如游记纪行等。学史:如《明儒学案》。史论:理论如《史通》,事实如历代史论,杂论如《廿二史札记》。附庸:外史如《西域图考》《职方外纪》,考据如《禹贡图考》,注释如裴松之《三国志》注。第二类为笔记小说戏剧。《四库全书总目》归于子部杂说小说家类。收集笔记小说的丛书如《稗海》《说库》《宋人笔记》《唐人说荟》《清稗类抄》等。第三类为文集诗集。②

陶希圣的史料收集工作并不是简单的史料堆积,而是以科学的理论为指导的。正如"食货"学派成员何兹全所言:"对待材料和理论方法的态度应当是:重材料,也重理论方法。材料是基础,没有材料便无货可出……理论方法是提货单。有了理论方法才能提货,才能提出质量高的货。"③陶希圣特别指出,在史料的搜集工作中应讲求方法,如在这些史料中应寻找:第一,物质生活的记载,包括生产过程、交换过程、生产机关的分配、生产与交换的关系;第二,社会生活的记载,包括社会阶级如地主、农民生活、商人、无产者、知识分子、地主与绅士、手工业之两阶级及各阶级之人口状态;第三,政治生

---

① 陶希圣:《疑古与释古》,《食货》1935 年第 3 卷第 1 期。

② 陶希圣:《从旧书中找社会史料的方法》,《西北风》1936 年第 7 期。

③ 何兹全:《何兹全文集》第一卷,中华书局 2006 年版,第 596 页。

活之记载,包括政治支配者,如吏、官、官制、赋税、公田、职田、屯田等,行政,政策实施,裁判,案件机器裁判方法;第四,社会与政治变动,包括农民无产者蜂起;第五,精神生活,包括知识分子之思想状态等。[1]

此外,陶希圣还指出经济史料的出处有这三种情况:第一,著述者不经意的处所。著述者不经意的记载常是较为真切的记载,因为这些是没有经过著者以偏理偏见来断章改变的处所。第二,议论家不取的处所。著者因记载真实事实而受史论家或其他议论家裁抑的处所,是最合于真实的处所。第三,一般读者不经意的处所。如某人列传末尾及开头关于某人身世及轶事逸闻的记载。大凡正式记载某一制度的处所,如"志""略""书",虽有不少正面的记载,但总少实况的记载。不合于典制事实,总在列传或其他幽隐的地方存在着。[2] 正如连士升所言二十四史、十通、方志、文集、档案、账簿、古迹和钱币中都有经济史料。[3] 这些都被"食货"学派列入史料搜集与整理的范围。

陶希圣及"食货"学派成员首先从事的是正史中的经济史料的搜集整理工作,最先着手的是唐代经济史料的搜集整理工作。研究成果主要有《中国经济史料丛编·唐代篇》八册,其主要史料来源于"正史",此外还有子部各书、别史、杂史、文集及类书。陶希圣及"食货"学派成员在《中国经济史料丛编·唐代篇》中并没有将史料进行简单的罗列,而是按照史料的内容进行逐一的分类与整理,使其更科学地形成一个完整的体系。这八册分别是《土地法令》《唐代之都市》《工商业与货币》《动荡中的唐代经济》《财政制度》《土地制度》《寺院经济》《唐代之交通》,基本涵盖了唐代经济各方面的主要内容。其中,《土地法令》"胪列唐代关于土地的法令,于均田制令以外,更搜集历朝关于土地问题的格式,及与令有同等效力的诏敕,以及关于特定地方,特定时间之与土地有关的诏令"。《唐代之都市》"编列各重要城市之地理位置,内部组织及都市生活。此外,关于小的市、镇、与庙会式的蚕市,也搜罗无遗"。《工商业与货币》对"官私工业、工业技术、作业种类、商客、邸店、高利贷、茶商,对外贸易、奴隶贸易、飞钱便换、铸钱钱币之流动、轻重与对策,皆分门罗列资料"。《动荡中的唐代经济》分四期,列举唐代各地的经济状况。《财政制度》"罗列关于各种赋税及转运制度的史料"。《土地制度》主要是

---

① 陶希圣:《从旧书中找社会史料的方法》,《西北风》1936 年第 7 期。
② 陶希圣:《从旧书中找社会史料的方法》,《西北风》1936 年第 7 期。
③ 连士升:《研究中国经济史的方法和资料》,《大公报·史地周刊》1936 年 10 月 9 日。

"关于内庄宅使、屯田、营田、庄田、水利以及土地所有权之形式、牧田、垦田、均有详尽的记述"。其搜集的史料,除正史、政书外,还包括经史子集各部书籍以及金石碑刻、西陲出土古文书等。《寺院经济》分寺观、寺观庄田、僧尼、僧尼之取缔与灭佛四部分。"于一般寺院的财产以外,第一次搜集到戒律中关于僧尼私产的规定。此外,关于度僧、武宗灭佛,材料甚完备。"《唐代之交通》分 52 个项目收集中国舆地史籍中关于唐代的关驿设置、管制律令、道路保护、各地水路交通情况等方面的记载,对唐代"水路、商路、邮驿组织,及关于交通的律令,皆详为搜集"①。《中国经济史料丛编·唐代篇》虽仅刊就武仙卿主编的《土地制度》、陶希圣主编的《寺院经济》和鞠清远主编的《唐代之交通》三册,但仍引起了学界的关注。

当正史中的经济史料的搜集整理工作告一段落后,"食货"学派成员向学界发起搜读地方志的提议。顾颉刚首先注意到地方志不同于正史,里面蕴含着丰富的经济史料,并致信陶希圣"提议从地方志里找经济材料",得到了陶希圣的赞同——"我(陶希圣)早有这个意思",并"提议在把社会的历史过程稍有头绪(也只能够稍有头绪)以后,便下功夫从地方志里搜求经济的社会的材料"。陶希圣提出搜读地方志的两大原则:"第一原则是先读有大都会的地方的县志。……第二个原则是分工的办法。分工最好以本省人读本省的地方志。"②"食货"学派的另一成员鞠清远对地方志的读法做了更详细的解读。他指出应"(一)先读历史上重要经济都市的方志——以都市为中心。(二)先读在水路交通线附近的府县方志——以交通线为中心。(三)先读历代重要工业或矿业区域的府县方志——以工业矿业为中心"。此外,不要忽略了各志书的《杂录》与《金石录》、驿站、水路交通、《物产》、《贡赋》、寺院、庙会、市、集会、水利事业及桥梁建设等。③ "食货"学派搜读地方志的实践活动,极大地拓宽了经济史研究的资料范围,积极推进了社会经济史研究的发展。

陶希圣与"食货"学派成员在搜读地方志的同时也注意到地方志中经济史料的客观性问题。陶希圣指出:"我们知道地方志原本是当地稍有史地知识的文人,或稍有名望的文人的作品。他们作地方志并不先做社会调查。

---

① 鞠清远:《中国经济史料丛编·唐代篇之四·唐代之交通》,国立北京大学出版组,1937 年,附页。

② 陶希圣:《搜读地方志的提议》,《食货》1935 年第 1 卷第 2 期。

③ 鞠清远:《地方志的读法》,《食货》1935 年第 1 卷第 2 期。

地方志因此也并不是全部都是原始的材料;纂修的人仍然从通志通考各种地理志各种地理书以及本地名人文集大抄一回。"①连士升也认为:"中国历史上数字的记载极少,即有也很笼统。所存的记录又随史家主观的观察,变成了事实的断片的解说的阴隐。"②"不过:要知道(一)转手的材料固然一条一条的说起,没有价值,但方志是研究一地的历史的最方便的书;因为他总算是抄许多书里关于一地的记述的。(二)人口食货等项不少原始的记录,这些都是从功令档案里开的。尤其纂修者讲到一地的风习,或财政经济制度利弊的文字,把这些都弄的很清楚。"③虽然地方志中的史料受主观因素的影响与历史真实有一定的差距,但仍不失史料价值。

陶希圣搜读地方志的提议在学界产生了强烈的学术共鸣。王沅称:"读过了《食货》第二期,你的《搜读地方志的提议》,和我的意见差不多。"④陈啸江也言:"先生计划于方志中寻材料,极佳,甚望早日实现为盼。"⑤杜若遗则评价:"鞠清远、陶希圣两先生发起评读地方志,这是很要紧的一个提议。中国各地的地方志中,原是含有许多政治、经济、文化材料,其重要性非但不在二十四史之下,在经济资料方面,还在二十四史之上,现在倘加以搜读,一定会有许多发现的。"⑥

此外,学界同仁通过交流切磋,为"食货"学派进一步推进史料的收集整理工作提供了许多建议。中央研究院社会科学研究所汤象龙认为"我们目前的责任最重要的仍是搜集资料",并指出除地方志外研究中国经济史的人不可不涉猎的三种史料:其一是明清两代中央政府的档案;其二是各地方政府的卷宗档册;其三是各种账簿。其中明清两代中央政府的档案是近代以来新发现的史料之一,其对财政经济制度、流程等社会经济活动都有翔实的记载。"据本所五年来不断努力整理的结果,我们发现的财政经济资料不下十数万件,这些都是研究经济史所最需要的资料。"⑦汤象龙将账簿作为经济史料介绍给同仁是极负学术前瞻性的表现。如农民的流水账、店铺的生意账、公司的营业账,都可以真实地反映出不同时期不同区域的社会经济生活

①　陶希圣:《搜读地方志的提议》,《食货》1935 年第 1 卷第 2 期。
②　连士升:《研究中国经济史的方法和资料》,《大公报·史地周刊》1936 年 10 月 9 日。
③　陶希圣:《搜读地方志的提议》,《食货》1935 年第 1 卷第 2 期。
④　王沅:《关于地方志》,《食货》1935 年第 2 卷第 1 期。
⑤　陈啸江:《二十五史文化史料搜集法》,《食货》1935 年第 1 卷第 5 期。
⑥　杜若遗:《介绍〈食货半月刊〉》,《文化建设》1935 年第 1 卷第 4 期。
⑦　汤象龙:《对于研究中国经济史的一点认识》,《食货》1935 年第 1 卷第 5 期。

状况。这类经济史料的收集整理都是对地方志的有益补充。继汤象龙之后，陈啸江也就二十五史文化史资料汇编凡例中经济史料之部分，以生产、流通、分配、消费四类分之，并在四大类下划分小项进行更细致的史料收集，如将生产又分为农业、屯田、垦荒等小项。① 吕振羽则致函《食货》，希望增加世界史料一栏。② 持教清华大学社会系，从事近代都市研究的吴景超则就鞠清远提出的地方志的三种读法进行了商榷，认为以都市为根据来进行分工更合理，并列出了十三个有关都市经济史料搜集的纲目。③ 还有王沉，指出地方志的范围应该扩大至县志甚至村镇乡志，而收集的内容不仅局限于都市、交通线和工业的，还可以将范围涵盖至人口、货币、社会组织等。④ 瞿兑之通过搜读地方志，对所看到的各地各时间段的地方志的特色及疏漏之处进行了分析，提醒学人注意。⑤ 瞿兑之是民国时期有名的方志学家，陶希圣对其评价颇高："在搜集材料的努力中，我佩服瞿兑之先生。他有很大的计划搜集地方志中的材料。他有很多的条目，可以供我们的研究的运用。他于今把宝贵的材料，一集一集的发表出来，可以算是中国社会史界的福音了。"⑥

在实际研究过程中，陶希圣在《食货》上陆续发表了大量以史料收集为主的《读史随笔》及《杂抄》类的文章，"《读史随笔》用意在把所得正史中材料收在一起，便于查用"⑦。此外。陶希圣在《食货》第4卷第5期特别刊发《唐户籍簿丛辑》专刊，刊布敦煌文书中的户籍资料。这是"食货"学派成员在搜集唐代经济史料的时候，对中日文书籍、杂志里辑录的敦煌户籍、丁籍史料的搜集整理。日本史学家池田温称："其内容比那波（利贞）氏录文并未增加多少，也没有直接从原本摘录，而是全文转引自己经刊行的文献，虽然缺乏独创的价值，但作为试图将籍帐资料汇集起来，提供一种便利的方式的先驱，并且完成了研究上一定的任务，这一点是不能否认的。"⑧在当时一般学者不易见到敦煌文献的情况下，《食货》特别刊发的《唐户籍簿丛辑》专刊，无

---

① 陈啸江：《二十五史文化史料搜集法》，《食货》1935年第1卷第5期。
② 吕振羽：《对本刊的批评与贡献》，《食货》1935年第1卷第8期。
③ 吴景超：《近代都市的研究法》，《食货》1935年第1卷第5期。
④ 王沉：《关于地方志》，《食货》1935年第2卷第1期。
⑤ 瞿兑之：《读方志琐记》，《食货》1935年第1卷第5期。
⑥ 瞿宣颖：《中国社会史料丛钞》甲集，上册陶序，商务印书馆1937年版。
⑦ 陶希圣：《编辑的话》，《食货》1935年第1卷第3期。
⑧ 池田温：《中国古代籍帐制度研究》，中华书局1984年版，第23页。

疑为研究者提供了极大的方便。

　　陶希圣及"食货"学派成员的史料搜集工作并没有把其他学者所建议的档案、文书等列为收集对象。虽然其他学人就档案、文书的经济史料价值与陶希圣进行过交流。但陶希圣认为："这没有物质能力的集合和刊物,还难有多方面的搜求",因此,"我计划较大规模的搜集宋以来的经济史料,仍没有把档案列在工作以内"。①此外,陶希圣也认识到："世界经济史知识之缺乏,是我们同所感觉的。……不过,我们所需要的世界经济史知识,以现下少数人的力量,还没法迅即提供。"②尽管如此,陶希圣倡导的搜集史料的学术趋向,及以此为基础取得的研究成果得到了学界的认同。

第三节　西方理论方法的引入

一、译介西方社会经济史研究的理论、成果

　　陶希圣与"食货"学派成员在强调史料的基础上并不忽视理论的重要性。陶希圣相信"以社会科学的理论与方法来研究中国经济社会史"的时代来临了,"要想对中国经济社会史精深研究,必须就外国的经济社会史得到精确的知识。在比较参佐之下,中国经济社会的现象的意义、特征及各种现象的相互关系,历史发达的必然法则,总能看得出来"③。

　　1935年2月,陶希圣拟订《食货学会本年六项工作草约》,罗列出几项经济史学人应注意的外国社会经济现象,如欧洲资本主义初发生发达时的各种现象;欧洲及日本等处的封建制度;封建制度初生时的现象;中古欧洲的东部,与商业经济同时存在的封建制度;教会及寺庙财产制;资本主义以前的帝国与资本主义发达时的殖民地侵略;殖民地经济组织的特征;半原始种族的经济社会组织。陶希圣希望通过学习、借鉴西方社会经济史研究理论及成果,为中国经济史研究提供工具,并为中西比较研究提供参照。

　　1935年6月,陶希圣在《经济史名著选译计划》中进一步指出："我们选译的标准,是要那名著的全部或一部,里面所叙述或讨论的具体现象(制度或思想或政策等),是研究中国经济社会史必需的比较或指示。……我们选

---

① 陶希圣:《编辑的话》,《食货》1935年第2卷第1期。
② 陶希圣:《编辑的话》,《食货》1935年第1卷第8期。
③ 陶希圣:《食货学会本年六项工作草约》,《食货》1935年第1卷第6期。

译,要有这样的标准:为了解析中国经济社会史最重要的关键,选译外国名著里社会经济过程可以拿来比较的类似的段落的研究。"希望通过中西比较研究解决中国经济社会史上的"筋节","只有把外国史上类似的现象拿来比较一下,总能在黑暗里得到一线的光明的指示"①。

连士升是"食货"学派成员中译介西方社会经济史理论与方法最多,且最具学术眼光的学人。他"担任各派经济史的方法论的介绍","正在翻译世界经济史几部名著"。② 连士升指出:"经济史是探讨过去的经济生活的问题,所以我们必须有经济理论的素养,使我们能够洞悉问题之所在,同时又能帮助我们解释经济史料。"③其他学者如鞠清远等也翻译了外国学者有关理论与方法的文章。

陶希圣及"食货"学派的西方社会经济史理论及成果的译介工作产生了以下三方面的学术意义:

第一,为中国史研究提供理论工具。

如桑巴德,柏林大学教授,连士升翻译他的《经济理论与经济史》一文,主旨阐明经济理论应与经济史研究相结合,即"史论合一说"。桑巴德指出:"没有理论就没有历史! 任何科学史的著述都以理论为先决条件。"仅以经济史料或理论为基础写就的著作都不能"很合理"地称为经济史著作。桑巴德认为当时的经济学家并没有给经济史研究者提供有用的经济理论。"经济理论家们所遗下来的缺陷,我曾想法弥补",这就是"经济制度"的观念,"它不但是抽象的形态,不但是思想,而且是具体的正确的史实"。"'经济制度'这个思想,及根据这思想而生的经济生活的理论,使我们对于经济史的研究,大有收效的希望。""理论和历史不是敌人。现在理论家们和史学家们应该知道,要产生有永久性的著述,只是由于二者的合作。"④

克拉判,剑桥大学首任经济史讲座教授,以研究方法精确重视事实而闻名于世。克拉判在连士升所译的《经济史的纪律》一文中明确表示:经济史的"方法的特点,大抵在于显著的数量的利益;因为这缘故,它应该变成史学里最精确的一个部门"。克拉判注重统计分析,但也认识到"至于制度组织和功用的研究,数量的方法就不能应用了"。克拉判提倡在经济史研究中采

① 陶希圣:《经济史名著选译计划》,《食货》1935 年第 2 卷第 1 期。
② 陶希圣:《编辑的话》,《食货》1935 年第 1 卷第 8 期。
③ 连士升:《研究中国经济史的方法和资料》,《大公报·史地周刊》1936 年 10 月 9 日。
④ 桑巴德:《经济理论与经济史》,《食货》1935 年第 1 卷第 8 期。

用跨学科的研究方法,"驾驭古代、中古、近古的经济史文件所需要的训练……就是要研究某时代某国家的情形,必须懂得有关系的语言学、金石学、古文字学的智识"①。克拉判反对西方教授们将经济史分为各时期进行研究,"这种分阶段的计划是很危险的",它会隔断历史的连续性而使研究者忽略最具普遍意义的历史的共性。此外,他还对一些学者们以历史的概论来代替经济理论的做法敬而远之。在《论经济史的研究》一文中,克拉判对经济史学在西方的发展现状进行了扒梳,并对一些经济史学家及其作品进行了点评。经济史"是一种沟通史学和经济学的科学"。"我们的任务是要和一切善意的史学家,善意的经济学家合作,以达到致用的目的。"②

卫布思夫妇,英国工会运动权威,在《怎样研究社会事实》一文中充分肯定了分类和假设在社会科学研究中的重要作用。"没有分类,那种种色色的事实的描述都没有法子利用,而且也没有法子明了";而"假设也是一种有价值的必要的工具","假如没有假设作指导,我们就不知道要观察什么,要找什么,或者要做什么试验"。卫布思夫妇特别指出"定义不能当做思想的基础,它只能指出研究的途径",提醒学人"不应该把定义、分类或综合看得很严重"。③ 作者还根据自身经历分析"问卷"调查法的弱点和局限。许冠三指出:"这篇劝人从事实出发由小处入手的深入浅出的文字,极可能是三十年代中文书刊所见的最切用的社会研究方法论。"④

格拉斯,哈佛大学商业史教授,他的《经济史的兴起》一文,通过对英美两国的经济史学发展历程的考察,讨论经济史兴起的重要意义。美国与欧洲都经历了先商业史,次经济史,最后社会史的发展过程。格拉斯认为经济史"是人们由以得到生存的各种方式的故事。实在它是文化史的一部分,可以和政治、宗教、法律、文学史等相比较"。经济史有三个不同的层次,即经济现象的时间的连续性、进化的连续体、因果关系的连续体,经济史是由年代发展、因果关系来研究经济现象。经济史研究的进步,一方面要依持史料的扩展与分门专题的研究,一方面又需要理论与方法的修养,"应有一种智慧的训练,使创造性的想像与统计学的判证,并行起来"。格拉斯还提倡经济史学家应注重文采,使科学性与艺术性兼而有之:"我们最希望的,是拉丁

---

① 克拉判:《经济史的纪律》,《食货》1935年第2卷第2期。
② 克拉判:《论经济史的研究》,《食货》1935年第2卷第2期。
③ 卫布思夫妇:《怎样研究社会事实》《食货》1936年第3卷第6期。
④ 许冠三:《新史学九十年》,岳麓书社2003年版,第482页。

之着重'美'的观念,可以介绍到经济史的表现方面,这样,它能有更多的艺术性,而不至于减少科学性。"①

约克曼,多伦多大学教授,他在《经济史的重要性》一文中充分肯定了经济史研究中归纳法和演绎法是并行不悖的。"经济史纯粹的归纳法和演绎理论的演绎法都不能得到良好的结果,只有兼有两种方法才行。一个人最好要知道经济史学家所提出的事实,因为过去的事实能够给我们以教训,同时经济史家所发现的真相对于纠正理论经济学家抽象的演绎也很有用处。"归纳法和演绎法这两种研究方法对经济史研究有重大意义。"一个人如能彻底认识过去人类的努力和关系的广大范围,他一定觉得人生和进步的潮流会使他做一番有益的事业;不但如此,他会洞悉往古的真相,并且他所知道的不仅是经济上的事情。经济史不仅是史料,它是生活,在世的人都按照自己的思想行动的方式去做成经济史。"②

此外,在西方经济学理论方面,陶希圣非常推崇斯密·亚丹,他在《食货》第 2 卷第 12 期发起《〈原富〉出版 160 周年纪念征文启事》活动,并于《食货》第 3 卷第 3、4、7 期刊发"《原富》纪念论文",其中有"食货"学派成员撰写的《斯密·亚丹论中国》(连士升、陶希圣)、《论〈原富〉》[费(C. F. Fay)著,连士升译]等文。陶希圣认为:"斯密亚丹的《原富》是经济学的基础,同时也是经济史学的先锋。因为他娴熟历史,所以能产生彻底的理论,有了理论,更能进一步解释历史。"③在《斯密·亚丹论中国》一文中连士升、陶希圣对斯密·亚丹关于中国的看法进行了叙述,并在文末对斯密·亚丹的中国论发表了两点评论:一是 20 世纪的中国是由国家独占资本主义占经济的统治地位,自由主义已无法救助,只有社会主义是唯一的道路;二是斯密·亚丹的停滞论,虽痛切指出中国旧来的社会的一面,但不能代表全部。④《论〈原富〉》是剑桥大学经济史讲师费的著作,该文对斯密·亚丹进行详细介绍的同时,对《原富》的优缺点进行了分析。

第二,为中西比较研治中国社会经济史提供学术基础。

譬如:科窪流夫的《古代社会的经济》(陶希圣译),西摩勒尔的《由村落到都市的发达过程》《由城市经济到领域经济的发达(上)》(连士升译,陶希

---

① 格拉斯:《经济史的兴起》,《食货》1935 年第 2 卷第 3 期。
② 约克曼:《经济史的重要性》,《食货》1935 年第 2 卷第 12 期。
③ 《〈原富〉出版 160 周年纪念征文启事》,《食货》1935 年第 2 卷第 12 期。
④ 连士升、陶希圣:《斯密·亚丹论中国》,《食货》1936 年第 3 卷第 3 期。

圣校),格拉斯的《工业发达史》(一—九)(连士升译),都是西方经济史研究的重要著作。通过这些著作的译介,有利于国人加深对西方社会发展历程的了解,也为中西比较研究提供基础。

格拉斯对于经济史的三大部门——农业史、工业史、商业史——都有极大的贡献。连士升认为"作者最得意的著作,恐怕要算这部最晚出版的《工业发达史》"。"在这部名著里,作者见识的高超,学问的渊博,文字的简练,驾驭材料的能力,在供我们取法。"他把此书译成中文,"以就正于《食货》的编者和读者"①。格拉斯的《工业发达史》以工业强国英美为主,叙述世界工业发展史的各重要阶段。最早的阶段:为使用而制造。第二阶段:零售的手工业。第三阶段:独立状态下的大批手工业;最初的工业团体;行会和自由民;磨坊。第四阶段:集中制造的中央手工厂;英国的商业革命织物工业的工厂;新英格兰的工业革命;棉花的制造。连士升译格拉斯的《工业发达史》在《食货》上连载八期后并未译完。1939 年连士升将《工业发达史》一文进行补充整理,以《工业史》为名由长沙商务印书馆出版发行。补充的内容有欧美铁铜工业的革命、美国马萨诸塞的鞋业、化学工业、电气工业、一个美国工厂的历史、最近工业史上的发展概况、工业上的政府帮助和其他要素、现代工业上的团体雇主和工人、工业的艺术、现时的大规模和小规模的工业。连士升翻译格拉斯的《工业发达史》为当时的学界展示了西方工业发展的历史,为国人考察中国工业发展的过程提供参照物。

陶希圣翻译的《古代社会的经济》一文源自科滢流夫、涅克庐梭夫、老特尼加斯、斯来而屠夫四人合著的《先资本主义的构成史概论》。陶希圣译出这篇的意思,"是想我们大家洗涤这样的成见,如以奴隶的数量为奴隶社会的决定条件,又如封建社会必须有奴隶社会先行,等等"。"这篇小文章的用意就是要阐明希腊罗马奴隶所有人社会的经济。我们先说明奴隶制发达的各种原因,次简单记述希腊罗马的经济生活,依基本的项目来叙述——工业及农业的奴隶劳动,商业及商业资本、货币资本。这篇小论文以奴隶所有人的生产样式的没落及向于封建的生产样式的移转的原因之阐明为终结。"②

西摩勒尔(连士升译、陶希圣校)的《由村落到都市的发达过程》《由城市经济到领域经济的发达(上)》都节选自西摩勒尔的《重商主义》一书。《由村落到都市的发达过程》一文指出:"我们所见到的中古情形,是都市和地方的

---

① 格拉斯:《工业发达史》,连士升译,《食货》1936 年第 3 卷第 9 期。

② 科滢流夫:《古代社会的经济》,陶希圣译,《食货》1935 年第 2 卷第 3 期。

经济中心,它们的整个经济生活是在这儿——地方的各种利益一时得到协调,共同的地方利益生出一致的情感和思想;而都市的当局则采取完全的保护政策来代表这些情感;自然政策也随时变更,这是按照地方市场的条例,或某种工商业的繁荣是否当务之急的情形而定。"①《由城市经济到领域经济的发达(上)》一文描述:"都市联盟(town-lengnes)凌驾诸侯及乡村居民之上,对于附近的乡村还是采取旧时自私的政策:它的目的在于满足商业上某种远大的利益和需要;不过这种企图不能有久远的成功。较大的城市占领村落、家庭、领地和乡村的镇市,打算把自己扩大为有领土的国家。"②

这些论著都是描述西方社会发展历程的优秀作品,为学者研究中国社会经济史提供了良好借鉴。

第三,作为中国社会经济史研究的直接参照。

"食货"学派也着手外国学者研究中国社会经济史论文的译介工作,这些译介成果可以作为中国社会经济史研究的直接参照。如陶希圣翻译重松俊章的《初期的白莲教会》、何兹全翻译的道端良秀的《唐代寺院的统制组织》等。陶希圣撰写的《元代弥勒白莲教会的暴动》一文即受重松俊章的影响。陶希圣指出:"重松俊章教授论《初期的白莲教会》时,说白莲教是火宅僧。在元代,不独白莲僧,凡是'有媳妇的和尚'一律没有免税的特权。所以这些异端宗门信徒,又多受一层限制。"③受重松俊章的启发,陶希圣就元代的弥勒白莲教会的暴动进行了考察。

综上所述,陶希圣及"食货"学派成员对西方经济学理论及研究成果的译介范围较广,涵盖了当时许多知名经济史学家的著作。在此需指出,"食货"学派对马克思主义理论的译介工作涉猎较少,这从侧面反映出"食货"学派在史学思想上只是接近或倾向于唯物史观,他们对其他西方经济学家的理论也很有兴趣。简言之,"食货"学派对西方社会经济史研究的理论、方法和成果的译介对提升中国经济史研究的水准起到了巨大的推动作用。"食货"学派倡导史料与理论相结合的学术旨趣对中国经济史研究的走向起到了一定的引导作用。吕振羽称:"我认为您(陶希圣)把方法论的探讨与史料的搜集作为均等的重要的意见,是完全正确而必要的。"④

---

①　西摩勒尔:《由村落到都市的发达过程》,《食货》1935 年第 2 卷第 10 期。

②　西摩勒尔:《由城市经济到领域经济的发达(上)》,《食货》1935 年第 3 卷第 1 期。

③　陶希圣:《元代弥勒白莲教会的暴动》,《食货》1935 年第 1 卷第 4 期。

④　吕振羽:《对本刊的批评与贡献》,《食货》1935 年第 1 卷第 8 期。

二、西方经济史研究方法的推介

吴承明指出经济史所用方法可分三大类或三层次。一是世界观意义的方法,它是从整体上指导我们研究的思维工具。二是认识论意义的方法,它是解释、推理、求证的思维工具。三是专业和技术研究方法,如计量学方法、比较研究法等。[①] 20 世纪初,受西方史学的影响,中国学术界推出了一批以西方史学研究方法为基础的探讨中国史学方法的论著,其内容涉及史料的演绎、归纳、推理等逻辑方法及比较研究法、数量统计法等。这些学术成果的问世为"食货"学派的史学研究提供借鉴。"食货"学派将西方的史学方法运用到中国社会经济史研究中,即推动了西方史学方法的传播,又积极推动了中国经济史研究的发展。

（一）统计方法

梁启超是较早将统计学方法引入中国史学研究的学者之一。他指出:"历史统计学,是用统计的法则,拿数目字来整理史料推论史绩。"[②] 20 世纪二三十年代,随着中国社会经济史研究的兴起,"食货"学派也开始将统计的方法运用到经济史研究中。1929 年,陶希圣在《中国社会之史的分析》一书中指出中国社会史研究的方法有三种,其中第三种是统计法,"在一群现象中,发现一定特征以如何次数实现及以如何程度实现之量的研究,叫统计方法。不过,中国的数字的记录在历史上非常缺乏,便有也靠不住,即如人口的官厅报告大抵不甚正确,因为清朝以前,赋税是按人口抽收,多以匿报是原则的情形。近百年来,统计的记录较多,但正确的还是很少"[③]。

虽然如此,陶希圣在实际研究过程中仍积极运用统计方法进行分析研究,如《明代王府庄田之一例——晋政辑要里抄下来的数字》《盛唐户口较多的州郡》《宋代的各种暴动》三文都是依据史书中的数据,采用表格的形式,通过计量分析的方法得出结论。陶希圣在《明代王府庄田之一例——晋政辑要里抄下来的数字》一文中,依据《晋政辑要》一书,对明代王府庄田的分布区域、纳税地、更名地进行数字统计,并制成长表格。陶希圣指出:"表虽然是枯燥的,但我们从中可以看出一些意义来:第一,王府庄田是分散在各县的。第二,各县的庄田多少不一定。第三,大约可以说,庄田最多的处所,

---

① 吴承明:《经济史:历史观与方法论》,上海财经大学出版社 2006 年版,第 180 页。
② 梁启超:《历史统计法》,《史地学报》1923 年第 2 卷第 2 期。
③ 陶希圣:《中国社会之史的分析》绪论,新生命书局 1929 年版。

是田地较好的处所。第四,边疆上,大同是要塞,又是繁华场所,庄田一千多顷。最后,繁荣市区及肥沃农区大抵受庄田盘踞。庄田总数占纳税田数,以全省计,约四十分之一强。"①《盛唐户口较多的州郡》一文是以《新唐书·地理志》的记载,对唐天宝时期户口较多的州郡,以户口数目为等级标准,制成七万户五十万口以上的州郡和四万户十万口以上的州郡两个统计表,进行数字分析。陶希圣认为:"《新唐书·地理志》记载的州郡户口,是根据天宝时调查的。在括户运用下,这些数目最近与当时实在的人口数目。从这些数目里,我们可以找出各种意义来。"陶希圣通过计量分析,认为唐代天宝时期的宋州、睢阳是河淮之间的农业平原的交通中心,户口繁盛,均在十万户之上,从中可以知道为什么当时这些地方能抵抗安禄山的军队而保存淮河流域以南的半壁江山。②《宋代的各种暴动》一文在嘉定以后的各地暴动军一节中,列有各地暴动军的活动情况的表格,很清晰地反映出各地暴动军的特征。③ 陶希圣使用数据统计方法研治中国史,增强了论文的说服力。

　　"食货"学派的其他学者如鞠清远也积极运用统计方法进行学术研究。鞠清远在《元代系官匠户研究》一文中的第五节"官匠户数目的估计"中就认为"元代系官工匠,究竟有多少,是一个很难研究的问题。《元史·百官志》中,记述的数字,很不完备,且有时有错误"。"我(鞠清远)想最好,是利用元代匠官品级与所管匠户数目的关系。将《元史百官志》中之局院名称及匠官品级,与《元典章》卷七职品之各局匠官品级做一比较,然后统计各品级的局院有多少,最后按照官品与匠户的关系,来估计一下,所得出的数字,或者还可靠一点。"鞠清远将元史中各局院分列六表:工部属下之局院、将作院属下局院、大都留守司属下局院、武备寺属下局院、徽政院储政院等属局、《元典章》有《元史》所无之局院,根据所列各局院匠官品级考察其与匠户户数的关系,并依据推论得出元代的系官匠户数,应在二三十万之间,即令有全家入局,户出二丁,或有带徒弟的,恐人数亦不过四十万人。④ 鞠清远运用统计分析方法的态度是审慎的。如他指出:"属于捕打鹰房人匠等总管府的匠户,既多无数目,又无匠官官品,《元典章》中亦无此类匠官品级,则暂从略,但估

---

① 陶希圣:《明代王府庄田之一例——晋政辑要里抄下来的数字》,《食货》1935年第2卷第7期。

② 陶希圣:《盛唐户口较多的州郡》,《食货》1935年第2卷第10期。

③ 陶希圣:《宋代的各种暴动》,《中山文化教育馆季刊》1934年第1卷第2期。

④ 鞠清远:《元代系官匠户研究》,《食货》1935年第1卷第9期。

计时,仍不遗漏这类匠户。"①这样得出的结论是让人信服的。连士升主要通过翻译克拉判的《经济史的纪律》一文论述统计方法的重要性与必要性。陶希圣称:"克拉判的经济史方法论,最使我们感兴趣的,便是他对于数目字在经济史研究上地位的估价。"②

"食货"学派不是当时唯一使用统计方法从事社会经济史研究的学人,学界的其他学术团体或学者也认识到计量分析方法在经济史研究中的重要性。如1934年中国创刊较早的经济史学刊物《中国近代经济史研究集刊》,其《发刊词》中特别指出统计方法在经济史学研究中的重要性,"研究经济史需要的资料特别是注意关于量的方面。一般的特殊历史所用的资料只要得到叙述的记载,便可认为满意;实在说,有许多的历史事实如国际的关系,制度的改革,思想的变迁不能用量的方法计量的,也不能用量的方法表示的,独有经济事实是具体的可以用量计的,如财富,生产,消费,户口,租税,都可以一定的单位与一定的数目表出,所以经济史所运用的材料必求精确的记载"③。

统计的方法确实能够使社会经济史研究达到学者所要求的对于社会经济形态的精准的认识,以填补仅靠史料考据、阐释而带来的说服力不强的缺陷。但是要做到科学地使用统计方法研治历史学仍存在诸多困难,尤其是"经济史所运用的材料必求精确的记载"④。如陈啸江所言:"用统计方法来研究历史,虽然有人提倡,不然(过)彻底实行起来却很少。固然西汉社会,离今已远,材料未充,在实施统计工作上,有许多困难。"⑤陶希圣在《盛唐户口较多的州郡》一文中称:"我在这表里没看见扬州和广州。还有海港的所在地如温州、台州、明州、登州,都不在这表里。我们假定四万户做标准,作第二表。"⑥以假定数据作表使结论的准确性受一定影响,这也表明对古代经济数据的统计存在诸多困难。

运用统计方法研究历史,自有其长处,但也不是放之四海而皆准的普遍法则,它也存在学科局限性。陶希圣称:"论道统计。统计的功用很广,许多

---

① 鞠清远:《元代系官匠户研究》,《食货》1935年第1卷第9期。

② 陶希圣:《编辑的话》,《食货》1935年第2卷第1期。

③ 《发刊词》,《中国近代经济史研究集刊》1932年第1卷第1期。

④ 《发刊词》,《中国近代经济史研究集刊》1932年第1卷第1期。

⑤ 陈啸江:《西汉社会经济研究序》,《文史学研究所月刊》1935年第2卷第3、4期合刊。

⑥ 陶希圣:《盛唐户口较多的州郡》,《食货》1935年第2卷第10期。

现象都可用统计数字来代表。""但是须要注意有的现象固然可以用数字表现,同时更有许多重要的事实不能用数字来表现,那就是社会现象间的具体关系。单看数字我们没法了解这种具体的关系,而且不了解中国具体的关系,单看统计的数字是没有意义的。如果了解了这种具体的关系,但是不了解统计表的本身,更要紧是了解了统计表所指示的意义了。因此,单靠统计的数字无论如何是不够的,明白数字与数字中间的关系和连锁,才能求得社会现象的真相。"①

（二）比较方法

在社会经济史研究中,比较研究方法也是一种行之有效的研究方法。如探讨社会经济形态的演变,就需要通过各个不同时期社会经济形态的比较分析来探寻演化的轨迹。陶希圣称:"各种变动有悠久的来源,由微至显——每个大变动都是由长期的小变动累积而成的。""凡物发展至最高阶段必起变化而渐渐衰落。大变化的发生,乃社会各部间彼此影响的必然结果。一方发生变化,影响他方,而产生变迁。大变动之后,继续的小变动,仍是难免的现象。"②这种变化就需要比较分析才能显现出来。

鞠清远是"食货"学派成员中运用比较研究方法较为娴熟的学者之一。他的《唐宋元寺领庄园研究》《皇庄起源论》《唐宋官私工业》等论著都是运用比较研究法,追根溯源,探讨社会经济制度的演变轨迹。《唐宋元寺领庄园研究》一文通过对比唐、宋、元三个朝代庄园经济的不同形态,考察庄园经济的演变轨迹。《皇庄起源论》一文先从明代的皇庄讲起,上延至宋代的宫田与财赋总管府,金代的宫籍与监户,两宋的御庄、奉宸庄、后妃庄田及标充御前的庄田,五代的官庄与后宫田产,唐代的宫与内庄宅使,北魏之太子田园与宗资稻田,两汉的少府水衡田产,及至春秋时代的公室,最后得出结论"皇庄的起源至少应是春秋时代的公室"③。《唐宋官私工业》一书也通过比较研究指出唐宋官私工业中各项内容的不同点和演变过程都有渊源可寻,元代之官私工业实乃唐宋官私工业之延续演变。

其他学者例如武仙卿的《魏晋时期社会经济的转变》一文通过对秦汉时期、魏晋时期、南北朝时期的社会组织的比较分析,"很明显的看到秦汉奴隶

① 陶希圣:《中国社会史经济史研究的方法》,《晨报·社会研究周刊》1934 年 11 月 14 日。

② 陶希圣讲、贾文黉记:《研究中国社会史的方法和观点》,《益世报·社会研究复刊》1936 年 12 月 9 日。

③ 鞠清远:《皇庄起源论》,《中国经济》1934 年第 2 卷第 7 期。

社会已经解体,新的社会制度——封建社会正在演进。魏及西晋就是这个新社会制度的发端;五胡时期,东晋及南北朝就是这个新社会制度的典型时期[①]。陶希圣的《十一至十四世纪的各种婚姻制度——读宋辽金元史之余》一文通过对各种婚姻制度的比较分析,探寻不同婚姻制度产生、发展以及没落的发展轨迹。"食货"学派在运用比较研究方法探讨经济形态、经济制度的发展历程中大多上溯其渊源,下延至其没落,力求从整体上对某一社会活动进行深入、细致的研究,这对经济史研究的发展是有益的。

此外,"食货"学派成员还热衷于中西比较研究。他们译介西方社会经济史研究理论及成果的重要学术意义之一就是为中西比较研究提供条件。如前所述,"食货"学派成员中除连士升着重西方理论的翻译工作外,其他学者则较多侧重于通过中西社会形态的比较分析来研治中国社会经济史。陶希圣称:"中国社会经济在历史上发展的情形,与欧洲社会发展的过程可比较的地方很多,不但大纲目可以比较,就是小纲目也可比较的。我们看出无论是哪个社会,有相似的环境和条件就能产生相似的结果。""要想对中国社会经济史精深研究,必须就外国的经济社会史得到精确的知识。在比较参佐之下,中国经济社会史的现象的意义、特征及各种现象的相互关系,历史发达的必然法则,才能看得出来。"[②]何兹全在《中古时代之中国佛教寺院》一文中指出:"在性质上,中古中国之佛教寺院与中古西欧之基督教会是完全相同的。两者都于宗教的组织外成功为一个政治的社会的经济的组织,都是占有大人口及大土地的庄园领主;所不同的只是在政治上成功的大小差异。西欧中古的教会在政治上发展到最高点,教会凌驾俗界君主权势之上,作了人间的最高统治者。而中国中古时代的寺院,在政治权势上永没有超越俗界君主。""但西欧中古教会以在政治上的成功而被人注意。讲欧洲中古史谁能不讲教会?谁能不讲教皇?谁能不讲官政教冲突?谁能不讲宗教改革?而和它有同样性质,走同一路线发展,在中国中古史上占极重要地位的佛教寺院,却一向被人忽视,忽视了一千多年没人提。"[③]武仙卿在《魏晋时期社会经济的转变》一文中参照西欧庄园的社会组织对魏晋时期的庄园组织进行比较分析,认为"流亡与贫弱的依托,造出多数的农奴,又于此处指出豪强的屯聚,形成领主的庄园,所以封建社会的庄园与阶级组织,遂形完成,

---

① 武仙卿:《魏晋时期社会经济的转变》,《食货》1935年第1卷第2期。
② 陶希圣:《中国社会史经济史研究的方法》,《晨报·社会研究周刊》1934年11月14日。
③ 何兹全:《中古时代之中国佛教寺院》,《中国经济》1934年第2卷第9期。

这就是中世纪封建制度的到来"①。

"食货"学派的中西比较研究加深了学界对社会经济史问题的认识。但我们也应注意到"食货"学派的中西比较研究带有西方中心论的痕迹。比较史学起源于西方,西方学者大多为要寻找各国或地区历史发展的共同性,企图得出普遍的或规律性的概念,他们所研究的又多半是欧洲建立民族国家和实现工业化、成为世界经济中心的历史。那么"食货"学派的中西比较研究多半参照西方的社会发展模式来比附中国的发展进程。就如吴承明所言:"'五四运动'后,倡导民主与科学,渐有一些中西、中日比较的研究,多属于专业课题,而方法上常有欧洲中心论的色彩。"②

虽然陶希圣早已提出:"不能因袭欧洲学者解剖社会所得的结论而漫加演绎。须知各种不同的社会形式,各有不同的社会法则。"③有学者认为陶希圣在 1935 年出版的《中国政治思想史》一书中,没有按照马克思唯物史观社会形态的分期法,而是把中国历史分为神权时代(殷商)、贵族统治时代(西周春秋)、王权时代(战国至清末)和民国时代,是"基于对中国历史自身发展特点的考虑,想摆脱用原始社会、奴隶社会、封建社会等抽象名词概念来区分中国社会形态的一种划分方法"④。这一方面是陶希圣为摆脱公式主义而做的努力,另一方面也是陶希圣"接近唯物史观,却不是唯物史观"的一种表现。尽管如此,在中国社会经济史研究的起步阶段,"食货"学派的比较研究还是为推进经济史学研究的纵深发展做出了积极的贡献。

(三)社会调查

陶希圣非常重视现实与历史的关联性。他指出:"明了过去社会如何发展,可以明了现代的社会如何发展,反之,看清了现代的社会,也可以推知历史上的社会。如果对于现代社会不了解,即对于历史的认识是死的;反之,如果对于历史不了解,则现代也是死的。必须了解历史,更能洞察现代,才能相互参照,才有意义。……对于现代社会认知越透彻,对于历史的了解也愈深刻。时代的变化能帮助我们了解历史,正如了解历史,能帮助了解现代的社会一样,所以总起来说,过去社会经济史的研究与现代社会经济史的研

① 武仙卿:《魏晋时期社会经济的转变》,《食货》1934 年第 1 卷第 2 期。
② 吴承明:《经济史:历史观与方法论》,上海财经大学出版社 2006 年版,第 275 页。
③ 陶希圣:《中国社会与中国革命》绪论,新生命书局 1929 年版,第 3 页。
④ 苏永明:《"食货派"史学研究》,南开大学 2008 年博士学位论文。

究是相互为用的。"①为此,陶希圣非常重视社会分析与社会调查。

陶希圣在《食货》上发表《鲁游追记》一文,对自己游历的济南及其附近地区的社会经济状况做了考察。陶希圣对当地村庄李庄的田亩、人口数、农家经营的副业、佃户对地主的负担、家族制度、寺庙等情况予以关注,并指出社会调查"是多少社会改良家苦做了一辈子,也看不透的"②。稍后,陶希圣在《编辑的话》中发出社会调查的号召:"希望大家,回乡的作本乡的经济史调查。"③读者王兴瑞积极响应这一号召,对家乡广东某一村庄的农业经济、土地分配、村民生活与外汇、宗法组织及其崩溃、贱民阶级(奴隶阶级)等情况做了调查,撰成《广东一个农村现阶段的经济社会》一文。他认同陶希圣的观点,指出:"现实的农村经济社会的调查,不仅在理解现阶段中国经济社会上有重要的意义,进而对于中国社会发展史之探讨,其效用亦不亚于书本上的搜集。"④

社会调查对研究中国社会经济史有着重要的学术意义。这一时期,陈翰笙等人组织的长江、黄河和珠江流域的社会调查研究,培养了一批经济史学界的杰出学者,如狄超白、钱俊瑞、孙冶方、薛暮桥、骆耕漠、千家驹等。陶希圣等"食货"学派成员对社会调查的重视也符合学术潮流的发展趋势。

综上所述,陶希圣及"食货"学派成员运用统计、比较及社会调查等研究方法研治中国史,积极推动了中国经济史学科的发展。

第四节　社会经济史专题研究

在社会史论战期间,学者的社会经济史论著大都存在时间跨度较长、论证简单的弊病。陶希圣针对这种弊病指出:"一部中国社会经济通史不是一篇论文能够说尽的。凡是用一篇论文从古到今说尽的,你只能把他当做一种见解,不可当做结论。"⑤在"食货"学派的学术研究中,通论性的论著不多,大都是对某一时代、某一专题的深入研究。正如鞠清远所言:"社会史论战

---

①　陶希圣:《中国社会史经济史研究的方法》,《晨报·社会研究周刊》1934 年 11 月 14 日。
②　陶希圣:《鲁游追记》,《食货》1935 年第 2 卷第 1 期。
③　陶希圣:《编辑的话》,《食货》1935 年第 2 卷第 2 期。
④　王兴瑞:《广东一个农村现阶段的经济社会》,《食货》1935 年第 3 卷第 2 期。
⑤　陶希圣:《编辑的话》,《食货》1934 年第 1 卷第 2 期。

的结果,除去呈现出一些外国理论的差别,和对于中国社会史的轮廓的个别见解以外,使人对于实际的、各个时代的,个别问题的实况,仍然不能明白。我们知道,要明了中国社会史的全体,必须先明了各个时代的各个问题的真相。由时代的各个问题的综合研究,方能描画某时代的真面目。由相连的几个时代的特殊问题的比较研究,方能明了某一特殊总的进化的实况。明了各个特殊总的演化的真象以后,方能估定两个,或几个相连的时代的真价值。本着上述信念,使我们注意到特殊问题。"①"食货"学派对社会经济史的"特殊问题",如土地制度、赋税制度、寺院经济、身份制度等多个研究领域的专题研究,做了大量开拓性工作,形成了一系列有影响力的研究成果。

一、土地制度

土地制度研究在中国社会经济史研究中占有重要地位,它是社会经济生活的重要组成部分,要了解当时的社会形态,就必须对土地制度、土地占有关系有深刻解读。"食货"学派对土地制度的研究着力较多。

(一)对井田制的探讨

20世纪20年代,胡适与胡汉民、廖仲恺在井田制的有无上展开辩论。胡汉民指出井田是一个计口授田,土地公有的共产制度。胡适则根本否认井田制的存在,他认为只有井田论,没有井田制。有学者认为20年代有关井田制的辩论不仅仅是学术争论,它代表着唯物史观派与史料派的初次交锋,辩论根源于治史理念上的歧异。② 这场辩论使井田制成为学界关注的一个课题。受其影响,陶希圣在1929年出版的《中国社会之史的分析》一书中指出,春秋战国时期是商业资本发达、土地私有制度完成的时期。儒家反对商业的发达和土地的私有,而主张井田制。井田制度的精神是整个的贵族阶级剥削整个的庶人阶级,而使庶人不得据有土地以树立其经济基础。井田制度不是土地私有制而是土地的阶级独占制。③ 陶希圣也对井田制进行了学术探索。

"食货"学派的另一位学者曾謇在1935年发表的《西周时代的生产概况》一文中指出:"藉田制是中国古代真正存在过的田制,而那尽人皆知的井

---

① 鞠清远:《唐宋官私工业》,新生命书局1934年版,第1—2页。

② 陈峰:《1920年井田制辩论:唯物史观派与史料派的初次交锋》,《文史哲》2003年第3期。

③ 陶希圣:《中国社会之史的分析》,新生命书局1929年版,第23页。

田制,只是战国时孟子一般人对土地分配的一种主张,这种主张在战国以前,是绝对不能发生的,因为以前是行的耦耕制,每一个农夫,不能私有一件工具,所以纵然领有百亩的土地,他也没法耕种。""古代的藉田,实际是一块共耕的农场,这种共耕的农场,最初是为氏族所公有,其后家族从氏族中发生,于是氏族共有的耕地分解为家族共有。在殷商的时代,还是氏族共产社会的时代,当时已经有氏族共耕的农场,大抵已是叫做藉田。"①

　　"食货"学派成员陶希圣与曾謇在井田制有无这一问题上有不同看法。陶希圣认为井田制是存在的且是一种土地的阶级独占制,曾謇则否认井田制的存在,认为井田制只是一种主张并未真正实行过,在西周实行的是藉田制的土地共产制。现代学人通过对井田制的细致研究,对井田制的内容、性质等问题有了更深入的认识。现代学人金景芳指出:"井田制的特点是把土地分配给单个家庭并定期实行重新分配。亦即直接生产者对土地只有私人的和共同的占有权和使用权,而没有私有土地的所有权。"②陶希圣认为井田制是一种土地的阶级独占制的观点有可商榷之处。此外,金景芳还指出:"藉田是一种礼节性的、象征性的东西。既不能根据它说当时的统治阶级真的参加农业生产劳动,也不能认为当时的天子、诸侯只靠这项收入来过活。""总之,藉田只是一种礼节,把宣王即位不藉千亩,理解为'废弃公田制',或者说'宣王即位,不藉千亩,这是井田制在王内部开始崩溃的标志,它将预示着奴隶制的危机已经到来',都是不正确的理解,是不能成立的。"③由此,曾謇关于"西周实行的是藉田制的土地共产制"的观点还可商榷。正如今人学者林甘泉等人总结的:"解放后关于井田制问题的研究和讨论,比起解放前来显然是深入多了。多数史学工作者倾向于肯定中国古代存在过井田制,并且把它和公社土地所有制联系起来,我们认为这是讨论中的一个重大收获。但是,关于井田制的内容、性质和实施范围等问题,还不能说已经解决了。"④

　　(二)对魏晋至隋唐时期屯田占田制、均田制的研究

　　"食货"学派对魏晋至隋唐时期的土地制度,尤其对隋唐时期的均田制

---

① 曾謇:《西周时代的生产概况》,《食货》1935 年第 1 卷第 7 期。

② 金景芳:《论井田制度》,齐鲁书社 1982 年版,第 81 页。

③ 金景芳:《论井田制度》,齐鲁书社 1982 年版,第 54—56 页。

④ 林甘泉、田人隆、李祖德:《中国古代史分期讨论五十年》,上海人民出版社 1982 年版,第 275—276 页。

有深入研究，并对后来的中古经济史研究产生了深远影响。

"食货"学派指出隋唐时期的均田制可上溯至魏晋时期的屯田占田制，这是一种国有的土地制度，把屯田占田制视为奴隶制生产方法的观点是错误的。

"食货"学派成员鞠清远指出："综括观察曹魏的屯田，可以分为两类。一种是边疆上的屯田，一种是内地的屯田。""边疆上的屯田，不能不选择军事重要的地方，或是进兵攻伐所必经的路线，同时，也是出征军依以馈饷的根据地。""内地的屯田则多数是选择水利较方便，土地较肥沃的地点。""掌管屯田的官，最高级别的，是典农中郎将，其次是典农校尉，及典农都尉。典农校尉或都尉，亦可称为屯田都尉，或校尉。"在品秩上，中郎将是二千石，典农校尉是比二千石，典农都尉是六百石或四百石。此外，军屯与民屯的屯田官是不一样的。"实际上指挥诸军屯田的，应是各军将吏，或农官。"在民屯中"据晋屯田法推测，每屯应有一司马。每屯屯田夫，应为五十。军屯中则五里置一营，营六十人。这些军屯，多数是在边疆上"。"屯田的人们，在军屯中，是军士，这些人，是在战守之暇，或春秋轮番种田的。在民屯中，则不是这样。民屯中的耕夫，晋时称为田卒，在曹魏时代，不称之为百姓，典农部民，即称之为屯田客。屯田客一种，指明他们的性质。""屯田客，在初期招集时，往往是强制的迁徙，所以人民恋本，多不乐屯田，时有逃亡，嗣即改为招募。许多人，怀疑屯田的人们，是奴隶，或半奴隶，实际上，是错误的，当时是召募良民为屯田客，或开水田，募贫民佃作的，他们只是国家的佃客。""魏时，屯田客提供于国家的佃租额"，"魏时屯田客的收获物分配制度，据晋人的记述，持官牛者，官六民四，持私牛者与官中分"。① 曾謇也称魏晋时"实际的屯田与占田并不是'奴隶主的屯田与占田'"，"耕种屯田的大抵分为军民两种，这都是自由民与小农，其次就是较自由民身份稍为低贱一点的客来充耕作，大多以招募的方法行之。管理屯田的政治组织与官吏，是由典农中郎将，典农校尉，典农都尉以至于度支中郎将，这种组织是相当于郡县的，所以至咸熙元年诏罢屯田官以均政役之后，屯田的特殊组织，变成了普通的郡县组织"。②

食货派成员从土地劳动者与土地所有者之间的社会关系上考察魏晋时期的社会性质，具有极高的学术前瞻性。关于魏晋时期的屯田制，现代学人

---

① 鞠清远：《曹魏的屯田》，《食货》1936 年第 3 卷第 3 期。
② 曾謇：《永嘉前后的社会》（上），《益世报·食货周刊》1937 年 4 月 6 日。

已进行了深入探讨,如学者高敏指出:曹魏军屯与民屯的土地,都属于国家所有。军屯的产品,全部归所属军队所有。民屯是以单个家庭的形式进行个体生产。当权者把国有土地分配给每个屯田民耕种,然后向屯田民按产量的比例课取地租。因此,按剥削的方式而言,属于租佃制的类型。曹魏的民屯制度,是封建国家用军事组织形式把流民编制起来并强迫他们去佃种国有土地的制度,屯田民实质上是国家佃农。[①] 高敏在魏晋南北朝经济史研究中的部分观点与"食货"学派的观点有相同之处,"食货"学派在 20 世纪 30年代提出的这一观点,受到现代学人的认同。

当然,在中国社会经济史研究发展的初期阶段,"食货"学派的部分学术观点也存在不足之处。"食货"学派对屯田制下劳动者身份的研究有可商榷之处。如上所述,"食货"学派认为"耕种屯田的大抵分为军民两种,这都是自由民与小农,其次就是较自由民身份稍为低贱一点的客来充耕作"[②]。事实上,现代学人通过细致深入研究,认为魏晋屯田制中军屯、民屯劳动者身份是不同的,不可概而论之。学者高敏称:"屯田制度下的屯田民,已不同于享有人身自由的独立的小农,已沦落为地位低下和人身不自由的严格隶属于封建国家的依附农民,也可以说是中国式的农奴,从而导致了整个封建生产关系的发展。"[③]李天石也称:"曹魏民屯中的屯田客实际类同部曲,民屯制实际上是模拟社会上普遍存在的部曲佃客制而建立起来的国家部曲佃客制度,而军屯上的士家,在许多情况下,身份地位比屯田客更低一等,与奴婢及后来的杂户之类相近。"[④]随着时代的发展,"食货"学派的一些学术观点存在局限性,但他们较早关注土地制度中劳动者身份的研究值得肯定。

在均田制度渊源方面,陶希圣及"食货"学派成员认为魏晋至隋唐这一时期所实行的均田制,其最初形制是北魏初期的计口授田。

1936 年武仙卿在《北魏均田制度之一考察》一文中指出:"魏晋以降,中原经受黄巾五胡两次大乱,扰攘的期间总有两百多年。这两百多年中的社会状况,显著的是人口的凋敝与土地的荒芜。""这种情形之下,占据领土者为其军政用费的支持,莫不奖励增加人口,劝农课耕,这两种政策贯彻北朝而不变。"为达到劝农课耕的目的,充分发挥人民的劳动力及土地的生产力,

---

① 高敏:《魏晋南北朝经济史》(上),上海人民出版社 1996 年版,第 195—196 页。
② 曾謇:《永嘉前后的社会》(上),《益世报·食货周刊》1937 年 4 月 6 日。
③ 高敏:《魏晋南北朝经济史》(上),上海人民出版社 1996 年版,第 197 页。
④ 李天石:《中国中古良贱身份制度研究》,南京师范大学出版社 2004 年版,第 117 页。

北魏开始施行计口授田。"计口授田就是均田制的实施,实在说来,均田制度本是北朝始终的制度,不过这种制度只是立足于法令,未必与实际情形融合,所以曾屡次均,也曾屡次的破坏。""均田制度的破坏的问题,也就是均田制度实行的程度的问题。北魏虽始终在均田制度之下,恐怕其不均的时候远较均的时间为多。"正是由于土地买卖及兼并现象的频繁发生,致使"均田制度只是在法令上能看得见,在事实上是永在破坏的状态中"。"这样说来,均田不是平分土地的所有权,而是要耕垦同量的土地。北魏之均田,与西晋之课田具有同样的意义,在人口凋敝与土地荒芜的时候,土地制度应含有强迫垦辟的用意,不必含有均产的用意。"①

1937年出版的武仙卿、陶希圣的《魏晋南北朝史》一书,深化了食货派对魏晋时期均田制的认识。他们在此书中指出国有土地是均田制度的基础。②"均田制度,本是北朝国家庄园中始终推行的土地制度,由北魏初期的计口授田开始,以至于隋的均田终止。这是承受曹魏的屯田,西晋的占田课田而来,仅限于属于国家的土地。"③"计口授田可是说是原始型的均田制度。我们知道均田制度。并不是平均分配土地的所有权,而是要耕垦同量的土地,与计口授田具有同样的效力。曹魏的屯田和两晋的占田课田,也是不脱这样的意义;并且计口授田到均田的演变,也正同于屯田到占田的演变。在人口凋敝与土地荒芜的时候,发生这种含有强迫垦荒意义的土地制度,也是比较合理的。从这一点上着眼,使我们对北魏均田制度的理解,只认为是国家庄园下一种课耕的政策,而不是平均土地的实行,只顾到一个人能耕种土地的多少,并未注意一个人所有土地的多少。这均田制度的课耕精神,我们可用均田法令本身去证明。"④

"北朝均田法令的规定,虽然这样的整齐,至于是否能发生效力,实为历来研究者所争辩的问题。他们的意见多半认为均田制度的实施,仅是立足于法令,实施的程度,恐怕是微乎其微,著者(陶希圣、武仙卿)的意见,也是这样。著者在上一节里指出实施均田法令后,私有土地的扩大,更特别指明均田制度只在土地使用上注意,并未在土地所有上注意。这样,在均田制度下所谓的'均'的破坏,当是自然的趋势。北魏初期计口授田,只有授,不见

---

① 武仙卿:《北魏均田制度之一考察》,《食货》1936年第3卷第3期。
② 陶希圣、武仙卿:《南北朝经济史》,商务印书馆1937年版,第4页。
③ 陶希圣、武仙卿:《南北朝经济史》,商务印书馆1937年版,第18页。
④ 陶希圣、武仙卿:《南北朝经济史》,商务印书馆1937年版,第15页。

收,土地归于私有及趋于不均","北魏初期的计口授田虽有数次,但不是全部的另授,而是局部的再授,一次授田以后,土地就慢慢出了'平均'破坏的情形,平均破坏的原因,一方面是贫穷人家的出卖,一方面是富强人家的侵占"。① "总之,北朝的均田制度实行的时间,恐怕是很短暂的,施行范围,恐怕也是很狭小的,均田法令就是不等于具文,实际也就差不多了!"②

他们还指出:"南北朝时,有两种土地存在,一种是官有地,一种是私有地,北朝官有地的面积比较广阔,国家将这一部分土地分给农民,这就是上边所说的均田制度。南朝与北朝的情形不同,官有地面积的狭小,使政府领地的土地所有形态不甚显著,而显著的土地所有形态,是大族的土地私有制。南朝未经像中原那样的长期荒乱,秦汉以来所发展的土地私有并未破坏,大土地所有,从东吴以来,都是巍然存在的。"③"由大族对土地兼并方式的不同,又可看出南北两朝土地制度的差异,一方是以国家庄园下的均田制度为支配的土地制度,一方是以大土地私有为支配的土地制度。"④南朝大族土地不断兼并,故自周齐至隋,相继形成了寺院田园、国家屯田与公田及贵族田园共同发展的佃作制度。

"食货"学派认为魏晋均田制的实施,仅是立足于法令,实施的程度,恐怕是微乎其微⑤,这源于土地买卖及兼并现象的频繁发生,致使"均田制度只是在法令上能看得见,在事实上是永在破坏的状态中"⑥。现在看来,这一观点有可商榷之处。现代学人利用敦煌吐鲁番出土文献,对均田制进行了深入研究,"我国学术界对均田制的存在,一般没有什么怀疑,虽然对它的实行状况如何有所保留,但并不否认它的存在"⑦。高敏指出:"关于均田法令是否实行过的问题,上述之立三长、遣使巡行、清查隐口以及见于《魏书·地形志》中的太和十一年到二十三年之间屡次分割与增设州郡的事实,都表明确在切切实实地实行均田制。特别值得注意的是,敦煌户籍残卷 S.0613 号

---

①　陶希圣、武仙卿:《南北朝经济史》,商务印书馆 1937 年版,第 25 页。

②　陶希圣、武仙卿:《南北朝经济史》,商务印书馆 1937 年版,第 29 页。

③　陶希圣、武仙卿:《南北朝经济史》,商务印书馆 1937 年版,第 31—32 页。

④　陶希圣、武仙卿:《南北朝经济史》,商务印书馆 1937 年版,第 38 页。

⑤　陶希圣、武仙卿:《南北朝经济史》,商务印书馆 1937 年版,第 25 页。

⑥　武仙卿:《北魏均田制度之一考察》,《食货》1936 年第 3 卷第 3 期。

⑦　郑学檬:《关于"均田制"的名称、含义及其和"请田"关系之探讨》,载方行:《中国社会经济史论丛:吴承明教授九十华诞纪念文集》,中国社会科学出版社 2006 年版,第 214 页。

《邓延天富等户残卷》，为我们提供了实行过均田制的确证。"①

"食货"学派指出的北魏时期均田制无法实行的原因是土地买卖及兼并现象的频繁发生。高敏指出："从北魏太和九年均田令到北齐河清三年均田令的历史过程，是均田制内部土地私有性逐渐加强的过程，故同时也是均田制由于内在的二重性而导致它逐步被破坏的过程。对于东魏和北齐初期来说，则更明显是均田制的变易旧制的时期，而且这种情况之所以发生，是同北魏末期、东魏和北齐初期整个社会土地私有制的发展的冲击密切联系在一起的，故是时代所赋予的特征。"②

魏分东西，继之周齐，均田制度大体上没有多大变化。"周旋灭齐，隋又篡周。均田制度，略与北魏相似。"③唐灭隋后，"唐初的农民少，旷土多的情形"，成为唐初实行均田制度的先决条件。④ 均田制发展到唐朝，盛极一时。著名史学家王国维在《沙州文录补》中，首次运用敦煌文书研究唐朝均田制，就户籍所载应受田数、已受田数与有关均田的规定进行比较研究，唐代的均田制研究引起了学界的关注。

这一时期，陶希圣及"食货"学派成员着手收集唐代经济史料，在唐代土地制度问题上形成自己的观点。

1936 年 12 月 6 日武仙卿在《益世报·食货周刊》上发表《唐代土地制度问题概说——唐代经济史料丛编土地问题篇序》一文，"说到唐代土地制度和土地问题的论文，近几年很不少了，他们大半偏重于均田制度实行与破坏的问题，把均田制度认为是普行天下的土地制度，把均田的破坏认作是整个的土地问题。从日人数十年前讨论起，到现在国人讨论止，总不外在这两个点上兜圈子。至于均田是拿谁的田去均？均田制度施行以外是不是还有他种土地存在？还没有人去注意。第一我们认为均田制度仅在一部分土地上实行，不是在一切土地上施行；第二均田制度的破坏不是一般的土地问题，甚至有时候还算不得重要的土地问题"。唐代均田制的实施范围"大体上是限于官有土地"。在唐代，随着官有土地的减少，均田制渐衰，"人民私有地，皇帝私有地与均田土地三种土地所有的转换的激荡，才是主要的全般的土

---

① 高敏：《魏晋南北朝经济史》(上)，上海人民出版社 1996 年版，第 274 页。
② 高敏：《魏晋南北朝经济史》(上)，上海人民出版社 1996 年版，第 283 页。
③ 陶希圣、鞠清远：《唐代经济史》，商务印书馆 1936 年版，第 10 页。
④ 陶希圣、鞠清远：《唐代经济史》，商务印书馆 1936 年版，第 18 页。

地制度"。①

1936年鞠清远、陶希圣在《唐代经济史》中对唐代均田制所述甚详。鞠清远、陶希圣认为：唐代均田制度能够实行的先决条件即政府必须保有大量的土地。②"在均田制度中，国有土地，不只是给予一般百姓，官户、杂户、官吏、贵族，也有权利。他们赢得的部分，除口分田以外，永业田，是按照官爵及勋资来计算的，他们的永业田，得传之子孙。"③"均田制度，要能长久的实行，国家必须始终保有大量的土地，随时利用从未开发的荒田，并且收授的规定，也须始终能遵守着，但是唐代缺少这三种条件：第一，唐代立国以后，初限于对外开拓，旋陷于王位的争夺，中叶而后，内乱迭起，对于各地的天荒不甚利用，以使国有的可耕地增加。反在借荒，置牧的名义下，被官吏，贵族摄夺去。田令中，虽有迁宽乡的规定，不过，政府为顾虑税收，军队之补充，除对于边疆地带，鼓励移民以外，是不甚容许迁徙的。第二，耕地的面积不能增加，则在定额的耕地内，求其应付，只有改变田令的规定，或不授田与农民。第三，国有的土地，只有逐渐的减少。先说一般百姓所受的永业口分田。永业田，田令中规定下身死由承户者受之，自然成为私田。口分田，在田令中，虽有收授的规定。但由法令中，允许他参加的商业行为上看去，也近于私田。"即便是"须收授的口分田，实际上，也成了人民的私田，官府，只是保留了名义上的所有权。到了相当的时机，官府自然也毅然的舍弃了这种虚名的所有权。这时候，口分、永业等名目，就变成了户籍簿中陈报地亩的分类项目，并没有官田收授的实在意义"。最后"使国家能授与百姓的官田，日日减少。荒闲的土地，既不能利用，则均田制度，必然要成为空空的令文"④。安史之乱后，田土荒芜，已至极点，均田制度无法实行。"国家手中的土地，因大量的变成私田，使官府无法实行浪费的均田。在另一方面，官府手中依然保存下的田地，不取屯田的形式，则以地主的资格，按私租额，向外租佃，如职田及公廨田。私租额的引诱，使官府，也不愿实行均田。国家以政治力量，新得到的户绝、逃田、籍没田等等，随时补充了因均田而丧失了的

---

① 武仙卿：《唐代土地制度问题概说——唐代经济史料丛编土地问题篇序》，《益世报·食货周刊》1936年12月6日。

② 陶希圣、鞠清远：《唐代经济史》，商务印书馆1936年版，第14页。

③ 陶希圣、鞠清远：《唐代经济史》，商务印书馆1936年版，第18页。

④ 陶希圣、鞠清远：《唐代经济史》，商务印书馆1936年版，第22—25页。

土地,扩大了官府以地主资格出租的田亩的数量。"①除国有土地上的均田制度外,唐朝的土地制度实际上还包括皇庄、贵族大地主之庄墅、寺院之庄田这几个部分,佃作制度在这一时期迅速发展。唐代,佃耕庄主的田土的人称为庄客。"庄客,或者用主人的牛只农具种食,或者用自己的牲畜。租额,似乎一种是定额的,一种是按收获量来分剖的,庄主庄客间的关系,似乎还很和善。""庄客制度的发展,就是佃作制度的发展,不过佃作的庄客,绝不是唐代有了逃户以后,方发生的。事实上,是逃户,更扩大了庄客的队伍。佃作制度,在唐初,就已然稳定的建树着,并且特别发展了包佃转批的制度。"②

　　"食货"学派认为隋唐时期均田制实施的先决条件是政府必须保有大量的土地。③ 但由于官吏、贵族对国有土地的侵占及百姓所受永业口的私田化,"国家手中的土地,因大量的变成私田,使官府无法实行浪费的均田",从生产关系上看,佃作制度在这一时期迅速发展。④ "食货"学派对于魏晋至隋唐时期均田制的研究有着不容忽视的学术价值。唐长孺指出:"均田制度得以推行的一个最重要条件是国家掌握了可供授受的土地,由于土地兼并的盛行,国家掌握的土地日益缩小,授受可能在相当程度上只是文簿上玩弄的游戏而已。"⑤此外,"均田制的破坏还表现为均田百姓的大量逃亡。逃亡百姓为庄田、庄园提供了劳动力,他们多半是佃农,也还有一部分是雇农"。"史实表明,浮逃客户中,虽然也包括在他乡通过种种方式获得小块土地的自耕农民,非农业的雇佣、小商贩和极少数的地主,但庄田、庄园上的佃客、雇农应占绝大多数。尤以佃耕为地主庄田、庄园土地上的基本剥削形式。"⑥从敦煌石窟和吐鲁番墓葬中发现的租佃契约看,有的契约田主居于优越地位,有的佃人居于优越地位,但双方都是均田制下的附籍百姓,身份平等。⑦ 这与"食货"学派"庄主庄客间的关系,似乎还很和善"的观点相似。唐长孺进一步指出:"占有广大土地的庄田主与佃食客户之间是庇护与被庇护的关系,佃食客户的实际身份'类若家僮',习惯上视同部曲客女,与租佃契约中田主与佃人间的关系迥然不同。唐代封建土地占有形态的发展方向是均田制的破坏与地

---

①　陶希圣、鞠清远:《唐代经济史》,商务印书馆 1936 年版,第 26 页。
②　陶希圣、鞠清远:《唐代经济史》,商务印书馆 1936 年版,第 68—69 页。
③　陶希圣、鞠清远:《唐代经济史》,商务印书馆 1936 年版,第 14 页。
④　陶希圣、鞠清远:《唐代经济史》,商务印书馆 1936 年版,第 26 页。
⑤　唐长孺:《魏晋南北朝隋唐史三论》,武汉大学出版社 1992 年版,第 266 页。
⑥　唐长孺:《魏晋南北朝隋唐史三论》,武汉大学出版社 1992 年版,第 269—270 页。
⑦　唐长孺:《魏晋南北朝隋唐史三论》,武汉大学出版社 1992 年版,第 276 页。

主田庄的扩展,因此我们很难根据这些租佃契约关系的存在而做出人身依附关系削弱的结论。"①唐长孺对于唐代佃作制度的研究,显然更加深入具体了。

对于均田制的破坏,杨际平也称:"我们认为,'均田制'名实俱亡的直接原因是天宝十四载(755)突发的安史之乱及其所引起的社会大动荡与户口户籍制度、赋役制度的变化。而其更深刻的原因就在于'均田制'的内在矛盾。"政府实行均田制的基础是保有大量的国有土地,但均田制也承认既有的土地私有制,这种矛盾在法令上也反映出来。"'均田'论令的此类自相矛盾,显然不是出于立法者的一时疏忽。而是土地国有的政治理想与土地私有制已占主导地位这一客观社会现实的矛盾的反映。是土地私有制占主导地位的客观形势所然。"②从现代学人的"均田制"研究成果看,"食货"学派对这一问题的研究有筚路蓝缕之功,他们的独到见解至今仍不失其学术价值。

在"食货"学派的土地制度,尤其是魏晋至隋唐均田制研究中,鞠清远与武仙卿着力较多,而"食货"学派的领袖陶希圣也参与其中,并提出自己的看法。陶希圣早前已注意到东汉以后,中唐以前这一历史时期的特殊性,并"再三叫起同学的注意"③。与武仙卿一同写《南北朝经济史》一书时,"我们讨论的次数很多。初稿成后,由我(陶希圣)重加斟酌,除修改几处文字之外,更有改动见解的二三处"④。对唐代土地制度论述甚详的《唐代经济史》一书,陶希圣称"材料搜集的周到,功在鞠先生。体裁、系统及观察解释如有错误,由我负责"⑤。此外,陶希圣在土地制度问题的研究上还有其他一些论著,如《五代的庄田——读新旧五代史随笔之二》《宋代的职田——读宋史随笔之二》《金代猛安谋克的土地问题——读金史随笔之一》《北宋几个大思想家的井田论》《明代王府庄田之一例——晋政辑要里抄下来的数字》等,都是对某一时段土地制度问题的探讨,希望起到抛砖引玉的作用,引导青年学者进行研究。

二、租税赋役及财政制度

陶希圣称:"田赋也是地租的原始蓄积之一种。中国的田赋在此点上值

---

①　唐长孺:《魏晋南北朝隋唐史三论》,武汉大学出版社 1992 年版,第 277 页。
②　杨际平:《北朝隋唐"均田制"新探》,岳麓书社 2003 年版,第 398—399 页。
③　陶希圣、武仙卿:《南北朝经济史》,商务印书馆 1937 年版,第 2 页。
④　陶希圣、武仙卿:《南北朝经济史》,商务印书馆 1937 年版,第 2 页。
⑤　陶希圣、鞠清远:《唐代经济史》自序,商务印书馆 1936 年版。

得我们的研究。"①"食货"学派在赋役财政制度方面的研究,取得了开创性的研究成果,并对此后的经济史研究产生了深远影响。

(一)魏晋南北朝时期的赋役财政制度

陶希圣、武仙卿在《南北朝经济史》一书中称:"中国历史上课税的对象,不外田、户、丁三种物件。历代的税制都是在这三种物件里,或使之分立,或为之归并。他们各个的地位,也是时而重要,时而不重要。""曹操的田租户调之制,给中国中古的赋税制度开下了一个规模。课税的客体,舍去'丁',而以田户作征税的标准。户调的地位亦远较前朝重要。户调的加重,是中国中古税制的一个特色。这时的'丁'已偏重于徭役,间而有纳钱的事,也是很稀少了!"曹操开创的田租与户调对立的税法"经过西晋及南北朝,只有部门的修改,没有根本的变动。西晋的户调之式,那是纯粹抄袭曹氏的户调。整个北朝与南朝的税制,都是与他大同小异的。""北齐、北周及沿袭北周的隋朝税制,都不过是与北魏名异实同的税法。这时课税的客体,一方面是田与户合一的户调,另外还有按田亩征收的地税。到了唐朝,赋税制度又起了变化,由户调与田租两者的并立,重回到田、户、丁三者的对立。丁纳租庸调,田纳地税,户纳户税,在这三个税法的对立中,租庸调还是丁与田的综合。""由汉到唐,税制上有三次变迁,曹操创立下了田租与户调对立的税制的基础,西晋南北朝大体上都遵循着施行。""南朝税目的'田租'、'义租'、'禄秩'等名词,就与东晋时的田租、义租、禄米相当。所称混合税目的'租布',就是田租与调布的合称,所谓'税调''租庸',更可证明田租与户调两项对立的税制的存在。"南朝税制仍是沿袭魏晋的田租与户调并立的税制,是没有什么错误的。② "北朝租税制度,有几次改变。改变的方向,大半是防止漏税的手段趋于严密,及使其与土地私有的状况趋于适应。其变易之迹可得而考着有二:一为贫富等差的规定,一为纳税主体的变更。"③纳税主体的变更主要由曹魏以户为单位的征税到隋以一夫一妻为单位的征税。④ 从整体上看,南北朝实行的是田租与户调对立的税制。武仙卿还考证西晋田租的存在,指出:"日人志田不动磨及佐野利一氏都说西晋没有田租,到东晋成帝咸和五年才开始征收,共有五十年间没收田租,且认为是晋朝一件惠政,

---

①　陶希圣:《中国社会与中国革命》,新生命书局1929年版,第27页。

②　陶希圣、武仙卿:《南北朝经济史》,商务印书馆1937年版,第48—50页。

③　陶希圣、武仙卿:《南北朝经济史》,商务印书馆1937年版,第69页。

④　陶希圣、武仙卿:《南北朝经济史》,商务印书馆1937年版,第71—72页。

这是大错特错。"①

"食货"学派认为魏晋南北朝时期实行的是田租与户调对立的税制。唐长孺指出:"据户赀征调亦始于曹魏,历两晋宋齐相承沿袭,梁天监元年改为据丁征调,但陈代仍有'赀绢',也是据丁与据户赀并行。据户赀征调分为九品,则按赀产以分户等也许魏晋时业已建立。北方自石赵以至北魏前期田租、户调大致沿用晋制,即田租据丁,户调按赀分品征收。"②高敏也指出:"尽管元人马端临与今人韩国磐都认为西晋的田租是合于户调征收的,我(高敏)却认为并非如此,即西晋的'田租'与'户调'仍然是分离为二、同时并存的。"③显然,"食货"学派较早地提出了魏晋南北朝时期实行的是田租与户调对立的税制的观点,这一点为今人学者所肯定并做出了新的探索。

(二)隋唐时期的赋役财政制度

唐代的税制沿袭魏晋南北朝时期的税制,曹操创立的田租与户调对立的田租户调之制,到了唐朝起了变化,"由户调与田租两者的并立,重回到田、户、丁三者的对立"④。鞠清远与陶希圣合著的《唐代经济史》及鞠清远独著的《唐代财政史》对唐代的赋税财政制度做了详细的解读。"唐代在安史乱前,财政上的主要收入,是按丁规定的租庸调。"⑤唐朝的租庸调从法令上看是以丁为计税依据的,但在实际征收的某些场合,与户等高下即贫富差别有一定的联系。《唐代经济史》最早述及这种情况。陶希圣、鞠清远在第六章"财政制度"中说明"按丁规定的租庸调"制的一般规定之后,提及"江南诸州租,并回造纳布",并指出"折布"的规定。这已经不是纯粹以丁来计算,而是参加上户等即贫富的差别的规定。后来鞠清远在《唐代财政史》中又补充指出:"按照税名之起源来说,唐代租庸调制度,是几种由不同的租税客体来担负的税,集中在一种客体身上。按照纳税物品种类来说,租庸调制度,是一种客体担负了各种物品的税赋。这种客体,是由劳动能力来规定的,即成年的'丁'。"他又指出:"不过,贫富的差异,早已浸入按丁规定的租庸调制度……租庸调的放免也有'户等'的差异。"⑥陶希圣、鞠清远指出租庸调的征

---

① 武仙卿:《魏晋南北朝田租与户调对立的税法》,《食货》1937年第5卷第4期。
② 唐长孺:《魏晋南北朝隋唐史三论》,武汉大学出版社1992年版,第296页。
③ 高敏:《魏晋南北朝经济史》(上),上海人民出版社1996年版,第467页。
④ 陶希圣、武仙卿:《南北朝经济史》,商务印书馆1937年版,第48—49页。
⑤ 陶希圣、鞠清远:《唐代经济史》,商务印书馆1936年版,第138页。
⑥ 胡戟等:《二十世纪唐研究》,中国社会科学出版社2002年版,第365—366页。

收是与户等有关系的。今人学者韩国磐在《隋唐的均田制度》一书中解释敦煌户籍残卷的"课户见输"与"课户不见输"的区别，认为这"正是为了受田有多寡，动产有多少，因而按户等高低可以升降所负担的赋役"①。韩国磐认同"食货"学派的唐代租庸调的征收是与户等有关系的观点。

就租庸调的实际作用看，"食货"学派指出："租庸调的基础是丁，以丁定赋的目的，是鼓励开垦。""不过，在农民因赋税繁重，天灾，水旱，兵灾而舍弃。典贴了他们的田产，成为流浪的逃户、客户，官府户籍中，没有他们的名字时，租庸调制度的本意，也就丧失，同时，赋税的收入，也必然的要减少。在另一方面，法令允许很多人可免课役，则人民也必然想尽方法以免课役，这样，又使免课役的人们增多。……安史乱起，对于租庸调制度，下了最后的判决。天下户口的流徙，在兵乱中，加速度的发展。在北方，田土已极荒废，国家的课丁额数，因军阀的割据，最低时到过二百三十余万，租庸调制度的收入，自然微小到极点。国家收入所仰恃的，除盐铁税外，便是按资产课征的户税，与按照地亩征收得地税，青苗钱，在税收额数上，他们比起租庸调都多得多。国家为收入的简便，是必然要牺牲这已无何意义以丁规定的租庸调制度。"②

此外，"在安史乱前，租庸调以外的两种主要税收，是地税与户税"③。"户税是安史乱前，合于赋税原理的第二种税。户税也称为税户，税钱。征收得原则，是按照户等，征收货币。每等户皆有特定的税率，户等愈高，税钱亦愈多，王公官吏，都按官品归等纳税。"④户税在唐代前期是与租庸调制、地税并存的另一种税收，对后来的两税法改革有重大影响。鞠清远是较早对唐代的户税进行研究的学者，他在《唐代的户税》一文中指出："第一，户税，是征收钱币的，与征收现物的租调不同。第二，户税，按资产等级而异其税率，是合于赋税原则的。第三，便是户税是王公以下户都要担负的，与地税相同，而与王公官吏可免的课役，即租庸调不同。第四，便是户税，指出了工商业的重要性。所以开元间税率，便规定百姓有邸店、行铺、炉冶，合加本户三等税。"⑤"户税，地税，是两种与租庸调截然不同的东西。租庸调，以丁身

①　胡戟等：《二十世纪唐研究》，中国社会科学出版社 2002 年版，第 366 页。
②　陶希圣、鞠清远：《唐代经济史》，商务印书馆 1936 年版，第 141 页。
③　陶希圣、鞠清远：《唐代经济史》，商务印书馆 1936 年版，第 143 页。
④　陶希圣、鞠清远：《唐代经济史》，商务印书馆 1936 年版，第 146 页。
⑤　鞠清远：《唐代的户税》，《食货》1935 年第 1 卷第 8 期。

为基础,是前一时代的制度的尾声。户税按资产课征货币,地税按地亩课征粟米,是后一时代的制度的先驱。"①

"食货"学派通过对租庸调与两税法税收总额的比较看出:"租庸调制度,已不是唐代安史乱前的赋税制度的唯一制度,新起的户税地税,在收入数量上,已将与之相埒。这就是说,户税与地税已然是发育完备的制度,只待时机到来,它就会成为唯一的制度。而租庸调制度,则因免课役者、逃避课役者太多,负担人日趋减少,不能不日趋衰落,让位于有广大的负担人的地税与户税。"②此后,租庸调开始被两税法所取代。对于租庸调与两税的关系,鞠清远的这一分析显然是正确的,当今学人对此的研究,实际也是这一观点的补充。

陶希圣、鞠清远在《唐代经济史》一书中称:"两税制度,自来都只注意到夏税、秋税,征税时间分两次。对于内容,都未深切的注意,往往都只认作它是一种资产税。并且还有许多人认为两税制度,似乎创造了新税制。实际上,并不是这样。我们可以说,两税的内容,主体还是两种税,地税与户税,这都是前一时期的制度,不过到本期,却由与租庸调并立的地位,跃进成唯一的制度。租庸调反归并到户税里面,消失了它的存在。夏秋两次征税,也不是两税法所创设的。"③这一观点在鞠清远的《唐代财政史》中也反映出来:"有些税,如,'户税''地税'之增加与整理。及青苗钱之创设,则构成了另一种税法,'两税法'之基础。""两税法本身,没有什么独持的创革,它的内容、税制、税法,都在天宝到建中中间奠定下基础,到这时候,方水到渠成,瓜熟蒂落。使天宝前与租庸调对立而不占重要地位的户税与地税,反而代替了以人丁为课税客体的主要赋税。"④陶希圣、鞠清远认为唐代两税法并没有创造新税法的观点得到了今人学者的认同。现代学者唐长孺也指出:"唐代赋役制度的变化。这一变化的主要内容是由按丁征发课役的租庸调制转变为按户赀与按亩征发的两税制。正如史学界从来所公认,变化反映了均田制的彻底崩溃与封建庄园制的发展。"⑤"食货"学派在这一领域的筚路蓝缕、功不可没。

---

① 陶希圣、鞠清远:《唐代经济史》,商务印书馆 1936 年版,第 148 页。
② 陶希圣、鞠清远:《唐代经济史》,商务印书馆 1936 年版,第 149 页。
③ 陶希圣、鞠清远:《唐代经济史》,商务印书馆 1936 年版,第 152 页。
④ 胡戟等:《二十世纪唐研究》,中国社会科学出版社 2002 年版,第 376 页。
⑤ 唐长孺:《魏晋南北朝隋唐史三论》,武汉大学出版社 1992 年版,第 313 页。

　　唐代两税法全国税额及各州税额是如何确定的？这实际上也是"量出制入"与两税法的制税原则的关系问题。"鞠清远在《唐代财政史》中称：'两税法……除掉废去租庸调名目（自然徭役是仍然存在的）以外，两税法只是承袭了以前的税赋、户税与地税。不过取消了全国一致的固定税率，把各地都不同的'旧征数'，重新以各道州府为地盘，重新摊配一下，除去夏秋两次征税原则之普遍适用以外。两税法只是开创了随地摊派的精神，自此中国没有全国一致的税率。而各地各有不同的税率。'他对'量出制入'是两税法的定税原则之说将信将疑。"①陶希圣、鞠清远在《唐代经济史》中称："两税法的'摊配'使它建树不起一种固定的税率及各地一致的税率，所以两税法不是一种规模远大，制度宏阔的大帝国大统一国的赋税制度。它只是一种在破灭中的帝国与统一国家的应付财政困难的临时税制。它所具有的影响，是在临时税制按照一般历史原则成为固定的税制以后，把已在破灭中的统一国家使之更加粉碎。""因为有唐代的两税法，加以五代的紊乱，遂使继承其后的宋代建树不起一个全国一般的制度，使宋代自始即在税赋整理的烦恼中。这便是两税法的功绩。"②

　　鞠清远等"食货"学派成员对隋唐时期的财政制度，尤其是唐代户税及两税法的研究得到了同时代学者的高度评价，袁永一指出："关于唐代租庸调与两税制的内容，作者见解颇为新颖，有它独到的地方。"③而张国刚也认为："关于两税的内容，由于唐代文献未留下明确记载，遂成为争论的热点。解放前至解放初，对此的见解大致可分为两派，一派以鞠清远为代表，他认为两税的内容是户税和地税，而户税是其主体。一派以岑仲勉为代表，他认为两税的内容依然是租庸调的正供，只因敛以夏秋，故名两税，与户税地税并无关系。"④显然，鞠清远等"食货"学派成员对唐代租庸调与两税制的研究，已经产生了深远影响。

　　此外，"食货"学派还对唐代的色役与资课有详细研究。现代学人指出："20世纪的有关研究比较集中在'资课'的内涵与交纳者的身份两个方面，这两个方面其实是密不可分的。1936年陶希圣、鞠清远《唐代经济史》最早提出资课是色役的代役形式，说：'在提供徭役的人们当中有一部分，提供特种

　　①　胡戟等：《二十世纪唐研究》，中国社会科学出版社2002年版，第379页。

　　②　鞠清远：《唐代的两税法》，《国立北京大学社会科学季刊》1936年第6卷第3期。

　　③　袁永一：《书籍评论：唐代经济史》，《中国社会经济史集刊》1937年第5卷第1期。

　　④　张国刚：《隋唐五代史研究概要》，天津教育出版社1996年版，第203页。

徭役于特定的机关,这种徭役称之为色役……色役户不服役时,也可以纳现物或钱代役,称之为资课。'其后,鞠清远在《唐代财政史》中进一步指出:'政府派特定人丁,与官吏,或各机关,以备服役,或供输一定的钱物,作为官吏俸料中的一部分或维持某种机关,在唐代有一种名称,对于服役,称之为'色役'。对于所纳钱物。称为'资课'。大概经过一定的时期,'色役'便都变成'资课'。'并对不少色役的纳资数目做了说明。陶、鞠之说尚未能对交纳资课的'特定人丁'的身份做出分析归纳。""关于资课在唐朝财政上的地位,鞠清远《唐代财政史》首先指出资课对唐朝财政具有重要意义,但对其具体作用则未加评说。"①今人学者唐耕耦对唐代的资课问题进行了探讨,认为资课既不是财产税,也不是户税,而是"纳资免番,以资代役"。以资代役与以庸代役既有联系,又有严格区别,它是货币经济发展活跃的一个反映。② 唐耕耦在"食货"学派研究的基础上进一步推进了唐代的资课研究。

　　虽然陶希圣、鞠清远的唐代色役与资课研究存在不足之处,但他们以唐代色役制度为观察点来考察唐代社会,独具新意。"食货"学派其他成员受其启发,对中国历史上其他时期的色役制度进行了深入的探讨,如武仙卿的《南北朝色役考》(上)一文即源于此。"在唐代史料中,曾有不少的色役的名目,本刊第一期第三期鞠清远君的唐代财政上的特种收支一文中,已多数列举了,这里不必赘述。这些名目中,我们发现有不少的在南北朝时都是存在的,有的名同意义也同,有的意义同名却不同,总之,都是某部分特定人物的服务。不过,这种服务,在唐代大体上都为金钱的报偿所代替了,在南北朝时却都是在正规的服役;有时可以拿金钱免役,或规定以纳钱代役,那不过是向资课转变的萌芽,还没有像唐代那样的普遍。换句话说,唐代的色役,只是色役的尾巴,南北朝的色役,才是色役的躯干。进而言之,宋代的色役(差役),仅仅是尾巴的尾端罢了。"③

　　在此文中武仙卿指出,南北朝时期的色役是富者与贫者对国家承担负担不均的一种补充。"在封建社会中,一国领民对君主与主管官员都应当从事某种没有权利的义务","这种义务,因为门第身份的不同,及天赋肢体的不同,而产生出来差异"。"进而言之,封建社会下的服务,正与社会阶层同

<hr>

① 胡戟等:《二十世纪唐研究》,中国社会科学出版社2002年版,第371—372页。

② 唐耕耦:《唐代的资课》,《中国史研究》1980年第3期;唐耕耦:《略论唐代的资课》,《中华文史论丛》1983年第2期。

③ 武仙卿:《南北朝色役考》(上),《益世报·食货周刊》1937年3月9日。

其参差,高者有高者应尽的义务,贱者有贱者应尽的义务,无论做官与服役,
是同对领主的服务。""笔者(武仙卿)在另外机会里,曾指出全体人民对政府
的负担,有个均平的趋势;这就是说,政府教全体人民,要有近于相等的负
担。""贫穷人和富人,担负着同样的义务,并且一部分士族豪强有时还能免
除","这种不公平,或者有人要从中古的政府是代表士族大地主的利益的政
府去解释,不过,笔者不大相信政府有这样的硬性的机构。政府所需求于人
民的,是要尽其可能的对政府贡献,不见得要故意袒富压贫。所以,我们认
为正规的税法役法以外,应有一种富者和免役者的特殊负担,来校正他们的
不均"。"南北朝时,赋役上的九等三票,多少给富人加重了负担;同时,徭役
上的色役,正是富人和免役人的特典外的特殊服务。"这种特殊服务,按其性
质的不同,可分为五类:"(一)富人的特殊服务,(二)免役人的特殊服务,
(三)特殊技巧的特殊服务,(四)官吏子孙对政府官吏的特殊服务,(五)一部
分平民的特殊服务。"①

"中国古代的色役,可以说是由三国到宋,与中国的封建社会紧密结合。
色役的演变的过程,也正和封建社会的演变过程一致。单从色役说,魏晋南
北朝是典型时期,到了隋唐,大体都变为俸禄的一部,转变的端倪见于北齐。
唐代没有变成俸禄的色役,大半都是地方政府中的或是地方性质的,如驿将
堤长及宋代才明显的卫前等役,但到北宋,又沾染了商业的性质。中国的色
役史,可以分为这三个阶段。"②武仙卿认为南北朝至隋唐时期的色役制度是
这一时期封建社会的重要特征之一,通过对它的考察可从侧面反映封建社
会的发展历程。

三、寺院经济

"食货"学派的寺院经济研究是其颇有代表性的学术成果之一。魏晋至
隋唐时期是中国佛教寺院的鼎盛时期,寺院不仅仅是一种宗教性的社会组
织,更是一种经济组织,并对当时的政治经济生活产生重大影响。陶希圣是
这一时期寺院经济研究"开先河"的学者,而其弟子何兹全则在这一研究领
域做出了奠基性的贡献。

陶希圣对宗教组织政治经济活动的重视很可能受到考茨基的影响。陶
希圣曾自言欣赏考茨基的作品,用心读过考茨基的《基督教之基础》。③ 在此

---

① 武仙卿:《南北朝色役考》(下),《益世报·食货周刊》1937年3月23日。
② 武仙卿:《南北朝色役考》(下),《益世报·食货周刊》1937年3月23日。
③ 陶希圣:《潮流与点滴》,传记文学出版社1979年版,第111页。

书中,考茨基从耶稣的人格、罗马帝国时代的社会、犹太民族、基督教之起源这四个方面分析基督教的起源,指出基督教实是一种反罗马帝国和反犹太僧侣政治的革命运动,是一种巴勒斯坦被压迫人民的反抗斗争,其后又从社会经济生活方面说明基督教在演进过程中怎样丧失了它的原始意义,而变成帝国主义和僧侣政治的工具。[①] 考茨基对基督教社会经济基础的考察启发了陶希圣对中国宗教组织的经济结构进行深入分析。

陶希圣在1929年出版的《中国社会之史的分析》一书中指出:中国太古时期的祀天教与农业有密切的关系,所祀的对象都和农业有关,可以说祀和农实在是一件事。太古时期的僧侣阶级,因其独占历数、度量衡及治河术等规则并统御中国农业社会最大自然力的智能和技术,所以能够在古代社会组织中取得极高的地位。但是,因为中国古代的僧侣阶级在封建制度时期,没有独立的社会的发展,僧侣的作用渐被政府所独占。这与欧洲教会的社会势力不同。欧洲的教会,因为取得了广大的土地,所以树立了强大的社会势力,依靠这种社会势力,便和封建诸侯抗衡,教权遂支配中世纪欧洲的全社会生活及政治生活。中国的祀天教因为没有独立的教会组织,也没有社会的势力,所以僧侣阶级在周以后已失其重要的社会地位。[②] 陶希圣从宗教的经济基础上分析僧侣这一社会阶层的演变过程,独具慧眼,并引起了学界的关注。

何兹全受到导师陶希圣的影响对中国佛教寺院经济做了开拓性研究。何兹全回忆:"我研读佛教寺院社会经济生活的书,是由于读考茨基的《基督教之基础》一书和陶希圣教授的课堂教学引起的。考茨基此书,主要是写早期基督教教团的起源、组织和生活。我想佛教从西汉之间传入中国,已有两千年左右的历史。研究佛教的,多是从宗教、教旨方面来研究。就是到了近现代,也还没有一本、一篇从教会组织、僧尼生活和活动方面来研究佛教教会的书或文章。有之,也就只有陶希圣教授在北大讲授'中国政治思想史'、'中国社会史'才在课堂教学和讲义中讲到这个问题。于是就引起我研究中国佛教寺院经济生活和社会活动的兴趣,研究起中国佛教寺院经济问题来。结果就写出了《中古时代之中国佛教寺院》这篇文章。在我的毕业论文《中古大族寺院领户研究》中,又剖析了寺院和寺院领有人口的关系,指出寺院

---

① 考茨基:《基督教之基础》,叶启芳译,生活·读书·新知三联书店1955年版。

② 陶希圣:《中国社会之史的分析》,新生命书局1929年版,第177—188页。

领户的农奴性质比大族领户的农奴性质更为突出。"①

1934 年,何兹全在《中国经济》上发表的《中古时代之中国佛教寺院》一文,"大约是五四新史学出生以来。从社会史、经济史的角度讨论寺院史的第一篇文章"②。何兹全在此文中特别指出:"佛教寺院是中古中国史上一个重要的事象。"从宗教史上说,佛教在中古中国史上的重要地位使寺院也变得重要。从社会史方面来说,中古中国的社会是封建社会,寺院便是这时代社会的一个缩影,便是这时代社会的一面。要全面地考察中古中国社会的构造,要彻底了解中古中国社会的性质,寺院一定要拿来做一个主要的研究对象。而且因为寺院是披着一件宗教外衣的,所以在封建关系的表现上也特别显著。如政权的分割、人口的影占等,在俗界庄园不甚显著,在寺院便非常显著。对寺院的研究更能使我们容易认识整个中古社会的性质。③

何兹全认为,中古时期佛教寺院的盛行使得寺院不但在佛寺及僧尼的数量上发达,而财富的积累也日渐增长,寺院的财富主要来源于国家的赐予,社会人士的捐施,侵占与勒取及赎身钱。寺院组织包括僧官制度、寺院财产制度、寺院中之阶级构成。其中就财产制度而言,寺院中是两种财产制度并行着,即寺院公有财产及僧尼私有财产。入中古时期,寺院公有财产制度也随俗界财产制度而变化,名义上是公有,实是僧尼贵族一阶级所独占。寺院中之阶级构成包括最下层之农奴及奴隶,中间阶级之僧尼大众,上层阶级之沙门贵族。中古时期寺院与君主有过三次大冲突,其主要原因是权势的冲突及租税与劳动力的冲突等。最后,寺院因为庄园制度的崩溃、度僧权之收为国有、百丈怀海之改革寺制及寺院特权的丧失而走向衰落。④

何兹全在此文中,以经济视角来探讨寺院的兴衰历程,并对寺院的经济结构、社会关系进行了考察,得到了学界的好评,汤用彤与陶希圣都对此文给予了高度的评价。⑤

1936 年,何兹全在《食货》上发表《中古大族寺院领户研究》一文,指出从三国到中唐这一时期的主要生产关系是庄园农奴制。作为中古庄园领主

---

①　何兹全:《何兹全文集》第一卷序,中华书局 2006 年版,第 5 页。

②　何兹全:《我和中国社会经济史研究》,载张世林:《为学术的一生》,广西师范大学出版社 2005 年版,第 216 页。

③　何兹全:《中古时代之中国佛教寺院》,《中国经济》1934 年第 2 卷第 9 期。

④　何兹全:《中古时代之中国佛教寺院》,《中国经济》1934 年第 2 卷第 9 期。

⑤　何兹全:《我的学史经验与体会》,《文史知识》1982 年第 4 期。

的，一是国家；二是王公、将帅、豪族等大族；三是寺院。大族寺院的领户，就实质上说，实在就是大族寺院庄园领下的农奴群众。何兹全认为"大族寺院领户的研究，主要的意义就在从户口的领有方面来看大族寺院庄园的发展，及庄园内部的生产关系"。首先，大族寺院户口的领有方式包括依附、招引侵夺、赐予、庇荫制、度僧。其次，大族寺院户口领有的发展，寺院领户除僧众外，还有僧祇户、寺户、净人、侍人、奴隶等。再次，大族寺院与领户间的关系包括大族寺院领户对国家户口的分割，领户对大族寺院的义务及领户与大族寺院的隶属关系。中古大族寺院都是大土地的所有者，领户的耕地都是大族寺院的土地，自己没有所有权，且需交租纳役。中古时期领户对主人有隶属关系，是种超经济的关系，它不同于后世地主与佃户的关系，地主与佃户只是经济的契约的结合，而中古时期领民对于主人则是人格上的隶属。最后，由于人口在中古时期是社会主要的生产手段，是庄园领主间争夺的目标，大族寺院与国家之领户间不可避免地展开领户之争夺。何兹全通过对中古大族寺院的领户研究，认为中唐以后，生产关系渐渐变化，即以劳动形态论，渐由强制劳动向自由劳动，雇人、雇农、佃户等自由劳动阶级渐次出现而且发展，此时，大族寺院庄园领主的意义消失，只是一个地主了。①

　　何兹全此文对魏晋至隋唐时期寺院的生产关系做了深入探讨，认为寺院与世俗的大族一样，也参与分割国家的土地、劳力，组成封建庄园。寺院领民在经济上、隶属关系上依附于寺院，与国家并无直接关系，这些领民实际上就是农奴。

　　随着近几十年来敦煌学的发展，关于唐五代敦煌寺户的研究日益引起学界的重视。唐长孺称："敦煌是否和西州一样早就有了寺户？西州寺观依附者和敦煌寺户是先后继承关系呢，还是各自有其历史背景？这一些是很值得探讨的问题。"②姜伯勤指出：唐五代敦煌"寺户，是生长在中国土地上的农奴式人口"③。20世纪30年代何兹全对寺院社会组织关系的探讨为此后的寺院经济研究奠定了基础。

　　1936年12月，陶希圣在《益世报·食货周刊》上发表《唐代寺院经济概说》，对寺院经济研究进行概括。陶希圣指出："中国佛教史的研究，现在多

---

　　①　何兹全：《中古大族寺院领户研究》，《食货》1936年第3卷第4期。
　　②　唐长孺：《敦煌吐鲁番史料中有关伊、西、北庭节度使留后问题》，《中国史研究》1980年第3期。
　　③　姜伯勤：《唐五代敦煌寺户制度》，中华书局1987年版，第121页。

限于教理的流派及演变。……我们注意到寺院经济，于今共五六年。但我们的力量也只用到寺院的田地、商店、人口、像设等项富力与人力的数量，和寺院与政府就于富力人力的冲突。换句话说，我们从前也只是研究到教权与政权的经济财政的冲突。在寺院的内部，我们曾注意到教徒的身份等级。说到寺院财产与僧侣财产的关系，施舍财产的人与寺院的关系，寺院财产的构成和经营方式，戒律与法律对于寺院财产与僧侣财产的规定，我们以前都是没有效力，有的还不能致意。实在的说来，这不曾致意致力的几点，正是我们了解寺院经济乃至教会组织的内容及性质最重要的几点。"①

陶希圣在该文中对这几个重要的问题进行了初步的探讨。"寺院的常住，从形式上看，是可以完全由寺院所有的财产。但在实质上，不是这样的。施舍财产与寺院的人们，往往指定用途。"施主们施舍的财物由"僧众管理，但收益物的使用，却不可不顾虑施主们的意思"。贵客富族以自己的庄园或庄田，创立的寺院，寺院与施主间的关系又有不同。"施主指定为寺院的财产，并不是完全移转给寺院的。在施主方面，有的承认这种寺院是独立存在的寺院。有的仍认定这种寺产是自己的庄田。""在寺院有免税特权的时代，地主们奏设寺院与施舍庄田，一面有逃税的意义，一面还有更重要的意义，即在寺院财产地权掩护之下，实行土地兼并。"②

"寺院及寺产的发达，是不可单用宗教的信仰来解释的。创立寺院或施舍庄田，不独是一种投资，并且是在特权保护之下的投资。""常住庄田的经营，与世俗地主的庄田一样，是批给庄客种植，由寺院收取一定比例的田租，或一定数量的田租。""僧尼自种庄田的实例，是看不见的。僧尼充其量不过是耕种园圃"，从事这些工作的还有净人、行者、沙弥、奴婢等。③

"僧尼是可以自有私产的。""关于僧尼财产，首先要指出的，是师徒或同学之间的关系。在唐代法令上，师徒关系正与家族内尊长与卑幼的关系一样。"依佛教的内律，亡僧的遗产，分为轻物与重物两类。亡僧的可分物或轻物，可以在生前以"授"处分，不可分物或重物也可以"嘱"指定继承人。"僧

---

①　陶希圣：《唐代寺院经济概说——唐代经济史料丛编寺院经济篇序》，《益世报·食货周刊》1936 年 12 月 13 日。

②　陶希圣：《唐代寺院经济概说——唐代经济史料丛编寺院经济篇序》，《益世报·食货周刊》1936 年 12 月 13 日。

③　陶希圣：《唐代寺院经济概说——唐代经济史料丛编寺院经济篇序》，《益世报·食货周刊》1936 年 12 月 13 日。

尼遗产及常住财产里面,奴婢一项有特殊的法制。僧尼的私奴婢是重物,也是不可转物,是应入常住的。不过律文对奴婢有特殊的规定:一是僧尼的奴婢于主人死后应即放良。二是奴婢的私产仍归奴婢。""僧尼得自有私蓄。"①

寺院财产除僧人侵占或典卖外,豪家势户的侵占,也是寺院财产容易陷落的命运。寺院财产在某种限度内,是豪贵富家兼并土地及其他财富的一种重要的手段。寺院多一分人力与富力,政府便少一分税田税户和税丁。自东汉末年以来,政府对寺院的争持,随教会的发达而演进。在唐代,政府对寺院财产与僧尼的限制主要采取这三种方法:第一,政府对于寺院的设立,取特许主义;第二,限制寺院常住田的数量;第三,检括僧尼。②

陶希圣和何兹全的寺院经济研究都受到考茨基经济理论的影响,都对寺院的内部经济结构进行了深入的探讨。但两人的侧重点有所不同,何兹全较多地偏重寺院内部的经济结构、阶层构成。陶希圣在何兹全研究的基础上进一步从法律的视角考察寺院各基层的财产关系及其经营管理。

1937 年 5 月,何兹全在《益世报·食货周刊》上发表《南北朝隋唐时代的经济与社会》一文,进一步提升对南北朝隋唐时期寺院经济的认识。他指出:南北朝隋唐寺院在整个社会经济结构中,它和世俗贵族庄园同性质,自身是一个封建领主,领有广大的土地和农民。它和世俗贵族同地位,和国家发生过户口及财富的争夺。而且也和世俗贵族同命运,因交换经济的发达而破坏了它的发展基础,最后为专制主义王权所打倒。他引用考茨基论西欧中世纪基督教会与封建社会关系的论述,指出:"教会在封建时代是独一无二的,而它的命运又是和封建制度联系着的。"中国南北朝隋唐的寺院虽因种种条件的不同,未能取得类似欧洲中世纪教会那样独一无二的霸权地位,但它的性质及其在整个社会发展上所代表的意义和西欧基督教是无往而不相同的。他的命运也是和封建制度联系着——它自身就是封建组织的一环——封建制度的发展,便是它的发展,封建制度的破坏,就是它的衰落。③

---

① 陶希圣:《唐代寺院经济概说——唐代经济史料丛编寺院经济篇序》,《益世报·食货周刊》1936 年 12 月 13 日。

② 陶希圣:《唐代寺院经济概说——唐代经济史料丛编寺院经济篇序》,《益世报·食货周刊》1936 年 12 月 13 日。

③ 何兹全:《南北朝隋唐时代的经济与社会——中国中古寺院经济·绪论》,《益世报·食货周刊》1937 年 5 月 25 日。

　　何兹全将寺院经济视为中国封建社会的重要组成部分,把它的经济、社会组织纳入中国封建社会发展历程中而进行深入细致的考察,这些研究及所提出的学术观点,时至今日,仍具有极重要的学术价值。①近年来,何兹全主编了中国中古社会和政治研究丛书,其中《中国社会史研究导论》(何兹全著)、《中古佛教僧官制度和社会生活》(谢重光著)等,是在此领域研究的继续。可以不夸张地说,何兹全等关于中国中古寺院地主经济的研究,自20世纪三四十年代以来,始终居于该领域的领先地位。

　　此外,陶希圣和鞠清远还对元代的寺院经济进行了探讨。陶希圣在《元代佛寺田园及商店》一文中,通过对元代教会主管机关、国立寺产的主管机关、寺院的数量、寺田的数量、寺户寺奴、寺庙商店、寺田及商店的税的考察,指出:"原来元代制度,有一特点。在蒙古族,那时因侵入农业区,正由奴隶制进为封建制。在中国,却正由封建制发展为都市与农村两种势力相与均衡之上的绝对王权。中书省是绝对王权的政府。宣政院及所属的教会却是封建制的。中书省要收僧寺田地商业的税,宣政院却要免税的特权。所以中书省的命令是上面所说那样的反覆申明,但寺院田地商店的税,始终没有顺利征收。"②鞠清远的《元代的寺产》一文根据几部文集的史料,对元代的寺产进行了考察,认为:"元代的寺产,除大都、五台诸寺的田产,多在江南,国家且设立官府,为之征收税量以外,在江南的寺院,则元代初期,只承认它们可保有亡宋时代的旧业,不许购买田产,也多少禁止人民施舍。不过法令总归是法令,未必能见诸实行。元代文集中记叙寺院田产的,仍然不少。"鞠清远此文是补陶希圣元代寺院一文的不足,"陶先生在第三期上,已以《元史》《元典章》中的材料,作详细的论述,本书则只用文集中的材料,可以说是陶希圣之文的补充"③。

　　综上,陶希圣与"食货"学派成员对寺院经济的开创性研究取得了丰富的研究成果,并对此后的寺院经济研究产生深远影响。正如现代学者总结的:"国内学界对隋唐寺院经济的研究。肇自30年代,殆至80年代而盛,不但论著数量多,质量也越来越高,出现了可喜的发展趋势。回顾六十多年来这一研究园地的发展情况,拓荒之功仍然首推何兹全先生。"20世纪80年

---

　　①　近年来,何兹全的弟子谢重光等仍在从事着中国中古寺院地主研究,出版了《中古佛教僧官制度和社会生活》(商务印书馆2010年版)等。

　　②　陶希圣:《元代佛寺田园及商店》,《食货》1935年第1卷第3期。

　　③　鞠清远:《元代的寺产》,《食货》1935年第1卷第6期。

代,何兹全先生在发表的有关佛教经律关于寺院中财产关系的思想,以及这些思想对于寺院经济的制约和影响的文章,"为理解寺院经济的产生、发展,以及它们在不同时期的不同状况和特点提供了一把钥匙"。其他学者受此启发,在这一领域进行了深入探讨。① 这也从侧面反映出"食货"学派成员在寺院经济研究领域的学术影响力。

四、宗族及社会等级身份

陶希圣早期的社会经济史研究深受亨利·梅因的《古代法》及胡培翚的《仪礼正义》的影响,将中国古代的宗法、婚姻、亲属关系作为切入点,以此探讨中国的社会组织结构,进而观察中国社会发展历程的演变。陶希圣结合社会学和法律学知识,以社会经济的变迁为线索,对宗法制度的兴起、宗族的形成及没落的过程进行梳理,具有很高的学术价值。

1929 年陶希圣在《中国社会之史的分析》一书中指出:"宗法制度是指《礼记》上所述'别子为祖,继别为宗'的制度。这种制度的作用第一是尊祖,第二是敬宗,第三是收族。而其特质是父系、父权、父治。其系统在直的方面是嫡长子继承,在横的方面是'以弟事兄,以兄率弟'。至其精神在'尊尊亲亲,男女有别'。"②在古代,宗法的经济基础是土地公有制。从这一点来看,宗法理论是古代宗法组织和后来封建制度中贵族的法律地位之混成体,其特征是确定宗子制度为贵族阶级的内部组织,庶人却不得立宗。

陶希圣的宗法研究与现实的社会问题紧密相关。陶希圣认为在现实社会里,士大夫的观念体系以宗法理论为基点,这种理论所形成的法律礼典和舆论全不合于农工商民的要求,不能助长他们的发展,反足以妨害他们的发展。宗法理论不可维持,恢复宗法便是恢复君权及官僚独裁政府。并且,社会实际生活早已和宗法不符,包含宗法理论的亲属法去社会实际很远,去民众的要求更远。因此,现在社会是宗法制度已不存在,宗法势力犹存的社会。要摧毁宗法势力,可注意两点:第一是经济制度尤其是土地制度的改革,第二是亲属法良善的执行。③ 陶希圣以经济变迁为线索,运用法律学及民族学的知识对中国古代宗法理论的探究,为我们了解古代社会提供了全新视角。

1934 年陶希圣在《婚姻与家族》一书中对宗族制度做了进一步的阐释。

---

① 胡戟等:《二十世纪唐研究》,中国社会科学出版社 2002 年版,第 553 页。

② 陶希圣:《中国社会之史的分析》,新生命书局 1929 年版,第 29 页。

③ 陶希圣:《中国社会之史的分析》,新生命书局 1929 年版,第 193—239 页。

在此书中,陶希圣详细解读了什么是宗法、宗法以前的亲属制度、宗法及其理论、长子继承与族外婚制、异于宗法的习惯;宗法下之婚姻妇女及父子、婚姻的目的与形式、现于丧服之妻女地位、母子与父子、离婚制度;大家族制之形成、农民氏族之分解、商人地主家族之兴起、汉代的家、大地主的大家族、良贱为婚之禁止、唐代的家族与婚姻;大家族制之分解、土地买卖与农场分散、士族崩溃与大家族制之终了、宗法观念之弛放;家族制度之没落、外国资本与中国社会的变化、农村贫困与农民家族的缩小、都市中家族制之崩溃、婚姻与家族的法律现状。①

陶希圣谈及对宗法制度及婚姻与家族"下了苦功"的缘由是"近几年来,有许多社会学民族学的名词,都成了惯热的口号,于是这些名词的意义都晦了,说到经济与政治构造,差不多什么都是'封建的';说到亲属制度,差不多什么都是'宗法的'。这样一来,封建制度与宗法制度的意义就模糊不清了。在社会学民族学上,封建制度与宗法制度自有确定的意义"②。陶希圣从社会组织和经济关系上对宗法制度,宗法组织的兴起、发展、没落进行深入分析。此作被后世学者评价为:"篇幅不大,但把生产关系演变与家族、婚姻的变化联系一起分析,有一定的深度。"③

"食货"学派中的另一位学者曾謇也对宗族制度进行了深入探讨。他在1935年出版的《中国古代社会》(上)一书中,通过殷周民族家族组织的比较研究、秦民族和楚民族的承继制、齐燕吴民族的婚姻与家族、青铜器铭文中所见古代民族婚媾和家族组织之一斑、普遍通行于贵族与富人阶级的一夫多妻制及形成一夫多妻制的两个主要来源、春秋时血缘婚与群婚制之孑遗、家族共同体的分解这八章,对殷周至春秋时期的社会组织进行了考察。此书主要是依据摩尔根、恩格斯的家族形态来进行分析。在绪言中,曾謇简述了摩尔根将先史民族的家庭组织划分的五种不同的形态,血缘家庭、彭那鲁亚家庭、偶婚家庭、一夫多妻家庭、一夫一妻家庭。④ 曾謇虽也指出摩尔根的这五种婚姻形态有不符合中国婚姻结构之处,但他仍将其作为参考,来分析中国古代的家族与婚姻制度。譬如曾謇在《殷周之际的农业的发达与宗法社会的产生》一文中称:"关于殷周社会的结构,我在《中国古代社会》一书里

①　陶希圣:《婚姻与家族》,商务印书馆1934年版。
②　陶希圣:《婚姻与家族》,商务印书馆1934年版,第1页。
③　冯尔康等:《中国社会史研究概述》,天津教育出版社1988年版,第315页。
④　曾謇:《中国古代社会》(上),新生命书局1935年版。

面已经有着详细的叙述了。我所发现的社会,还是一个氏族的社会,在婚姻和家族方面,也还在脱离典型的彭那鲁亚婚不久的一个阶段上。但是跟着农业的发达,金属耕种工具的使用,劳动的生产力必然要增进起来。又因为生产领域的扩大,氏族的共同组织,已不适宜于这种生产活动,于是氏族的本身必然的要引起分裂以让渡到家族的阶段。"并指出:宗法社会其实就是氏族的关系犹存而又发展到父系家长制阶段的产物,父系家长制的唯一的特征是家族财产共有,这种制度是由分封制而来的。① 稍后曾謇在《周金文中的宗法记录》一文中称西周是典型的宗法组织盛行的时代,它是在家产公有制下由嫡长子继承制度形成的。② 1937 年曾謇在《古代宗法社会与儒家思想的发展——中国宗法社会研究导论》中称:宗法组织随着氏族财产公有转化到家族财产私有,父权的抬头与嫡长子承继制度的确立而形成。这时的家族的具体形态有以下几个特点:一是家族财产共有;二是嫡长子一支的承继制的确立;三是一夫多妻制的实行。③

　　这一时期的学界疑古思潮四起,陶希圣和曾謇对疑古思潮并不完全认同。陶希圣自言:顾颉刚《古史辨》第一册一出便风行一时。"历史学界'后,后,后'之呼声,更震耳欲聋。希圣对民族学研究之兴趣甚隆,当时着手于礼丧服制之研究,寻绎古代婚姻与家族为根本之社会组织,由此推求神话与传说中之史料,重建古代史。"④曾謇也直言:"真正的古史体系的建设,并不是疑古辨伪的工作所可完成,而是社会学民族学的古史体系的建立事体。从社会的物质基础与婚姻家族的结构来把握整个古代社会的发展过程,才是真正古史研究的事情,才能建设起真正的古史体系。""关于宗法社会的研究,我是抛弃了历代礼家的旧说和理论,而用我所得的近代西洋民族学的知识来立论的。在材料方面,我是根据钟鼎文里一部分真实宗法史料的记录来与礼籍中所言的宗法相参证的。"⑤陶希圣与曾謇的宗族研究都吸取了西方民族学的理论,参考了金石铭文的研究成果,这使得他们的宗法研究较学界同人更为深入。

---

① 曾謇:《殷周之际的农业的发达与宗法社会的产生》,《食货》1935 年第 2 卷第 2 期。

② 曾謇:《周金文中的宗法记录》,《食货》1935 年第 2 卷第 3 期。

③ 曾謇:《古代宗法社会与儒家思想的发展——中国宗法社会研究导论》,《食货》1937 年第 5 卷第 7 期。

④ 陶希圣:《八十自序》,食货月刊出版社 1979 年版,第 11 页。

⑤ 曾謇:《古代宗法社会与儒家思想的发展——中国宗法社会研究导论》,《食货》1937 年第 5 卷第 7 期。

"食货"学派对魏晋至隋唐时期的豪强大族的研究也为后世学者所重视。陶希圣在《婚姻与家族》一书中指出：大家族制是由依土地买卖与地租而成立的地主，依商业资本蓄积而成立的商人，这种中间阶级虽也取父系父权父治，却没有氏族的组织，他们的亲属共同生活团体不是氏族而是家族的家长本位的家族制。"前汉及后汉通常的家族是父母妻子同产的共同生活团体。家族所包容的人数是不多的。但是，私有土地因商业经济这地租蓄积而集中。大地主渐次出现。于是以大规模私有土地为依据，而有巨大家族的兴起。""大地主豪强家族，挟持着土地与奴隶的资力，操纵候补官吏的选举。这种现象自后汉时代已经显著。到了魏代，政府遂定九品中正之法，不啻以法令把选举权交给大族。自此以后，家族分为品第"，"大族豪强由此把身份封锁起来"。① 大族至此逐渐兴盛起来。武仙卿指出：东吴至陈六朝是大族的统治时期；东晋、宋、齐、梁四代是侨姓大族占优势，江南大族受排斥的时期；陈朝是土豪大族崛起的时期；隋朝，南朝社会经济破坏，大族衰落。南朝大族的基础，在于政治与经济的势力。政治势力，经征服而消失；经济势力，经兵乱而破坏。南朝经北朝的几次兵侵以后，大族的势力，经兵乱而破坏。② "食货"学派的中古豪强大族研究对我们进一步探究这一时期的社会经济生活提供了很好的借鉴，但他们的研究不够深入。

"食货"学派对于魏晋至隋唐时期大族的研究，着重于从经济角度去探讨，缺少对士族制度其他方面的深入研究。关于魏晋时期的士庶门阀体制，现代学人在"食货"学派研究的基础上，继续深入探讨，如唐长孺先后撰写了《士族的形成与升降》《士人荫族特权和士族队伍的扩大》等一系列论著，深入分析士族的兴衰、南北朝门阀体制的差异等。如对于南朝高门的腐化问题，唐长孺认为其主要特征就是当官而不任事，尤其是鄙薄武职，使他们先是丧失了军事上的统帅地位，继而又丧失了政治上的决策地位，终于成为政治上的点缀品。南朝高门除了自身的腐化外，他们还缺乏强大的宗族基础。侨姓高门早就脱离他们的宗族乡里，脱离了宗族意味着他们力量的脆弱，经不起打击。北朝高门大都有一个强大的宗族基础，宗族关系密切。这使北朝高族在经历兵祸之后，依然能够存在，只要他们的宗族存在，作为高门的条件便依然存在，门户不可能轻易衰落。由此，江南士族高门，由于本身的腐朽和宗族基础的丧失，经过几次沉重的打击后，随着江左入隋他们基本上

---

① 陶希圣：《婚姻与家族》，商务印书馆1934年版，第62—70页。

② 武仙卿：《南朝大族的鼎盛与衰落》，《食货》1935年第1卷第10期。

从江南消失了。北方士族高门由于大都具有深厚的宗族基础,而且他们大部分具有地方实力,其中还能产生出封建政权所需要的人才,因而还有一定的生命力,他们在历史上的消失还有一个较长期的过程。① 唐先生指出在魏晋至隋唐时期的士庶门阀体制的兴衰历程中,宗族具有重要的历史作用。学者高敏也指出:"魏晋南北朝时期,却以士、庶划分地主的阶层,其标准也与其他时期不同,基本上是由某一家族的政治地位加以确定。土地占有和依附民的情况虽然仍起作用,但已不是主要因素,有些士族没有土地,但不影响他们仍然是士族的地位,而一些占有大量土地的庶寒地主,却不能成为士族。"②可以说"食货"学派关于士族宗族性的研究,成为后来六朝士族门阀制度研究的滥觞。

社会等级身份研究也是"食货"学派取得丰硕学术成果的领域之一。社会等级身份制度是衡量社会各阶级阶层隶属关系的重要标准之一,也是确立社会性质的重要依据,"食货"学派对魏晋至隋唐这一时期社会性质的探讨不可避免地涉及社会等级身份研究。

何兹全、鞠清远就三国时代的领民及客的身份进行研究。何兹全在《三国时期国家的三种领民》一文中指出:"三国时期国家领民以其性质和对国家之剥削关系的不同可以分为三种。(一)是州郡领民,(二)是屯田客,(三)是士家。"州郡领民是独立的小土地所有者,耕种自己的土地,他的劳动是自由的。屯田客是国家的佃户,耕种的是国家的公田,而其劳动直接受典农官的指挥及支配,唯一的工作是种地,其他的活动则受限制。士家也是军户,他是独立存在的国家的一种领民,是受国家管理而从事生产的劳动者。"国家三种领民的地位,以州郡领民最高,屯田客次之,士家军户最低。"③

鞠清远在《三国时代的"客"》一文中指出在三国时代,"客"的构成方法有:一是较高的宾客,因为有"依附",或"役属"的关系,渐渐地降落;二是人民为避免徭役,而投于贵族的佃客或客,贵族抑或是招募佃客;三是国家将正户人民,赐为贵族的"客";四是奴隶之提升为客。在三国时代,各种不同名称的客,除去少许的地位的差异外,大体上都是主人的"财产",与主人之

① 唐长孺:《魏晋南北朝史论丛》,生活・读书・新知三联书店 1955 年版;《魏晋南北朝史论丛续编》,生活・读书・新知三联书店 1959 年版;《魏晋南北朝史论拾遗》,中华书局 1983 年版;《魏晋南北朝隋唐史三论》,武汉大学出版社 1992 年版,第 178 页。

② 高敏:《魏晋南北朝经济史》(下),上海人民出版社 1996 年版,第 467 页。

③ 何兹全:《三国时期国家的三种领民》,《食货》1935 年第 1 卷第 11 期。

间是一种隶属关系,或者说是一种荫庇关系。①

　　鞠清远进一步对两晋南北朝时期客的地位与组成方法及与客地位相近的门生、故吏、义附、部曲的身份进行研究。首先,客的组成方式有招募、投靠、赐予。客有很多种类,其中"除掉'傭赁客作'的客,是一种纯雇佣性质,及'十夫客'与'诸奴分务'是与'奴'共同耕作较大的农场以外,前节所举的'佃客',都是一种经营小农场的人们。由于他们是'募客''投靠'求庇荫的,或由奴放免的,所以身份上,他们是与田主平等的"。在南北朝时期,士族贵族,对于门第财产的崇拜,使他们认为没有财产的人是"私贱"。因此,客虽然原来是一种自由民,但在社会地位上是与奴没有什么差别的。其次,门生原本是研究学术,与"师"者是师徒关系,到晋代,门生为了寻求庇荫以免课税而拜师,与师之间有了一种隶属关系,地位接近于奴客。故吏与义附的地位略为相同,都是"家代所隶"的。还有部曲,鞠清远指出:"虽然有人研究部曲,怎样由公兵变成私兵,最后怎样变成农奴,但是他们的考察,多从军将久任、世任方面来寻求结论。这样的考察,往往不很合与南北朝的实际状况。"在南北朝史书中,部曲的主要意义仍是士兵,即军事关系。"部曲"之意义的转变,是有军队部署之公的关系的兵士,因为送镇将去任而被镇将留下而成为私兵,与主将关系也转变为隶属关系。随着部曲人数的扩张,还造成了其他隶属关系,如客、义附、养子等,部曲的意义,渐渐失去了由军事关系而转变过来的痕迹,而纯粹代表在他人户贯下附贯的关系。"客、门生、故吏、义附、部曲等等,虽然各个的构成方式,不甚相同,相互的地位,也不甚相同,不过转变的趋向,则是一致的。他们总括起来,构成当时的一大问题,即荫庇关系。""荫庇,是直接危害国家的财政的。荫庇户愈多,国家的收入愈少","历代的君王、政府,都很了解这一点。他们尽量地与贵族、士族、豪族,或寺院争夺户口。""国家搜括户口最多的时候,便是升平的时候,君权强固的时候;反之,便是政治紊乱,君权衰落的象征。"②

　　"食货"学派通过对这一时期社会各阶层隶属关系的探讨,认为这一时期人身依附、隶属关系逐渐被强化,这一观点极具学术价值。如果说鞠清远对各阶层的分析略显粗略的话,如部曲的私兵化的转变过程并非鞠清远所述,"因为送镇将去任而被镇将留下而成为私兵,与主将关系也转变为隶属关系"那样简单。何兹全则长期探讨并深刻阐述了这一时期客与部曲身份

---

① 鞠清远:《三国时代的"客"》,《食货》1936年第3卷第4期。
② 鞠清远:《两晋南北朝的客、门生、故吏、义附、部曲》,《食货》1935年第2卷第12期。

的演变。指出"部曲之私兵化,大约在东汉末年。东汉末起事的各地豪族强宗所率以起事的人众,除称宗族、宾客外,亦称部曲"。"汉末三国时期,是部曲由公向私的转化时期。部曲成为私家的依附民,私家的武装组织。"①现代学人唐长孺也撰有《魏晋南北朝的客和部曲》等文,结合封建大土地所有制及依附关系的发展,详细而深入地探索了部曲的演变。高敏也特别指出:"历东汉至魏晋南北朝,部曲在本义上仍是军队代称。""但是,随着历史的发展,一方面社会上的封建依附民有成为其主人私人武装的情况出现,另一方面,官府的正规军队,也出现了私兵化过程。两者的结合产生了以'部曲'称呼封建依附民的状况。因而'部曲'的原义便发生了变化,逐渐成为封建依附民的一种特殊称谓。""自由民的佃客化、佃客的部曲化,以及部曲的私家化几个过程的结合,使部曲完全被纳入了封建性人身依附关系中。"对于佃客,高敏指出:"到了魏晋时期,'佃客'渐变为人身依附关系中农奴的代名词。佃客对其主人有着很强的依附性,其主人也就有着相应的控制权力,几乎脱离正常的官府管理系统,完全处于私属关系中。""对佃客与其主人的关系,真正普遍化和以法律形式予以承认的,是西晋武帝所颁布的户调式。通过此,长期以来就存在的封建性人身依附关系得以公开化、合法化、普遍化和固定化。"②

虽然"食货"学派对魏晋时期的阶层结构的分析有些粗略,但他们从客、部曲等社会阶层隶属关系的历史发展变化中,探知魏晋时期的人身依附关系增强,封建制明显化的特征,路径是正确的。如何兹全指出:"东汉以来,封建的生产关系——农奴制度、大土地所有制——已在孕育发展。封建贵族前身的大族豪家,以兼并的方式占有了土地,自由民向大族依附为部曲、宾客的现象,也已经极普遍而且显著",封建制度逐渐形成。③ 也正如现代学人高敏所言:"依附民与主人间的关系,表面上是以庇护和被庇护的形式出现的,实际上则以依附民的政治地位、经济利益,乃至人身自由都隶属于其主人为特征。……因此,这种庇护和被庇护的关系,本质上是压迫者、剥削者与被压迫者、被剥削者之间的阶级关系的特殊表现。劳动者对其主人的

---

① 何兹全:《中国古代社会》,北京师范大学出版社 2007 年版,第 452—453 页。

② 高敏:《魏晋南北朝经济史》(下),上海人民出版社 1996 年版,第 650—651 页。

③ 何兹全:《南北朝隋唐时代的经济与社会——中国中古寺院经济·绪论》,《益世报·食货周刊》1937 年 5 月 25 日。

封建人身依附关系,随封建制度的产生发展而产生和发展。"①

鞠清远还对魏晋南北朝官工业中之刑徒的社会身份做了考察,他认为:"在魏晋南北朝这一时期中,尚继承了汉制,刑徒是要作工的,除去一些普通的劳役以外,在尚方、东冶、诸冶这类官工业机关中,刑徒的劳动,可说是工业劳动。官工业机关中,虽不必完全依持这种劳动,不过,由于常常提到很大数目的刑徒,并且中央与地方都有收容刑徒的官工业机关,使我们相信刑徒的劳动,在这类也是有相当地位的,自然官工业机关中,还有特殊的工匠,与以后的匠户是相同的,也有利用一般人民的徭役的地方。"②

鞠清远注意到了魏晋官工业中刑徒的大量使用,但他对这一时期官工业中劳动者身份的考察有可商榷之处。唐长孺指出:魏晋时期,"刑徒仍是官府作场劳动力重要来源"③。"当时官府作场与官府所主持的工程还使用奴隶和刑徒,此外,农民自然也不能免于征发。"④"我们知道汉代官府作场与官府工程中刑徒可能是占很大比重的劳动者,三国时期还占相当大的比重。但晋代似乎已加重了与扩大了百工的使用","官府作场中刑徒使用的扩大乃是政府加紧控制与压榨劳动人民使之奴化的表现"。⑤ 魏晋时期官工业中的劳动者,"第一,他们在名义上唤作'百工',不算奴隶;第二,其来源是采用征发形式的,但也有俘虏;第三,他们的身份被认为低于一般平民而与士卒相等;第四,他们不能在市上自由营业,不能自由被人雇用及出售其生产品;第五,他们是有家庭的,法律上承认百工家庭的独立户籍,这种卑微身份及所承担的义务是世袭的"⑥。

此外,"食货"学派成员鞠清远对元代官匠户,何兹全对"质任",武仙卿对"庸",陶希圣对满族未入关前的俘虏与降人、顺治朝的逃人及投充等社会身份的研究也有一定的学术价值。

---

① 高敏:《魏晋南北朝经济史》(下),上海人民出版社 1996 年版,第 647—648 页。
② 鞠清远:《魏晋南北朝官工业中之刑徒》,《益世报·食货周刊》1937 年 1 月 1 日。
③ 唐长孺:《魏晋南北朝史论丛续编》,生活·读书·新知三联书店出版 1959 年版,第 36 页。
④ 唐长孺:《魏晋南北朝史论丛续编》,生活·读书·新知三联书店出版 1959 年版,第 38 页。
⑤ 唐长孺:《魏晋南北朝史论丛续编》,生活·读书·新知三联书店出版 1959 年版,第 40—41 页。
⑥ 唐长孺:《魏晋南北朝史论丛续编》,生活·读书·新知三联书店出版 1959 年版,第 39 页。

五、社会经济生活

"食货"学派在学术思想上虽然只是接近或倾向于唯物史观,但他们在对中国社会经济史的具体研究过程中,则的确运用了唯物史观,除了上述生产关系各方面的研究以外,还表现为他们对中国历史上不同时期社会经济生活的重视。

(一)对农业生产的研究

曾謇在《西周时代的生产概况》一文中着重对西周时期的农业生产工具进行考察,他认为学界对西周社会性质是奴隶制还是封建制争论不休的主要问题是铁质生产工具是否出现。曾謇认为:"周初并没有什么铁的发现,而周民族的农业还是承袭着殷代的。殷末的农业就已渐次成为重要的生产,促进农业的生产的是青铜器的耕种工具的使用,这并不需要铁,在相当的条件之下青铜器也是有着这样的功用的。""而且自殷末降及西周一代,表面上我们虽然只看到农业的重视,然实际上畜牧还是很重要的生产事业。"①曾謇还在《殷周之际的农业的发达与宗法社会的产生》一文中,利用殷墟甲骨文中卜辞的记载论证"在殷商的下半期,实际已经是青铜艺术很发达的时代,当时的生产工具,已成为金属的制作,可考的有耒耜铚铸之属,而且当时对于农业也极重视"②。

何兹全在《三国时期农村经济的破坏与复兴》一文中,将东汉末年黄巾之乱起到晋武帝灭吴统一天下这一时间段,以建安时期为界分为前后两个时间段,前半段是农村经济的破坏期,主要表现在农民的流移、土地的荒芜及一切社会生活的贫穷;后半段是农村经济的复兴期,主要表现在政府招募流亡农民的政策的有效实行,灌溉事业的发达等。③

陶希圣在《齐民要术里田园的商品生产》一文中对前代农业经济的考察主要是为了"把我们已知已见的前后作种种的比较,再拿来与清以来的农书比较,再实地与现在的农业技术及农家经济比较"。在此文中陶希圣就《齐民要术》中所记载的瓜、葵、蔓青、棠、杨柳、苜蓿、榆、白杨等作物的种植情况做了简介,并指出:"以上是《齐民要术》明白说出的作为商品的各种生产。""稻麦等物究竟不能说是商品生产,只是富农大农消费多余的部分,或是中

---

① 曾謇:《西周时代的生产概况》,《食货》1935 年第 1 卷第 7 期。
② 曾謇:《殷周之际的农业的发达与宗法社会的产生》,《食货》1935 年第 2 卷第 2 期。
③ 何兹全:《三国时期农村经济的破坏与复兴》,《食货》1935 年第 1 卷第 5 期。

农小农被迫出卖的部分,加入了商品流通罢了。"①

　　在古代的农业生产中,水是重要的生产要素。何兹全直言:"外国人研究中古社会,曾说中国是看重水利的国家。"②陶希圣在《唐代管理水流的法令》一文中就政府对水资源的管理利用做了考察。并强调:"政府与大庄主在水流使用上的斗争。这个斗争,关系于王权与贵族的胜负,甚至于决定一代政权的兴灭。"陶希圣就唐代中央和地方水利管理官吏的名称、职务,灌溉用水管理体系斗门、水碾的运行管理,河上交通的管理法令,航行法、津渡法、桥梁法、海上运输之规定进行了详细的考察。陶希圣得出如下结论:河渠的灌溉,由政府以均平为原则来管理,这一点指出政府在法令上是与豪宗贵族对立的;政府对于河渠津渡桥梁等水上交通与灌溉,其统制大体是限于政府的利益所在的各点;凡是管理水流的专官及夫役匠人,都是以免除税徭为条件,从勋官或白丁征发。③曾謇也在《秦汉的水利灌溉与屯田垦田》一文中指出水利与政治经济的关系,"水利灌溉的系统以及屯田垦田的事业,在秦汉的经济政治上有极重要的地位。秦以郑国渠的完成而关中为沃野,遂得以并六国。而后汉高的创业,仍然是以此地为其经济的基础。汉武以降对于西域匈奴等地的控制与征讨,也大抵以就其地置屯田与水利以为军资"④。他在文中就先秦河渠水利的开创,汉武一代河渠水利事业的兴盛,孝武以后水利灌溉事业之大要及其废弛,东汉的水利事业与垦田,两汉的屯田与开边进行了详细的论述,深入地探讨了水利与垦田的互动关系及对当时政治经济生活的影响。"食货"学派对古代农业生产的开创性研究为我们了解这一时期农业生产现状提供了参考。

　　(二)关于手工业生产

　　鞠清远在《汉代的官府工业》一文中对汉代工厂的规模与分工、设厂地点、工人进行考察,提出:"汉代官工业中,用奴隶刑徒劳动居多,或用自由的工人劳动为多,尚是一问题,至于工人就业于官场,为提供徭役,或长期受雇,亦一问题。解决这两个问题,尚须多搜集证据。"⑤稍后,他在《南宋官吏与工商业》一文中依据《朱文公集》中的资料,指出南宋官吏假公济私利用官

①　陶希圣:《齐民要术里田园的商品生产》,《食货》1936年第3卷第4期。
②　何兹全:《三国时期农村经济的破坏与复兴》,《食货》1935年第1卷第5期。
③　陶希圣:《唐代管理水流的法令》,《食货》1936年第4卷第7期。
④　曾謇:《秦汉的水利灌溉与屯田垦田》,《食货》1937年第5卷第5期。
⑤　鞠清远:《汉代的官府工业》,《食货》1934年第1卷第1期。

府财力私营工商业,并利用居官的势力来剥削工匠的无偿劳役,摧残了市民的工商业。① 鞠清远的手工业研究代表性著作是 1934 年出版的《唐宋官私工业》,书中分官工业与私工业两个方面对唐宋时期手工业的工厂组织、劳动者身份、原料来源、成品销路、作坊工业、庄园及寺院工业、家庭工业、雇工之例、工业组织与生产地域、工业的行会等进行了研究。作者自言"得出的结论,对于唐宋的社会研究,能有所贡献"②。鞠清远还对魏晋时期的手工业进行过研究,撰有《魏晋南北朝官工业中之刑徒》《魏晋南朝之官工业机关》《魏晋南北朝的冶铁工业》《魏晋南北朝的匠师及其统辖机关》《魏晋南北朝的纺织工业》等文。且陶希圣与武仙卿合著的《南北朝经济史》一书,"其中工业部分,又由研究室同人著有《唐宋官私工业》的鞠清远先生补写"③。此外,陶希圣在《十六七世纪间中国的采金潮》一文中指出,这一时期由于铸币的缺乏,社会经济生活对金、银、铜稀有资源的需求很大。政府与私家掀起采金狂潮,其间政府设置矿使,由于政府不应在重税之下举办企业,且矿使及随从荼毒百姓遭到人民的反对,并引发矿徒暴动。④ 陶希圣在文中对这一时期矿业的生产技术、生产状况涉及较少,但以矿使为视角探讨工商业与社会经济的关系,颇具新意。

(三)关于商业、都市

"食货"学派对商业、货币、都市、市场等经济生活流通领域也颇有研究。陶希圣在《冀筱泉著中国历史上的经济枢纽区域》一文中指出:"我近几年来常常指出中国经济重心由西北向东南移动的趋势。但我注意的是都市的南移,不是水利繁荣区域的南移。从历史的材料上,我看出中国的经济不全是自足农村经济。工商都市的地位和影响是不可忽视的。"⑤陶希圣在《五代的都市与商业》一文中指出,经唐末黄巢暴动以后都市的残破。"都市的残破,原不是都市消减的原因。如果农村不能自给,工业有独立的存在,交换经济仍然进行,则都市残破以后,必迅速恢复。"并通过对新旧五代史史料的钩沉,简述了这一时期长江以南都市与商业的恢复和繁荣及北方的都市恢复概况,并特别提出研究邸店的重要性。"邸店是什么样的组织,是研究中古

① 鞠清远:《南宋官吏与工商业——读朱文公集随笔》,《食货》1935 年第 2 卷第 8 期。

② 鞠清远:《唐宋官私工业》,新生命书局 1934 年版,第 3 页。

③ 陶希圣、武仙卿:《南北朝经济史》,商务印书馆 1937 年版,第 2 页。

④ 陶希圣:《十六七世纪间中国的采金潮》,《食货》1934 年第 1 卷第 2 期。

⑤ 陶希圣:《冀筱泉著中国历史上的经济枢纽区域》,《食货》1936 年第 4 卷第 6 期。

史最重要的问题之一。明了邸店内部的关系,便可以明了中古的商业便再加发达,也不会使社会脱离中古的阶段";并呼吁学界给予关注,"邸店的研究,我希望有人注意"。①

稍后,武仙卿在《隋唐时代扬州的轮廓》一文中,从江淮一代的富饶、以扬州为中心的水路交通、以扬州为中心的转运、扬州商业的兴盛与扬州繁荣的素描、制造业的一斑、中唐以降江淮一带及扬州的破坏等六个方面详述扬州及周围市镇经济的发展。②

都市经济的研究不可避免地涉及经济交流场所市场的考察。陶希圣在《唐代管理"市"的法令》一文中指出唐代的市指城乡及城乡附近的郊野,市的界内有商场、住宅、田园各种区域。唐代的市不是固定的区域,而是可以流动的。他在文中详细阐述唐代市的概念、市的官吏、行与市的标榜、斛斗枰度的平校、物价的评定、把持及诈欺的禁止、立券的限制、不合规程的货物的禁卖等。③ 并对唐代市场的内部结构及管理方式进行了考察。还有,鞠清远在《唐宋时代四川的蚕市》一文中,指出唐代四川的"蚕市"类似于近代北方的"会",是一种季节的市场。这种"蚕市"可分为两种,一种是由崇拜圣地而构成的季节时,类似于现代的"庙会";另一种是没有宗教的意义,而只是季节的市场。"这种市场,固然许多记录,都说它只是桑蚕农之具,似乎是一种纯粹为农民的便利而设定的。不过有些记录,则说明货物不只限于蚕农之具,各种货物都有。实在,我们不应把'蚕市',当做季节的农器或农产品市场,它实际上是具备各种货品的大市场,特别是农村能购买的城市工业的物品的市场。"④

此外,"食货"学派还对商人及高利贷等流通领域里的专题研究有所涉及。陶希圣的《唐代处理商客及蕃客遗产的法令》收集《宋刑统》中的五则唐律中处理商客及蕃客遗产的法令。如有继承权者的限制、被继承人死时有继承权人相随者、无继承权人相随者、基础权人之收认权、遗产之酬还及官收等。⑤ 陶希圣《元代西域及犹太人的高利贷与头口搜索》一文依据《元史》及《元典章》的记载,历数西域的回族随蒙古军所到的地方放债给官民,利息

---

① 陶希圣:《五代的都市与商业》,《食货》1935 年第 1 卷第 10 期。
② 武仙卿:《隋唐时代扬州的轮廓》,《食货》1937 年第 5 卷第 1 期。
③ 陶希圣:《唐代管理"市"的法令》,《食货》1936 年第 4 卷第 8 期。
④ 鞠清远:《唐宋时代四川的蚕市》,《食货》1936 年第 3 卷第 6 期。
⑤ 陶希圣:《唐代处理商客及蕃客遗产的法令》,《食货》1936 年第 4 卷第 9 期。

极高,迫使债务人破产的史实。①

综上,"食货"学派的中国社会经济史研究涉及多个研究领域,并取得了令学界瞩目的研究成果。在许多重要方面,为后来的中国经济史研究的深入,打下了一定的基础。"食货"学派对农业、手工业、商业的重视也是他们以唯物史观为指导研治中国史的一种表现。

第五节   学术与政治

"食货"学派形成于 20 世纪 30 年代,食货学人对魏晋至隋唐时期的土地制度、赋税财政制度、寺院经济、社会等级身份等重要问题都有精深研究,形成了独到的见解,并为学界所认同,"食货"学派也由此在学界占有一席之地。

不可否认,20 世纪 30 年代的社会经济史研究是在社会史论战的学术语境下开展起来的,从事社会经济史研究或对社会史研究感兴趣的学者无不以解决中国现实的社会问题为出发点,"食货"学派成员也不例外。学者由于政治立场及观点的不同而对社会史诸多问题产生不同见解的现象,亦属正常。虽然政治立场不一定决定学术观点,但学术观点不可避免地受到政治立场的影响,尤其在社会经济史这一与革命的现实问题有着紧密学术关联的研究领域。因此,要对"食货"学派的学术研究进行深入探讨,就应当将他们的政治立场及政治思想作为重要的参照物进行综合考察。

一、"食货"学派成员的政治立场

从政治立场与政治观点上看,"食货"学派成员的政治观点与其国民党员的立场一致。陶希圣不是一位纯粹意义上以学术为职业的学者,他早在 1926 年 8 月就加入了中国国民党。陶希圣出身于耕读官宦家庭,其父是清末官吏,历任清朝提调、知县职,民国初年还曾任湖北黄陂县县长,及河南汝阳道道尹等职。其父常以"宽以济猛,猛以济宽"为治理之道,教训陶希圣等。②陶父由农耕入仕途的经历,对陶希圣产生深远影响,学而优则仕的观念在陶希圣脑海里根深蒂固。陶希圣于 1927 年辞商务印书馆编务之职而

---

①   陶希圣:《元代西域及犹太人的高利贷与头口搜索》,《食货》1935 年第 1 卷第 7 期。

②   陶希圣:《潮流与点滴》,传记文学出版社 1979 年版,第 25 页。

参加革命的思想渊源或许与此有关。1927年陶希圣参加武汉革命运动,这次革命经历对陶希圣的政治观点及趋向产生了深远影响。

1927年的武汉正处于革命风暴之中,政治局势瞬息万变。陶希圣受周佛海的邀请,以国民党员的身份到武汉任黄埔军校武汉分校政治教官;稍后兼任军事委员会总政治部政工人员训练委员会常务委员及武汉大学法学教授。1927年5月,黄埔军校武汉分校与武汉农民运动讲习所合组"中央独立师",陶希圣任军法处长。在此期间他曾因阻止农民协会在大会上滥杀无辜,被指责为"反动军阀",险些丧命。后被恽代英召回,任黄埔军校武汉分校政治部秘书。7月15日,汪精卫发动"七·一五"反革命政变,恽代英将军校学生改编为教导团,拟随第二方面军南下广州,任命陶希圣为教导团政治指导员。陶希圣不愿随军南下"匿居武昌数月,改姓万氏……不敢出房门,……有时写一篇短文,由冰如带到粮道街投入邮箱,寄给汉口中央日报副刊"①。8月"宁汉合流",9月中旬,南京"特别委员会"成立,武汉政府宣告结束。1928年12月,陶希圣脱离军校,远离政治漩涡,回到上海。

陶希圣初到武汉任黄埔军校武汉分校政治教官时,是"以'左'倾的姿态出现的"②。而中共八七会议后,陶希圣遇见施存统,施告诉他:当时"共产党未邀你入党,是留一个左派,在党外与他们合作。……如果你入了党,今天的生命如何,就不可知了"。陶骤闻此言,不禁"毛骨悚然"③。此时,从政治立场上看,陶希圣更接近国民党。陶希圣自言:"民国十六年一月,我回武汉;十二月,我离武汉。……死里逃生,仍返上海。当一身一家西上之初,决投笔从戎之志。在此一年之间,我所知与观察所及,对国际共产党之思想与战略战术,有深切之了解。"④陶希圣不赞成中共的阶级斗争理论,更对在国民革命中发迹的蒋介石等新军阀独裁专断、脱离民众、丧失革命精神极端不满。1928年12月,回到上海后的陶希圣加入"改组派"(全称为"中国国民党改组同志会"),它是一个以汪精卫为首反对当时南京政权为主旨的松散的政治派别。1927年大革命失败后,为数众多的小资产阶级知识分子,不赞成共产党的主张,害怕工农大众取得胜利,又目睹蒋介石政府的腐化堕落,对其感到失望不满。他们既不愿意附和蒋介石的种种倒行逆施,又没有勇气

---

① 陶希圣:《潮流与点滴》,传记文学出版社1979年版,第100页。

② 方秋苇:《陶希圣与"低调俱乐部"、"艺文研究会"》,《民国档案》1992年第3期。

③ 陶希圣:《潮流与点滴》,传记文学出版社1979年版,第100页。

④ 陶希圣:《八十自序》,《传记文学》1978年第33卷第6期。

跟随共产党革命,在苦闷彷徨之中,希望有一条中间道路可走。汪精卫、陈公博适时地提出了契合他们愿望的资产阶级改良主义的种种主张。"改组国民党"的口号一出即得到了众多小资产阶级知识分子的响应。

　　1929年陶希圣在《中国社会之史的分析》一书中,反复强调要回归民国十三年总理改组国民党的精神。他认为,中国国民党既不是一阶级党,更不是超阶级党,其基础乃是农夫工人、商人(受帝国主义经济压迫的工商业者)以及革命知识分子等一切被压迫的民众。他强调指出,数十年中,革命党的官僚化,常常成为革命失败的根源,因此必须将供帝国主义驱策的官僚士大夫严格排除在党外。①翁贺凯指出:"陶希圣的文字看上去虽然不像陈公博等人那样锋芒毕露,但却最有历史的纵深度,因而其理论的说服力也最强,影响也最长久。从这个意义上而言,可以说陶希圣这一时期的思想言论是二十年代末三十年代初国民党'改组派'革命知识分子对于中国社会历史和革命前途基本认识的理论典型。"②何兹全称:"陶希圣和汪先生的关系在1928年前后就建立起来了。揆诸三十年代国内政治情况,国民党内的政治斗争和陶希圣的思想情况,那时他靠近汪就比靠近蒋的可能性大。"③这也为陶希圣在抗战爆发后政治上的"走失"埋下了伏笔。

　　"食货"学派的其他学者何兹全、武仙卿、沈巨尘等也都是国民党改组派成员。当时,他们作为青年学生加入国民党并进而加入国民党改组派的思想历程,以何兹全为例可窥见一斑。何兹全自言:"1927年,广东国民革命军出师北伐。北伐军的胜利,使我非常兴奋,……我的心和热情也跟着北伐军的前进而沸腾。……我就是在这种思想情况下加入国民党的。"随着革命形式的急转直下,何兹全此时的政治态度是"不赞成共产党,阶级斗争、打杀地主,不合中国国情;也不赞成蒋介石,认为他的行动是篡夺党权,破坏组织、勾结江浙军阀、收容北洋政客,是军阀作风。"何兹全在政治思想上逐渐靠近改组派的中间路线,他说"陈公博的《独立评论》对我的思想、情感影响都很大"④,并于1928年加入改组派。

　　"食货"学派成员认为三民主义是最适合中国国情的思想和政治道路。

---

①　陶希圣:《中国社会之史的分析》,新生命书局1929年版,第78—79页。

②　翁贺凯:《1927—1934陶希圣之史学研究与革命论——兼论其与国民党改组派之关系》,《福建师范大学学报》(哲学社会科学版)2003年第4期。

③　陶恒生:《"高陶事件"始末》序二(何兹全),湖北人民出版社2003年版,第8页。

④　何兹全:《爱国一书生:八十五自述》,华东师范大学出版社1997年版,第18—28页。

何兹全认为：中国需要民族主义，反对帝国主义，把帝国主义列强打出中国去。中国需要民权主义（即民主主义）把军阀打倒，实行民主，人民当家做主。资本主义制度对内剥削压榨工人阶级，对外侵略弱小民族，中国不能走资本主义道路。中国要走社会主义道路（即民生主义），内防压迫剥削，外防对外侵略。中国需要民生主义（即社会主义），建设人民和平幸福的社会主义社会。① 沈巨尘、武仙卿等人的思想"简单概括的说是'民主＋社会主义'，思想来源是中山先生的三民主义，但对三民主义的解释主要来自陈公博的《革命评论》和顾孟余的《前进》"②。

在政治思想上，陶希圣对三民主义的理解比他们更深刻。陶希圣指出三民主义中"民族主义有两方面的意义：对外求脱离外国资本的压迫，进期于世界民族的平等；对内求国内各民族文化上的提携，进期于真实的民族同化，而不以千余年来王公大人外交式的同化为自足。民权主义的意义，在'唤起民众'使生产者主张并充实其亘古以来未有的政治要求，使怕国家者一变而管理国家，如'身之使臂，臂之使指'。所以，民权主义之民权是革命民权，与'天赋人权'殊科，更与从来士人阶级所腐心的民本主义有天渊雪泥之别。民生主义有两方面的意义：消极则平均地权使'耕者有其田'，并节制资本使生产民众享受生产所得的利益。积极则增进社会生产力，改变商人资本为生产资本，并利用外国资本以增进此生产资本"③。

国民党改组派是汪精卫集团与蒋介石集团争权夺利的政治产物，随着汪精卫集团在政治斗争中的失利，改组派也于1931年宣布解散。受改组派理论思想影响的"食货"学派成员在政治上开始出现分化。据何兹全回忆："沈巨尘是个想做官的人，渐渐想靠近蒋介石系派；武仙卿出身地主阶级，反共思想日渐抬头；何兹全仍是民主加社会主义。"④陶希圣则于1931年秋离开革命重地上海前往学术中心北平任北京大学教授，其精力也更多地放在学术研究上，但他国民党员的身份使其并不能真正地摒弃政治而专注于学术。

1935年1月陶希圣与王新命、何炳松、樊仲云、萨孟武等十教授发表《中国本位的文化建设宣言》，在思想文化界引发关于中国文化建设道路的大讨

① 何兹全：《爱国一书生：八十五自述》，华东师范大学出版社1997年版，第30页。

② 何兹全：《爱国一书生：八十五自述》，华东师范大学出版社1997年版，第78页。

③ 陶希圣：《中国社会与中国革命》，新生命书局1929年版，第212—213页。

④ 何兹全：《爱国一书生：八十五自述》，华东师范大学出版社1997年版，第78页。

论。这个宣言的出炉带有强烈的政治气味。"所谓的中国本位文化,是陈立夫继他的哲学著作《唯生论》后提出的。他的秘书刘百闵多次到上海联系商务印书馆编译所所长何炳松、复旦大学教授孙寒冰等人,在上海组织一个'中国文化建设协会',用十大教授签名的方式发表一篇宣言,并出版一个16开本的杂志,名《中国文化建设》,为协会的机关杂志。'十大教授'发表的宣言,是以何炳松牵头,依次是萨孟武、陶希圣、章益、樊仲云、王新命、武育幹、孙寒冰、黄文山、陈高庸十人。由于何炳松带头有功,陈立夫1935年夏秋推荐他为暨南大学校长。"①

这些学者在《中国本位的文化建设宣言》中指出:"中国在文化的领域中是消失了;中国政治的形态、社会的组织和思想的内容与形式,已经失去它的特征。由这没有特征的政治、社会和思想所化育的人民,也渐渐的不能算得中国人。所以我们可以肯定的说:从文化的领域去展望,现代世界里面固然已经没有了中国,中国的领土里面也几乎已经没有了中国人。要使中国能在文化的领域中抬头,要使中国的政治、社会和思想都具有中国的特征,必须从事中国本位的文化建设。"②

这是一篇由国民党授意而作的文化宣言,其中的未言之意是要用三民主义文化统一中国。此论一出就引起学界关于中西文化冲突及现时文化建设道路的广泛争论,有主张中国文化全盘西化的,有主张民族资本主义性的文化即三民主义的文化,也有主张介绍社会主义文化的。面对学界的种种争论,陶希圣等十位教授于1935年5月发表《我们的总答复》指出:"中国本位的文化建设,应以此时此地的需要为基础,无待烦言。中国此时此地的需要究竟是什么?首先,人民的生活需要充实。其次,国民的生计需要发展。最后,民族的生存需要保障。总括起来,中国此时此地的需要就是:充实人民的生活,发展国民的生计,争取民族的生存。故中国本位的文化建设是一种民族自信力的表现,一种积极的创造,而反帝反封建也就是这种创造过程的必然使命。"③十位教授在《中国本位的文化建设宣言》及《我们的总答复》中,对1935年中国国内外一触即发的紧张战局只字不提,而一味强调文化建设,并要求国民安于现状而从事国计民生的建设,为国民党做政治宣传的意图非常明显。

---

① 方秋苇:《陶希圣与"低调俱乐部"、"艺文研究会"》,《民国档案》1992年第3期。
② 王新命等十教授:《中国本位的文化建设宣言》,《文化建设》1935年第1卷第4期。
③ 王新命等十教授:《我们的总答复》,《文化建设》1935年第1卷第8期。

这一时期陶希圣还发表了许多政论文章,就一党专政、开放党禁等民主政治敏感话题表达了自己的看法。陶希圣在《一个时代错误的意见——评时代公论杨公达先生的主张》一文中就杨公达提出组织清一色政府的观点提出异议,"所谓清一色,乃是国民党中最有力的一派","这种论调在目前提出,不免时代错误"。并指出:"如果果真有一派能够救国,真能够解放中国的大众,我是赞成一派专政的。但是我们应当知道,苏俄及意大利的一派所以可以专政,是因为这一派能够集中社会里有力的群众的力量。一派专政不是由于他有钱有兵,乃是由于他有政策有计划有民众的拥护。尤其是由于他能够解决国家和民众的迫切问题。民众没有服从一派的义务。民众只跟随那能够帮助自己解决问题的人。""两派政府也不能救中国,一派政府也不能救中国。中国的得救,只有一条路,这便是集中国民的权力以自救。两派分沾政权也不能集中国民的力量,一派独占政权也不能集中国民的力量。只有国民行使政权,才能是国民集中力量来救国。""所以,开放政权与国民,并没有危险。把国民排斥在政权之外,却有危险。如果我替国民党最有力的一派打算,我决不上一派专政的万言书。我要劝他把政权向国民开放。"陶希圣反对国民党一党独裁,认为国民党应该开放政权于国民,但是由于其国民党员的身份,在他看来,一个国家开放政权固然重要,但"我并不是说把天下作奴隶的绝对的不该,我是说这是不利于主人的"①。他站在国民党的立场上探讨民主政治问题,阶级属性凸显。

陶希圣对民主政治有这样的认识:民主政治与中央集权不一定是冲突的,不能解释国民政府《建国大纲》的训政为专制。《建国大纲》固然主张以军政扫除地方军阀,同时也主张建国的基础在地方自治。换句话说,《建国大纲》的用意,是想中央政府与地方民众相并而共除旧污。这种用意与其是解释为专制,毋宁可以解释为民主。"我的主张是地方割据必须打破,民主政治必须贯行。"②此外,就当时南京政府在训政阶段政治上的"一党专政",陶希圣指出:中国国民党预定以两种方式去取得政权;一是用武力扫除政敌;二是用国民会议的方式,凭借人民的心力。事实上,现在已经是国民党独裁的政治,政府现实大权是在一人,还是多人,也只有事实来决定。即令大权不在个人,也与议会政治相差很远。即令按照《建国大纲》召开国民大

---

① 陶希圣:《一个时代错误的意见——评时代公论杨公达先生的主张》,《独立评论》1932 年第 20 号。

② 陶希圣:《民主政治的一解》,《独立评论》1937 年第 235 号。

会,那个誓行三民主义的县民代表会议,也与多党议会不同。议会制度在理论上是不是适宜而有效,在事实上能不能便即实现,都成问题。① 陶希圣在对民主政治的理解上持从宽的消极的态度,认为现时国民党推行的独裁政治已成现实,议会制度在中国能否真正地实行只能由"事实来决定"。这一时期,"内忧外患"的艰难时局,使得多数知识分子产生对民主的幻灭感,选择哪种政治体制以救国成为他们关注的一个焦点。陶希圣在这一问题上的表态反映了他与国民党保持一致的政治立场。

台湾学者陈仪深认为这一时期陶希圣可以称作"民主论者",其理由从他在《独立评论》最后几期所写的文章中可以看得更清楚②。这最后几期所写的文章中较多地讨论了有关"开放党禁"的问题。1937 年 4 月周恩来在立法院修正国民大会两法规之前发表"我们对修改国民大会法规的意见"提出开放党禁的问题。陶希圣就周恩来"意见"中的部分观点撰写《论开放党禁》一文,指出:"我曾有一个见解,以为党治制度应有一回改变。国民党应当潜在于民众的里面,领导民众以民主制度来运用政权。国民党不应在法律上执掌政权,由党来直接产生政府。"陶希圣认为要集中国力以对外,必须开放党禁。这即利于减少在野党的非法活动和分裂活动,也利于去除在野党的神秘性,增强国民党的群众基础。陶希圣指出开放党禁的原则是"是党就可以合法,是党就可以当选",但这一原则以在野党最有力者的放弃武装暴动,不再与国民党作武装的斗争为新动机。③

稍后,陶希圣在《再谈党禁问题》一文中指出:"国民党外的党能不能自举代表而以某某党的代表的资格出席,这是很重大的问题。问题的重大,是在由于这个制度,国民党外的各党就合法化了。""我以为国民大会各党参加问题以至于宪法问题,值得学界热烈讨论。此后的国家组织将要变一个样子。变成一个什么样子,全在于大家的争持与互让到什么程度。有时,这种争持与互让可以促成一个党派的成败兴亡。"并提醒"在已成党员固然应当留心,即在无党派的人们也并不是一个小问题呵!"④

最后,陶希圣在《不党者的力量》中指出:"不党者的力量并不是随意滥

---

① 陶希圣:《民主与独裁的争论》,《独立评论》1935 年第 136 号。

② 转引自李扬、范泓:《参政不知政——大时代中的陶希圣》,湖北人民出版社 2009 年版,第 23 页。

③ 陶希圣:《论开放党禁》,《独立评论》1937 年第 237 号。

④ 陶希圣:《再谈党禁问题》,《独立评论》1937 年第 239 号。

用得来的。所以今后的政治虽是民主政治,不见得就是三十年前西欧的多党政治。民主政治的任务应当是宣达不党民众的意思,并不是助长摇旗呐喊的宣传组织的党的活动。预料将来的趋势,虽不是一党专政,也并不就是几个政党更迭掌权的局面。""中国的政治,最可能的趋势,是国民党执权,不过容许一两个支持这个政权的他党合法活动。"①

从表面上看,陶希圣对"开放党禁"的政治见解与中国共产党提出的"开放党禁"的政治诉求有相同点,即希望当局者结束训政,实行宪政,走民主政治中的议会道路。但是,陶希圣提出的"开放党禁"的立场与中国共产党有着本质的不同。他希望通过"开放党禁"让在野党有表达政治诉求的机会,进而通过民主政治的推进,改进执政党自身建设,增强其群众基础,他执政党的立场并未改变。从陶希圣的言论中可知,他在对待民主政治中的议会政治缺少一种坚定的信念,这表明他对英美宪政缺乏深刻的理解。虽然陶希圣一再强调"我始终是一个拿粉笔和毛笔的人,没有工夫和兴趣做党的工作"②。但从陶希圣的政治表现看,他的国民党员的政治立场未改变。

同陶希圣一样,"食货"学派其他成员虽然对国民党的党政政策不满,但仍一致认为国民党应是中国革命的领导者。何兹全称:中国民族要求解放、求生存,必须恢复民众运动,组织民众,以农工大众的力量为民族斗争的武力。中国不能走资本主义道路,要走民生主义的道路,民生主义就是社会主义。中国国民党和中国共产党的革命方式不同,目的相同。国共之争,应是革命领导权之争,不应是革命反革命之争。国民党要想领导全民族负起民族复兴的大业,绝对应该使自己努力的方向与主张是前进的,能与整个人类社会进步路程相合流才行。③ 由上可知,"食货"学派成员国民党员的政治立场与其政治观点一致。

二、"食货"学派成员学术与政治之纠葛

从政治立场与学术观点上看,"食货"学派成员的学术观点受政治立场的影响。"食货"学派作为一个史学派别,身处特定的时代当中,不可避免地受到当时社会政治环境的影响。我们应当科学地参考政治因素的影响,综合考察他们的学术活动。在以往关于"食货"学派的研究中,一些史学家过分强调政治因素,将"食货"学派成员贴上"国民党御用文人""政治上的投机

---

① 陶希圣:《不党者的力量》,《独立评论》1937 年第 242 号。

② 陶希圣:《不党者的力量》,《独立评论》1937 年第 242 号。

③ 何兹全:《爱国一书生:八十五自述》,华东师范大学出版社 1997 年版,第 126—127 页。

人物"的标签,从政治立场决定学术观点的视角,评价他们的学术贡献。这种过分倚重政治因素而谈学术的研究,不利于我们客观公正地探讨"食货"学派的学术贡献。政治与学术在社会发展过程中是相互影响的,完全脱离政治的纯学术是不存在的。我们可以在适当地区分学术与政治的基础上,探讨"食货"学派学术研究与政治观点的内在联系,这将有利于我们深入、全面探讨他们的学术价值及历史作用。

"食货"学派的学术研究范围广泛,涉及中国社会经济史、中国政治思想史、中国政治制度史等诸多领域,其中较能代表他们学术成就的是中国社会经济史研究。"食货"学派在社会经济史领域内的专题研究主要是围绕着魏晋封建说展开的。他们通过对魏晋至隋唐时期的土地制度、人身依附关系、生产组织方式、交换方式、社会经济生活等各方面的考察,得出魏晋时期的中国是封建社会发展鼎盛时期的结论。其具体观点如何兹全所言:"自三国到清末是封建时期。在这个长期的封建阶段中,以唐为分界又可分为前后两期。唐以前是封建的发展期,尤其北朝,封建制度可以说是相当的完整。唐代封建制度渐次分解,中唐以下到清末,封建制度崩溃,商业资本兴起。萌芽的资本主义生产方法与崩溃中的封建生产方法相互对峙,而其作了有机的结合。""封建制度的形成,是在魏晋时期。三国开头的黄巾暴动与西晋末年的五胡乱华,是中国社会史上一个关键,两次动乱,把中国社会拖进一个新的时代,元魏外族的入侵,是封建制度在黄河流域走到发展的最高点。"①由此,"食货"学派形成突出三国至唐末这一历史阶段,而不同于唯物史观的亚细亚生产方式、奴隶制度、封建制度、资本主义制度这四段历史分期的新观点。

此论一出,随即引起学界的争论。就学术观点而言,陶希圣等"食货"学派成员的魏晋封建说存在不足。如吕振羽指出:"因为南北朝的经济组织,是由两种社会的原理结合成的,所以不仅南朝和北朝迥异,即是北朝的社会内,我们一方面看见有庄园式的组织,另一方面却又有土地之在封建关系为前提的条件之下'自由贸易'的事实之存在;同时在庄园式的组织之上层,又有一层非世袭的'郡守县令'之官僚系统的组织存在。这似乎是不应忽略的。""再次,关于形成历史的外的矛盾诸关系的地理等条件,虽然能给予历史本身以特殊性,然而并不能改变那作为其根基的内容的矛盾诸关系的发

---

① 何兹全:《南北朝隋唐时代的经济与社会——中国中古寺院经济·绪论》,《益世报·食货周刊》1937 年 5 月 18 日,1937 年 5 月 25 日(连载)。

展的本质。""确定魏晋为中国史由奴隶制转入封建制的时代,南北朝为中国史之封建主义下的庄园经济时代,——在这一点上,我觉得应该从内的矛盾之斗争的统一,和外的矛盾之对立诸关系上去作全盘的把握。"①

马乘风指出:"秦汉以后至鸦片战争的中国社会,并不是没有变化,然而这种变化始终没有跳出封建的生产方法之界限,所以站在'特殊的生产方法'之转变的观点上,我们不能把这个两千年来之中国社会盲目的任意分割,换言之,我们丝毫不能同意于陶先生的学院式的空泛的'细分法'。这一'细分法'完全证明了终日以辩证法自号的陶希圣根本不明白辩证法,这一错误的严重性,较之以往他的著作及讲演中的矛盾空泛为尤甚。"②

王宜昌更直言:"陶希圣的教授图式的史学,会引导中国社会经济史研究者走入歧途的。"他们的"中国社会经济史阶段划分,很明显地是以西周为第一封建社会,接着秦汉是奴隶社会,三国至唐为第二封建社会,唐宋以后有一个先资本主义社会。这明明是由于三国至唐这一特殊阶段的划分,引起了历史发展阶段的混乱。我们不希望'翻译欧洲史学家的半句字来,在沙滩上建立堂皇的阁楼',如'先资本主义社会''原始封建社会''典型封建社会',以至'X、Y、Z、社会'的大学图式。即我们不再希望画鬼的社会经济史家,图出一个为历史科学所未证明的鬼影"③。

其他学者强烈反对陶希圣等提出的中国封建制度已于魏晋时期达到鼎盛,并于中唐以下至清末逐渐分解的观点,除了学术观点上的分歧外,还与各学者的政治立场有关。正如陶希圣所言:"在今日,与其提出解决中国问题的主张,不如对中国社会加以深刻的观察。要解决问题,须先知问题之所在。中国社会构造是中国目前要解决的一切问题的根源。不认识中国社会构造便不知道中国的问题。不知道中国问题便无从提出解决中国问题的主张。"④对社会历史分期的不同认识很可能得出对现实社会性质的不同见解,这种不同见解反映在革命活动中就是对中国革命道路的不同选择。正是由于学术与政治之间的紧密关系,使得关于社会史分期学术观点上的分歧变成政治上的对立,学术争鸣、学术争辩带上了政治色彩。

在 20 世纪前半叶特定的历史环境中,马克思主义学者更是将学术观点

①　吕振羽:《对于本刊的批评和贡献》,《食货》1935 年第 1 卷第 8 期。
②　马乘风:《中国经济史》第 1 册,中国经济研究会,1935 年,第 446 页。
③　王宜昌:《论陶希圣最近的中国经济社会史论》,《中国经济》1935 年第 3 卷第 1 期。
④　陶希圣:《中国社会与中国革命》,新生命书局 1929 年版,第 1 页。

与政治立场联系在一起,对"食货"学派成员社会史分期观点进行激烈的批判。如吴泽尖锐地提出:"我们的史学家陶希圣先生及其大批高足,更干脆的一方面从所设社会经济现象去分析扮演其形式主义的说教;另一方面又把政治现象从经济现象分开,使之孤立起来;而实施其观念的实验主义。于是而神妙玄说:'神权时代''王权时代。'""于是,出现了氏族社会到封建社会,由封建社会再到奴隶社会,更由奴隶社会到封建,再到先资本主义社会,陶希圣在以上层建筑政治现象来实验中国社会经济性质时,封建农奴小农经济和封建政治形态,自然分辨不清,把部分夸大了,抹杀全体。""这种大学教授鬼混的史学体系,是会贻害无数忠实的社会经济史研究者走入歧途的。我没有看到的东西,一切就不存在,存在的是我所看到的。自己少读书,对世界史的阉割,对一般常识的贫困,以及新科学理论皮相的了解,而曲解'阉割'了食货派。"①在马克思主义学者看来,"食货"学派的社会史分期理论是对马克思主义学说的曲解,这种与马克思主义理论背道而驰的学说追根溯源是受到他们国民党员政治立场的影响。

胡逢祥指出:"各史学家和史学流派的思想,从本质上看,都反映了一定阶级、阶层的利益和要求,各阶级、阶层的人也可以有他们的史学。"②"食货"学派的史学研究中也折射出其阶级属性的学术诉求。如前所述陶希圣及"食货"学派其他成员大都是国民党员,他们的政治观点与政治立场保持一致。他们反对中共的阶级理论及农民革命运动,这种思想反映在学术上就是对阶级斗争及农民暴动变革社会性质历史作用的否定。

陶希圣曾言:"有人说'中国革命史是一部农民暴动史'。这句话是不能够笼统的接受的。""农民暴动是土地资本与商人资本的社会所孕育的矛盾之爆发,这是无疑的。但农民暴动却多没有积极变革社会组织的性质。农民暴动多没有积极的社会革命性,多只是消极的社会崩坏之表现。"③陶希圣在《元代长江流域以南的暴动》一文中指出,这一时期的暴动多是在赵宋的号召下由宗教的徒党及非宗教的徒党的参与而发起的,且"无论是民族运动或宗教运动,里面总以经济财政的斗争为核心"。各种暴动的直接的经济财

---

① 吴泽:《"奴隶所有者社会"问题论战之总批判》(下),《中国经济》1937 年第 5 卷第 6 期。

② 胡逢祥、张文建:《中国近代史学思潮与流派》,华东师范大学出版社 1991 年版,第 16 页。

③ 陶希圣:《中国社会与中国革命》,新生命书局 1929 年版,第 84—85 页。

政原因是括田起租、官吏贪暴、饥荒、归农屯田以弥变。[①] 此外,陶希圣在《宋代的各种暴动》一文中指出宋代的各种暴动有如下几种意义:每一运动包含有经济运动的内容。即令民族的斗争,仍然是经济的运动;宋代的暴动多为两种,一是贫民的运动,如均富共产式的运动;二是中间阶级的运动如茶商、矿商反抗政府封建式剥削的运动,教会对民族的诛求压迫,引起教徒群众的反抗。[②] 陶希圣认为历史上引发民众暴动的主要原因是经济因素,暴动的革命诉求也是要求经济上的改善。

"食货"学派的其他学人也持类似的观点,如武仙卿通过对西晋末的流民暴动的考察,认为"他们暴动的原因,一方面是因为政治的腐败,有繁苛的剥削;一方面是天灾的流行,生活困难,再其爆发的动因则为与土居人民之仇视。仇视的原因,由于受土人的侮辱,或因侵暴居民而受排挤"。"此种土民之侵害流人,固因其排外的常性,而其主要原因,或在经济上的竞争。""土民与流人的冲突,引起流人与土人的各起自卫,土民的自卫是聚垒相保的形式,流人自卫就是暴动的形式。有的借着流民的势力而建立政权,……有的暴动为大族及政府扫平。社会比较安静以后,把流民安置在土地上,使成为贡纳赋税的人民,这样,流人的骚动总算那样平息了。"[③]流民的暴动并没有积极地改变社会组织的形式,其暴动或为社会上层阶级所利用或被镇压,最终社会性质并无变更。武仙卿还对秦汉农民暴动进行了探讨,认为秦汉农民暴动的性质,只是一时的反抗,不是有计划的革命,所以他们生活的饥荒造成他们的暴动,社会经济凋敝又形成他们一时的安静。[④]"食货"学派对历史上农民暴动的研究,从一个侧面折射出他们在现实社会中的政治倾向。尽管他们在某些方面正确说出了历史上农民起义的一些局限性,但就本质而言,他们的学术观点与他们的政治立场是一致的,即他们不赞成现实的阶

---

① 陶希圣:《元代长江流域以南的暴动》,《食货》1936 年第 3 卷第 6 期。
② 陶希圣:《宋代的各种暴动》,《中山文化教育馆季刊》1934 年第 1 卷第 2 期。
③ 武仙卿:《西晋末的流民暴动》,《食货》1935 年第 1 卷第 6 期。
④ 武仙卿:《秦汉农民生活与农民暴动》,《中国经济》1934 年第 2 卷第 10 期。

级斗争及农民运动,他们的学术观点显然受到政治立场的影响。①

对于"食货"学派是不是国民党系学术派别,胡逢祥指出,虽然指出各阶级、阶层的人都可以有他们的史学,"但却不成其为严格意义上的学派。因为学派的划分虽应注意揭示其阶级实质,但却不是直接以世界观和阶级地位为根据的"②。虽然"食货"学派成员都是国民党员,他们的学术研究部分得受到政治立场的影响,但不能以此认定其为国民党系学术派别。20世纪30年代,"食货"学派以极大的热情从事社会经济史研究,创办社会史专攻刊物《食货》半月刊,出版中国社会史丛书,筹建食货学会,建立北大经济史研究室,编辑《益世报·食货周刊》,发起搜读地方志的提议,积极译介西方经济史研究的理论与方法,这都为中国社会经济史研究的发展做出了贡献。"食货"学派在社会史分期问题上对魏晋南北朝这一时期的特别关注,在学术研究上包含有合理的成分。中华人民共和国成立后魏晋封建说成为古史分期讨论中的主要理论观点之一,"食货"学派确有筚路蓝缕之功。"食货"学派在抗日战争爆发前主要以学术活动为重心,并未过多地涉及政治活动,大多食货学派成员也鲜有政论性文章发表。可以说"食货"学派是一个学术派别而非政治团体,其学术观点在某些方面受到政治立场的影响,这是任何一个处在特定历史环境下的学术派别所无法避免的。

---

① 在此需指出:从纯学术的角度看,"食货"学派对农民暴动的研究有一定的科学性。中华人民共和国成立后的一段时期,受教条主义的影响,学界对农民运动的研究,过于强调阶级斗争的历史作用。陶希圣等人的观点可以说是对农民战争局限性的一种科学考察,相对于中华人民共和国成立后一段时期教条主义的史学倾向,"食货"学派的观点似乎更客观一些。但是,完全脱离社会、政治环境的纯学术是不存在的,正如"食货"学派在学术思想上接近或倾向于唯物史观一样,他们"有限度"地使用唯物史观,抵触阶级斗争理论,对农民暴动局限性的探讨也可以说是他们对阶级斗争理论抵触的一种表现。陶希圣与"食货"学派在学术研究上的这些表现与他们的政治立场有着密不可分的关联。

② 胡逢祥、张文建:《中国近代史学思潮与流派》,华东师范大学出版社1991年版,第16页。

第四章　陶希圣与"食货"学派的衰落

1937 年抗日战争全面爆发以后,陶希圣将《食货》半月刊、《益世报·食货周刊》停刊,放弃日渐成熟的学术研究,转而加入军事委员长侍从室第五组,从事政治宣传工作。并以国民参政会议员的身份,奉蒋介石之命,指导抗战宣传工作。在抗战初期,陶希圣由于对中日战争前途悲观失望,曾一度参与汪精卫集团的"和平运动",但在卖国投敌的关键时刻幡然醒悟,与高宗武披露揭发"汪日密约",脱离汪伪汉奸集团。这一时期,在陶希圣的影响下,"食货"学派其他成员大都弃学从政,专注于参政论政,还有部分成员跟随他参加汪精卫的叛国投敌活动,后因贪恋伪政权的权势,堕落为汉奸。"食货"学派成员的不同政治选择削弱了"食货"学派的整体学术力量,学派由盛而衰。"食货"学派在抗战期间和解放战争时期,也曾出版一些社会经济史研究成果,并积极开展学术活动。1946 年陶希圣在《中央日报》上创办《食货周刊》,试图恢复"食货"学派的史学研究,重振学术声望。但除部分成员身负"汉奸"罪名,无力恢复学术研究外,陶希圣、曾謇等食货成员在学术思想上倡导经世致用的"新经学",史论结合的治史风格不合时宜,并未引起学界的过多关注,"食货"学派逐渐衰落。1949 年,随着国民党军的溃败,陶希圣逃至台湾,"食货"学派迅速走向了终结。

第一节　弃学从政

1937 年"七七"事变之后,在全民抗战、救亡图存的历史背景下,许多知识分子抱着"舍我其谁"的救世心态,加入政府组织。当时学人从政机缘各异,就陶希圣而言,此次弃学从政实属偶然。

陶希圣在"七七"事变爆发前并未做从政的打算。他在《食货》最后两期《编辑的话》中提到:"主编者(陶希圣)下学年秋季起,北京大学教授满六年休假。休假期内,游览并考察西北、中部、西南中国。主题是牙行的崩溃、银行与钱庄的交替、农业金融。本刊仍由主编者主编,事务由北京大学中国经济史研究室办理。"①陶希圣在 1937 年预定游历西南各省,还制定有学术计划,并没有将《食货》半月刊停刊进而从政的打算。《食货》半月刊是"食货"学派的重要学术活动平台,对于这一重要刊物的停刊,陶希圣自言:"在七七卢沟桥事件爆发之前,《食货》半月刊出刊到第五卷。《食货周刊》出版了七期。《食货》半月刊当时是由上海杂志公司发行,《食货周刊》当时是天津益世报副刊。到了七七以后,北平天津受日本侵略烽火的袭击,北平到上海的邮寄不通,天津的秩序混乱。两个刊物只得停止编印。"②学术刊物的停刊,固然受战时时局的影响,其实,陶希圣弃学从政的直接动机来自蒋介石"牯岭茶话会"上的点将。

随着"卢沟桥事件"的爆发,北平各报发表南京消息,说国民党中央决定邀请各党各派及无党派人士分批在庐山牯岭举行茶话会,即"团结各方共赴国难",陶希圣亦在邀请之列。其间,蒋介石曾单独召见陶希圣,他作为可用之才被蒋介石选中,让其参与到国民党的政治宣传活动中,遂于仓促之间断然结束持教问学的学者生活,卷入政治大潮中。陶希圣弃学从政之初为蒋介石所用之人,为何会转而投向汪精卫的怀抱,追随其从事"和平运动",并险些成为世人所耻的汉奸呢?这需要对他抗战之初的政治思想进行仔细考察。陶希圣的几位学生,"食货"学派的部分主要成员也曾跟随陶希圣从事"和平运动",他们在政治思想上与陶希圣的异同也划入考察之列。

一、对抗战时局的观点

1937 年 7 月 7 日,日军一手制造"卢沟桥事变",围困平津地区,中日战争全面爆发。面对中日时局,以蒋介石为首的南京政府希望在不损害国家主权的基础上通过和平手段解决中日争端。1937 年 7 月 10 日,中国外交部向日本驻华大使馆提出书面抗议,表示愿意"以外交之方式,谋求和平解决

---

① 陶希圣:《编辑的话》,《食货》1937 年第 5 卷第 12 期。
② 陶希圣:《食货周刊复刊记》,《中央日报·食货周刊》1946 年 6 月 8 日。

之途径"。7 月 17 日,蒋介石在庐山发表谈话宣布决心抗战时,也说"在和平根本绝望之前一秒钟,我们还是希望和平的,希望用和平的外交方法,求得卢事的解决"①。随即蒋介石接见德国驻华大使陶德曼,表示希望德国出面调停中日战事。随着陶德曼调停的失败及日军军事上的胜利,中日和解的希望渺茫,蒋介石发表动员全民抗战演说,中日战争全面爆发。

面对中日战局,陶希圣的看法是:"说到对日的政策,最高度的主张是即时抗战,其次是以外交手段达到战争;再次是进行和平外交,到外交不能进行时再战;最低是专意于和平。最低的和平政策,又可分为三种:一是国力不足,只有忍受;二是日是我非,欣然承诺;三是日所不欲,我偏与之。这最后两种主张,国人毫不迟疑的,叫他们是汉奸,没有折扣。最低和平主义之第一种忍耐主义者,虽客观的不免丧权失土,主观的还可以转化而取抗争的手段。国人是应当体谅的。"②陶希圣认为当局面对中日战局,应尽可能考虑和平手段,因为现代战争拼的是武器战备及经济实力,在中日国力相差悬殊的情况下,一旦开战,中国要想取胜是困难的。对日本议和并不一定就是投降,这是一种因国力不足而不得不采取的忍耐主义,是可以谅解的。此外,当今的战争"经济与武器之外,决定胜负的,还有国际的形势"③。

从国际形势看"国际大势是和局不是战局"④。中日战争爆发后,"英国稳住欧洲而拉住美国以向日本交涉的局面,很显然是在进行之中了"。"欧战以后,英美以九国公约恢复太平洋的均势。这一回英美以海军联合来维持九国公约,再建太平洋的均势。""日本已感到英美'孤立日本'的压力已施用于日本的肩头上面了,日本对于这个压力,是只有让步。"⑤日本的军事活动是与国际形势息息相关的。在这种处于劣势的国际环境中,"日本对于欧洲的局面,认为最有利的是意大利与英国在地中海上的冲突。日本自侵我以来,为什么对国联对九国公约会议,以及对英国强硬非常呢? 他所持的就是地中海上的风云,只要地中海上风云险恶,英国的海军力量就不能安排到太平洋。这时候,英美的联合和平行动,就不易实现"⑥。"有意大利在地中

---

①　陶恒生:《"高陶事件"始末》,湖北人民出版社 2003 年版,第 33 页。

②　陶希圣:《战难和更不易》,《独立评论》1936 年第 226 号。

③　陶希圣:《战难和更不易》,《独立评论》1936 年第 226 号。

④　陶希圣:《国际新均势的构成》,《政论》1938 年第 1 卷第 2 期。

⑤　陶希圣:《欧洲政局的变动》,《政论》1938 年第 1 卷第 5 期。

⑥　陶希圣:《欧洲形式的影响》,《政论》1938 年第 1 卷第 26 期。

海上牵制英国海军,对日本最为有利。现在,在外交方面英意协定已将日本的西方策应者分开了,日本与英国的外交战是明显的,日本要想离间英美,反之美国努力与英美合作,日本要想勾结德意,英国努力拆散德意,打消日德意同盟的反英作用,日本在太平洋上感受孤立的困难。在军事方面,日本只有努力扩大海军,扩大海军只有增加财政的困难,而终竟不能与英美两国的大海军相比。日本现在陷于高度的困难,打开困难,似非易事。"①"日本已感觉其'胜于军事而败于外交'的结果。日本断不敢以亡国的条件加于中国。日本更无力收拾中国的战局。在军事上,日本已陷入美英法俄的包围。在经济上日本落在美英合融资本的控制。日本今日的苦闷并不下于中国。中国的苦闷在于如何支持战局。日本的苦闷在于如何结束战局。在就国际大势高远一点观察,中国独立自主的存在不成问题。"②

　　陶希圣通过对国际形势的分析,认为中日和平谈判的基础是存在的,此时他对国际社会抱有幻想,认为"英国如使中国向日本屈膝,即是英国抛弃他在长江及长江以南的全部经济利益。英国在太平洋上的行动即不顾及苏俄也要与美国合作。美国的态度较强,则英国便不会轻易与日本妥协。"虽然,英美与日本的不妥协很有可能会爆发战争,在此情况下会帮助中国减轻日军军事上的压力,但是"一面准备战争,一面避免战争。这个原则,可以说明欧洲各国的外交政策与外交活动。列强的军备天天进步,大战常常有一触即发的样子。但是,到了要开炮的前一夜,甲国看看乙国,乙国看看丙国,丙国摇摇头。无论怎样严重的纷争,一下子就从急性变成慢性。倘若有一个地方爆发了战争,那一个地方必然是抵抗力最薄弱的场所"。"无论受祸的国家怎样期待着列强的实力援助",也是不会得到的。"已经打仗的中国,已经并且正在经历这独立的自立斗争的辛苦。"③陶希圣认为,在中日战争中中国的处境是内无实力外无援助,而日本在军事及经济上都受到西方强国的制约,他也有议和的需要,因此中日都有和平解决战争的现实动因。

　　就中日和谈而言,陶希圣也充分认识到其中的困难。"中国的难,还是和。除了汉奸式的和不在话下,和有三种:一是在战争将要发作还没有发作的时期,可以不取战争的手段,以外交方式,把问题在不害主权不侵领土的原则之下暂时结束。二是局部战争失败之后的和议。三是大战之后的和

---

① 　陶希圣:《日本外交的烦闷》,《政论》1938 年第 1 卷第 9 期。

② 　陶希圣:《外交的沉滞与活泼》,《政论》1938 年第 1 卷第 31 期。

③ 　陶希圣:《捷克是怎样吃了亏》,《政论》1938 年第 1 卷 24 期。

议。"现在中日战争已全面爆发,且在军事行动中,中国处于劣势,正处于第二种议和之形势中。陶希圣也清楚"一二种之和,以第二种的和,最多困难"。并且中日"两国外交的形势,不外三种:一是两方都不让步;二是两方都让一点步;三是一方单独让步。第一种形势是引起战争的先导,拖延在今日是于中国最不利的。第三种如果单独让步的是中国,那便是害主权侵领土",因此,"和,只有在日本撤回一切要求之下可行。换句话说,只有日本单独让步,才可以和"。①陶希圣也指出中日的和谈需要在日本的单独让步下才能真正实现,否则就是对中国主权的侵害。但是,从日本对中国的长期侵略过程中可知,日本的政治野心不会轻易满足,因此让日本单独让步非常困难。

从陶希圣抗战之初发表的对中日战局的看法中可知,他并没有全民抗战必胜的信心。他过分强调国际时局对中国战局的影响,认为西方列强在中国有诸多既得利益,他们不会坐视日本在中国势力的扩大影响其经济利益而不顾。日本就经济实力而言与西方各国相比略处于劣势,只要西方各国联合起来对日本进行制裁,中日和解的希望还是存在的。

那些围绕在陶希圣周围的其他"食货"学派成员也就国际局势对中日战局的影响盲目乐观。如沈巨尘认为中日战争的"问题的中心在美国,美国近年来虽以和平孤立为外交政策,惟看到日本得寸进尺的凶暴,不得不谋保持远东的市场和资源,终有与英国合作的一天。英美如能合作,英法可以稳定欧洲局面,苏联可尽力帮助中国抵抗日本。这样英美法苏或者可以兵不见刃,帮助着中国打倒世界和平障碍的日本"②。"英美联合的前途决定于中日战争,中国如能长期抗战下去,英美的关系会日渐紧密起来,国际的新形势,由中日战争而起,中国只要能支持下去,新形势造成,就是英美能说话,日本倒霉的时候到了,中国在新均势演化中,要立定长期抗战的脚步,促成国际局面加速的转变。"③沈巨尘片面地认为,中国的坚持抗战就是要等到英美联合的一天,只有英美的联合才能打倒日本帝国主义。此外,面对中日战争,苏联也不会袖手旁观,"这一战,中国不幸而亡,日本利用中国富源进攻苏联,那时的苏联将不是日本的敌手。中国一战而胜,中国固然可收复失地保全领土,苏联也可因中国的牺牲间接保全它的远东领土。但是中国战胜日

① 陶希圣:《战难和更不易》,《独立评论》1936 年第 226 号。
② 沈巨尘:《苏联与中日战争》,《政论》1938 年第 1 卷第 1 期。
③ 沈巨尘:《国际新形势》,《政论》1938 年第 1 卷第 2 期。

本,于自己的力量外,需要国际尤其是苏联的帮助"①。沈巨尘对中日战局的看法,总将抗战胜利的希望寄托在西方强国的援助上,并以幼稚的殖民心态认为,西方列强从剥削中国的角度而言也不会对日本独吞中国的局势不加制止,而中国在西方的援助下既可驱逐日寇又可实现现代化。他称:"英美各国想要积极保障在华的权利,发展未来的商业利益,须维持九国公约的尊严,保障中国领土主权的独立与完整。因为中国独立始可维持远东均势,各国获得机会均等的商业利益,独立的中国可以自由走向现代化的道路,可以大量接纳先进各国的工业产品。即在这一点上,各国如能帮助中国驱逐日寇,将来在独立自由的中国,所得的利益,一定倍于现在的付出。"②

此外,沈巨尘认为日本自己没有征服中国的实力,"日本是个穷国,穷兵黩武的结果,只有更穷,那有余力开发占领区域,占领中国的区域不能开发,敌国自给自足的国防计划永不会成功"③。日本势必会采取和平诱降的手段从中国取利。"中国已坚持长期抗战,保持中国领土主权的独立与完整的国策,足以粉碎一切牺牲中国有利日本的妥协与和议,这样国际局势与中国决心,使日本走上和战不决的歧路,故特意在大战继续下放出和平空气,妄想站在歧路喘息一下,等候再度进攻中国的良机。"④虽然,沈巨尘对日本向中国政府抛来的议和橄榄枝有着较理性的认识,但思想上对国际时局的盲目乐观是其后来追随陶希圣从事"和平运动"的潜在动因。这一思想倾向在"食货"学派其他学人的思想状态中也反映出来。武仙卿在《国际新形势的争论》一文中叙述了各方学者对国际局势、集体安全等热点话题的不同观点后认为:"我们相信美英法苏以及其他爱好和平的大小国家的联合,乃是迟早可以实现的一件事情(我们的外交路线没有走错)。"⑤换言之,这种联合有利于中国战局的尽早结束。连士升在《美国在太平洋上的军力》一文中也指出:"美国在太平洋上的军力比日本强胜一筹,这一点谁也不能否认。但是,为速战速决,和把握机利起见,我们敢忠告美国的大政治家,应该以外交的关系来补充军力,尤其是要加紧中美、美英、美苏的合作。"⑥他也认为有了这

---

① 沈巨尘:《苏联与中日战争》,《政论》1938 年第 1 卷第 1 期。

② 沈巨尘:《传闻中的日本议和》,《政论》1938 年第 1 卷第 17 期。

③ 沈巨尘:《传闻中的日本议和》,《政论》1938 年第 1 卷第 17 期。

④ 沈巨尘:《歧路徘徊的日本》,《政论》1938 年第 1 卷第 18 期。

⑤ 武仙卿:《国际新形势的争论》,《政论》1938 年第 1 卷第 3 期。

⑥ 连士升:《美国在太平洋上的军力》,《政论》1938 年第 1 卷第 21 期。

些西方强国的合作,中日战争有速战速决的可能。

何兹全在中日战局上的观点与陶希圣等人对中国抗战信心不足,盲目乐观地看待国际局势及其对中国战局的影响不同,他赞成焦土抗战,支持全民抗战理论,认为"抗战是中国唯一的出路,发动全民抗战是保证抗战胜利的唯一的条件"。就如何发动全民抗战,他提出如下几点意见:一、我们要自动地焦土抗战,我们的抗战,不但要抱着被敌人打成焦土的决心,遇必要时我们还要自动地来使自己焦土。二、有计划地武装临近战区的民众与难民。三、加强大众政治教育,改善大众生活。"我们想让农民大众起来捍卫国家,积极参加民族解放斗争,第一步应该有计划地大规模地对全国民众施以教育,我们必须使民众真实了解此次抗战并非如历史上所演过的,统治者政权的争夺战,而是全民族的生存战。假如中国败了,其意义不只是统治者政权的转移,而是全民族将陷于殖民地的奴隶地位。民众起来抗战,正是保卫了自己。"四、建立县单位的抗战政治结构。① 在何兹全的全民抗战论中,他非常注重知识分子及知识分子所能起的作用。他把官僚和官僚机构看成发动农民的障碍。要想发动全民抗战,第一步就是要把这些腐败的东西清扫出去,然后发动全国知识分子回乡回县,组织县政府,发动民众抗战。②

此外,就国际形势对中国战局的影响,何兹全认为不论国际局势是战局还是和局,中国的抗战还是要坚持下去。我们不必因为没有国际援助而感到悲观失望,国际战局是我们的希望,但是现在国际和局是事实,我们仍要将抗战继续下去。③ 何兹全在中日战局失利时,特别撰写《武汉撤退以后》一文鼓舞士气:"武汉的撤退,不但不是抗战信念的动摇,反是我们必定抗战到底的坚决表示。我们抗战中的中心战略是持久战消耗战。我们所求的是最后的胜利。""几次大会战中,我们军队作战的英勇精神,一次比一次好。而敌人兵力的消耗却一次比一次大。""我们要坚信持久战略必能得最后胜利的打下去。"④

虽然"食货"学派成员在中日战局战略走向上的看法不同,但仍就一点达成共识,即中国的抗战必须也只能由中国国民党来领导。

陶希圣指出:"为什么中国国民党领导这一个关乎全国国民生命存亡,

---

① 何兹全:《全民抗战论》,《政论》1938 年第 1 卷第 1 期。
② 何兹全:《国际和局的发展》,《政论》1938 年第 1 卷第 2 期。
③ 何兹全:《国际和局的发展》,《政论》1938 年第 1 卷第 2 期。
④ 何兹全:《武汉撤退以后》,《政论》1938 年第 1 卷第 28 期。

和关乎国家民族前途的抗战建国工作。……这次的伟大工作,要一方面对抗日本帝国主义的侵略,一方面要从抗战中打出一个现代民族国家。从抗战中建设现代民族国家,以及维持国家民族生命的抗战,是由中国国民党所领导,为国民政府所执行,同时也是中国国民每个人所应尽的职责。……我们要认识中国国民党的失败,就是中华民国的失败;中国国民党的灭亡,就是中华民国的灭亡。[①]并且"在受侵略的中国,社会运动是与民族运动交流不相妨的。在侵略急迫的时候,还应当为了民族运动停止社会运动的阶级分裂趋势。我以为中国的社会主义者应了解民族主义的现实意义"[②]。

在民族运动和社会主义运动的关系上,何兹全称:"中国的革命应该是由反帝肃清封建的民族民主革命再走到社会革命,这两种革命是连续的,而不是对立的。近代国家的建立,是社会主义建立的条件,没有民族民主革命的完成,国家独立自由和平等,社会主义是谈不到的。无产阶级及无产阶级的政党,在现阶段放下社会革命,参加民族民主革命是应该的。三民主义所指示给我们的革命路线,正是这种路线。它把民族、民权、民生三个问题,同时提出来解决,指导中国革命由民族革命起,一直到社会革命的完成才止。"[③]在中国革命进程中"三民主义是中国革命路线的最正确的指导原则,从主义上看,国民党是不反社会主义的,不但不反社会主义而且三民主义就是社会主义。中国国民党是能够完成中国革命直抵于社会主义之建设成功的,但国民党需要经过一番彻底的改造,而且只有改造和健全国民党来完成中国革命的使命,才能避免党派的斗争,及无谓的牺牲"[④]。

武仙卿也指出:"在三民主义的民族主义原则下,这次抗战可以争取民族对外的平等,国内民族的团结;在三民主义民权主义原则下,这回抗战可以统一各党各派各阶层各行业各宗教于国民党国民政府之下,奠定民主政治的基础;在三民主义民生主义原则之下,这回抗战可以集中全国工商业于国家统辖计划之下,私人企业必须受国家有计划的指导与支配,……民生主义的经济制度在抗战期内可以开始建立。"[⑤]由此,"中国国民党的确负起了复兴民族的领导责任,换句话说:中国国民党没有背叛三民主义,也担负了

---

① 陶希圣:《抗战建国纲领的性质与精神》,《政论》1938年第1卷第11期。
② 陶希圣:《低调与高调》,《独立评论》1936年第201号。
③ 何兹全:《三民主义与中国革命》,《政论》1938年第1卷第2期。
④ 何兹全:《国民党与中国革命》,《政论》1938年第1卷第11期。
⑤ 武仙卿:《抗战建国中之精神动员》,《政论》1938年第1卷第11期。

历史所赋予他的使命"①。沈巨尘也言:"在历史的现阶段中,只有国民党是抗战建国的中心,远离国民党而存在的各党派,既没有异于国民党的任务存在,也不是抗战建国的中心力。"②

"食货"学派成员一致认为中国国民党是中国抗日战争的唯一领导者,且都持有抗战建国论,"一面抗战一面建国,正合乎国民革命的真谛"③,并相信国民党能完成民主革命和社会主义革命的全部过程。

综上,从"食货"学派成员在抗战初对中日时局的观点中可知,他们中的部分成员对中国抗战信心不足,对西方强国的援助抱有幻想。过分依赖国际局势对中国战局的影响,这成为他们跟随汪精卫集团参与"和平运动"的潜在动因。此外,他们从自身国民党员的立场出发认为抗战必须也理应由中国国民党来领导,只有国民党才能完成抗战建国的历史使命。

二、参政不知政

1937年"卢沟桥事变"爆发后,陶希圣参加了由中央政治委员会负责召集各界人士共商国是的"牯岭茶话会"。这是他弃学从政的转折点。陶希圣回忆:"在会场中,实业部部长陈公博告诉我说:'这回茶话会是为了团结各方共赴国难的会。其中有一个重要原因就是你们在北平的斗争。你们的斗争说明了各方的团结还要下一番功夫。'"④"你们的斗争"是指前不久陶希圣与平津"'左'派教授"就北平新旧学联之间的政治冲突所打的一场持续两个月之久的笔战。这场思想宣传战引起了国共两党高层的关注,共产党不愿背上"挑起内战,分裂国家"的罪名,一位署名"凯丰"的共产党人负责调停这场冲突,并与陶希圣会面。陶希圣表示:"斗争的动力不在我,是在他们。他们要分裂中国,我反对他们分裂中国运动","这次谈话之后,那班左派教授果然安静下来"。⑤ 在这场笔战中,陶希圣政治上的态度与立场及其犀利的文笔深得国民党高层的赏识,他成为国民党推动战时对外宣传工作的最佳人选。陶希圣于"牯岭茶话会"后被安排在委员长侍从室第五组(周佛海任组长)从事国际宣传工作,并应聘为国民参议员。

这一时期,陶希圣与周佛海交往甚密,经常参加周佛海家里的政治聚

---

① 武仙卿:《三民主义青年团和国民参议会》,《政论》1938年第1卷第20期。
② 沈巨尘:《国民党代表大会闭幕以后》,《政论》1938年第1卷第8期。
③ 武仙卿:《抗战建国中之精神动员》,《政论》1938年第1卷第11期。
④ 陶希圣:《潮流与点滴》,传记文学出版社1979年版,第149页。
⑤ 陶希圣:《潮流与点滴》,传记文学出版社1979年版,第142—143页。

会,是"低调俱乐部"的成员之一。低调俱乐部是胡适针对周佛海的南京私宅的政治气氛而作的概念化名词。周佛海、高宗武等拥汪主和的政客经常齐聚于周高两家,讨论时事,语调一致,都以当时的"焦土抗战"等言论是不负责任的"高调",皆以汪精卫"大家要说老实话,大家要负责任"为煽动言论。"'低调俱乐部'是一时的历史现象。1938年1月,行政院和国民党中央宣传部来了一个大变动。汪精卫担任副总裁、国防最高委员会主席,行政院院长则由孔祥熙继任;周佛海担任中央宣传部部长,还兼国防最高委员会副秘书长,甚嚣一时的'低调俱乐部'也停止了活动。"周佛海领导的宣传部于1月在武汉开始活动,陶希圣是四个宣传委员之一。此时,"周佛海、陶希圣向蒋介石、汪精卫出谋划策,搞一个灰色的、半公开的文化团体,名叫'艺文研究会',全部经费由军费开支,含有开辟'文化战场'的意思。它的职能是同中共对抗、争取中间力量;大办报刊,用金钱补助新的出版社、资助文化人士。它的领导人是:周佛海、陶希圣;罗君强为总务组长,叶溯中(国民党中专搞摩擦的能手)为出版组长。地点设汉口天津街二号"①。

　　"艺文研究会"设总务总干事、设计总干事各1人,为"艺文研究会"的领导人。总务总干事由国民党宣传部部长周佛海兼任,设计总干事是陶希圣。周佛海实际上不管事,艺文研究会就是由陶希圣领导。艺文研究会下,主要有两个组,总务组和研究组。总务组组长罗君强,是周佛海的人。研究组组长由陶希圣兼任,沈巨尘、武仙卿、鞠清远、曾謇和何兹全都是研究组的研究员。② 艺文研究会的口号是"民族至上,国家至上。内求统一,外求独立。一面抗战,一面建国"。艺文研究会的工作可分为四类:第一类是国际问题研究。研究员在香港、上海搜集国际政治经济军事的材料及主要的各国杂志报纸。这些集中以后,加以整理与分析,做成有系统的报告,印刷出来供社会参考。第二类是西北西南的社会经济考察。考察人员现正向各地出发。第三类是出版艺文丛书。第四类是出版学术类的刊物。③ "食货"学派成员积极参与艺文研究会的工作,沈巨尘、武仙卿驻会办公,曾謇、鞠清远在广西做社会调查,何兹全编辑《政论》。

　　此时,陶希圣虽由蒋介石点将进入国民党权利中枢,但他在思想、行动上更靠近汪精卫,并成为汪精卫集团与日本密谋和谈的主要参与者。"由南

　　① 方秋苇:《陶希圣与"低调俱乐部"、"艺文研究会"》,《民国档案》1992年第3期。

　　② 何兹全:《爱国一书生:八十五自述》,华东师范大学出版社1997年版,第114页。

　　③ 何兹全:《陶希圣先生会谈记(关于艺文研究会)》,《政论》1938年第1卷第6期。

京到武汉,我(陶希圣)是经常与汪精卫晤谈之一人。他在南京住陵园新村,在汉口住中央银行分行二楼。每天或至多隔两天,我总要去见他。艺文研究会设立之后,遇事都去请示。"①此时,汪精卫对陶希圣的政治态度颇为认可。1937 年 6 月 22 日汪精卫致函蒋介石:"牯岭委员长赐鉴:伯密顷接陶希圣同志自北平来函,评述北平学生及有民阵线情形,……所言颇有见地,谨备参考。"②抗战初期,陶希圣对抗战没有信心,对中日和谈抱有幻想的思想状态,及其早年参加国民党改组派的经历,加之汪精卫对其本人的认同,使他成为汪精卫"和平运动"的主要成员之一。在汪精卫集团密谋与日合作期间,"上清寺汪公馆连日举行会商。参加者为周佛海、梅思平与汪夫妇。他们最初主张不邀我(陶希圣)参加。但汪极力主张我参加,并电邀陈公博由成都到重庆共同商议"③。

　　1938 年 12 月初,汪精卫等与日密谋议和的主要成员陆续抵达昆明,陶希圣亦于 10 日从成都飞往昆明。12 月 19 日,汪氏夫妇一行人等抵达河内。12 月 22 日,日本首相近卫文麿就日华调整关系之基本政策,发表第三次声明,标榜"善邻友好""共同防共""经济提携"三原则,希图与"具有卓识的人士合作,为建设东亚新秩序而迈进"。汪精卫随即撰写声明响应,交由陈公博、周佛海、陶希圣带往香港发表,这就是历史上臭名昭著的"艳电"。随后,陶希圣追随汪精卫出走上海。不久之后,武仙卿、沈巨尘、鞠清远、曾謇也追随陶希圣去了香港,只有何兹全一人留在重庆。何兹全坚信,有重庆国民党几百万大军在,对日本人可以谈和;离开重庆,便只有投降没有和平。④ 陶希圣在香港期间对是否继续参与汪日密谋犹豫不决。"我(陶希圣)从河内到香港时,即派武仙卿往北平,考察北平沦陷之后的情况,特别访问周作人。武仙卿由北平回香港,到九龙山道林报告他到北平考察和访问的经过。他到西华门九道湾访问那个苦茶斋主人时,周作人对他说:'日本少壮军人跋

---

　　①　陶希圣:《潮流与点滴》,传记文学出版社 1979 年版,第 165 页。
　　②　陈木杉:《从函电史料观汪精卫档案中的史事与人物新探(一)》,学生书局 1997 年版,第 406 页。
　　③　陶希圣:《潮流与点滴》,传记文学出版社 1979 年版,第 167 页。
　　④　何兹全:《何兹全文集》第六卷,中华书局 2006 年版,第 2823 页。

扈而狭隘善变.'……周作人托武仙卿带给我的口信,是'干不得'."①即便如此,陶希圣最后仍随汪氏夫妇到上海参与了汪日密谈及汪伪政治活动。

1939年,汪精卫在上海与日本人密谋组织伪政权。此时,陶希圣认识到日本妄图诱降、灭亡中国的险恶用心,决心脱离汪精卫集团。陶希圣在妻子万冰如、学生连士升、曾謇的帮助下逃离上海,抵达香港。1940年1月21日,陶希圣、高宗武在香港《大公报》,揭发"汪日密约"及其附件之原文,举国哗然,这是就"高陶事件"。

陶希圣离开上海时,并没有通知鞠清远、武仙卿、沈巨尘,此时这三人都在汪伪政治机构中任职。鞠清远任宣传部委员和国立师范学校校长;武仙卿任宣传部宣传指导司司长及军委会政训部第二厅长;沈巨尘任宣传部委员兼第三处处长,兼任行政院秘书。陶希圣在脱离汪伪集团后,这三人仍滞留上海。陶希圣担心他们无法摆脱汪伪集团权势的诱惑,多次劝其离沪赴港,但三人不为所动。

"高陶事件"之后,曾謇返回湖南老家过起隐居生活,并拟收集南北朝史料,编撰成书。连士升在香港协助陶希圣编印《国际通讯周刊》,供战时重庆领导人士参考。鞠清远、沈巨尘、武仙卿三人沦为汉奸。1941年香港沦陷后,陶希圣返回重庆,任蒋介石侍从组第五组组长。1944年何兹全进入中央研究院历史语言研究所任助理研究员。至此,在经历一系列重大政治事件之后,陶希圣及其弟子在政治选择上出现分化,并走向不同的人生道路。

何兹全指出:"陶希圣一生中政治上最大的失策或错误,是跟随汪精卫出走。"陶希圣之所以跟随汪精卫卷入这一历史"乱流"之中,就其个人感情而言"他爱面子、重感情、遇事犹豫不决"。陶希圣在去上海之前,思想上已极端痛苦,很想离开汪了。"但他仍去了上海。无他,重情面、重感情;一拉,强拉,就抹不开面子又跟着走了。"②从当时的战局看,1938年抗战进入焦灼状态,大片国土尽失,以汪精卫为首的"低调"人士认为中日军力悬殊太甚,与其"不顾一切,糊涂地打下去",不如在适当的时候谋和,"拯民于水火"。"这批清一色的都市小资产阶级出身的知识分子,畏首畏尾的中年白面书

---

① 陶希圣:《潮流与点滴》,传记文学出版社1979年版,第169页。
② 陶恒生:《"高陶事件"始末》序二(何兹全),湖北人民出版社2003年版,第9页。

生,头脑太清楚的士大夫"(唐德刚语),没看到中华民族在民族存亡之际所激发出的爱国精神,是狂妄自大的敌寇击不垮的,这是民族的气节。"他们自认为聪明理智,众睡独醒,为国家民族百年之计去通敌谋和,其实是愚不可及的。"①陶希圣在主和与投降这一关乎民族大义的关键时刻,悬崖勒马,回头是岸。何兹全自言:"陶先生主和,未投敌。这是大节。严重错误,未失大节。"②而陶希圣的弟子鞠清远、沈巨尘、武仙卿等人并未及时抽身政治而堕落为汉奸。究其缘由,他们除了在特殊的历史环境中受到导师陶希圣的影响而参与到政治活动中外,也与这一时期其本人对日妥协的思想状态有关,还有在面临民族大义与个人私利之际,贪慕权势而自甘堕落。

第二节　战时的学术研究

1937 年抗战全面爆发使当时中国蓬勃发展的社会经济文化事业受到沉重打击。"食货"学派成员身处特殊的历史环境中,其学术活动也未能规避战时社会环境的影响。《食货》半月刊、《益世报·食货周刊》停刊,北京大学经济史研究室停止运行,大量学术研究成果及资料散失,"食货"学派主要成员的政治分化,都严重影响"食货"学派的学术研究。尽管如此,"食货"学派作为一个学术团体,他们没有放弃战时的学术研究,出版了一些学术著作,其中的部分作品得到了学界的认可。但是,受社会环境和个人处境的影响,食货学人的学术思想也在发生变化,其学术旨趣逐渐由理论与材料并重进而探求社会发展规律,转向经世致用之学。这种带有浓厚政治意义、以史为鉴、史论结合的治史风格遭到学界的摒弃,"食货"学派的学术研究逐渐失去其以往的学术地位,走向衰落。

一、战时的学术活动

抗战爆发初期,受陶希圣的指引,"食货"学派成员大都加入"艺文研究社",为国民党做政治宣传工作。这一时期,他们的工作侧重于政论文章,并

---

① 陶恒生:《"高陶事件"始末》序三(唐德刚),湖北人民出版社 2003 年版,第 18 页。

② 陶恒生:《"高陶事件"始末》序二(何兹全),湖北人民出版社 2003 年版,第 9 页。

主编《政论》杂志,引起各界的关注。何兹全回忆,他在《政论》上写的文章据说得到国民党当局的赏识。① 在从事政治宣传的同时,"食货"学派也没有完全摒弃学术研究。"食货"学派是一个学术团体,战乱中研究资料的大量散失、书稿的丢失、书籍的匮乏都成为他们继续从事学术研究的巨大障碍。虽然如此,"食货"学派成员在此期间仍有学术著作问世。例如 1939 年连士升译、格拉斯著《工业史》出版;1940 年鞠清远著《唐代财政史》出版;1942 年陶希圣的《中国政治思想史》经重新修订后出版、曾资生的《两汉文官制度》出版;1943 年曾资生的《中国政治制度史》第一、二册出版;1944 年曾资生的《中国政治制度史》第三、四册以及陶希圣的《中国社会史》出版;1946 年曾资生的《中国宗法制度》出版;1948 年曾资生、吴云端的《中国历代土地问题述评》出版。"食货"学派的这些著作大多是对抗战爆发前已有的研究成果的修订、整理,但其中不乏佳作。如曾资生的《两汉文官制度》一书被劳贞一指出:"本书绪论对于'州郡察举'的精神首先提到,这一点实是作者的卓识。其次对于从察举入仕官吏的方法和标准也特别加以表著,这一点也是汉代和后代特殊的地方,为作者所认识的。""虽然有若干应当修正之处,但仍不失为一部值得一读的著作。"并特别指出:"当现在抗战建国的重要时代,这一类书却有广泛流传的必要。"②

1940 年"高陶事件"之后,陶希圣在香港编印《国际通讯周刊》为战时的后方提供信息,并于香港沦陷后重返重庆,担任《中央日报》主编等职。1945 年抗战胜利以后,陶希圣在《中央日报》上创办《食货周刊》。

1946 年 6 月 8 日陶希圣在《食货周刊复刊记》中对《中央日报·食货周刊》的创办过程及办刊宗旨进行了简单介绍:"(民国)三十一年,我(陶希圣)在重庆整理了《中国政治思想史》,托南方印书馆重印。我计拟编印《食货丛刊》,将《食货》半月刊和《食货周刊》的论文,分类编成小册,供给一般留心中国经济社会史的人们的需要。这时候,陈振溪先生把南开大学经济研究所收藏的《食货》半月刊全借给我。曾资生先生和我一起检阅其中的论文,分类发抄,编辑成册。我们再细阅这些稿本,觉得所收的论文,所辑的史料,总

---

① 何兹全:《爱国一书生:八十五自述》,华东师范大学出版社 1997 年版,第 115 页。

② 劳贞一:《书籍评论:两汉文官制度》,《中国社会经济史集刊》1944 年第 7 卷第 1 期。

嫌零碎。我们一时没有急促地发排，后来也就搁下来了。三十三年，我们曾有一度拟议在重庆复刊《食货》，我们和食货学会旧友通信商量。大家都感觉书籍不凑手，史料的蒐辑不容易。这个志愿没有实现。三十五年八月，日本投降，抗战终止。在我们的心中，《食货》复刊的愿望，炽然兴起。连士升先生从南洋来到重庆，又增加一份动力。……我们决定首先把中国经济社会史专攻刊物的《食货》复刊。我们没有力量重出一个独立的半月刊。我们只有在一个大报将《食货周刊》附出。我们的计划一定，即刻得到南京《中央日报》马星野先生的帮助。这小小的《食货周刊》就从今天起再与社会相见了。"①

解放战争时期的陶希圣一直从事国民党的新闻政治宣传工作，但其社会经济史研究专家的学者身份仍被国民党高层所重视，并被指派参与校对、修订蒋介石的著作《中国之命运》。陶希圣的嫡侄陶鼎来说过："蒋要他来写这本书，显然不是仅仅因为他会写文章，蒋下面会写文章的人很多。蒋要求于他，正是他在中国政治思想史和中国社会史上的研究成就，来补充蒋自己在理论上的不足。这是除陶希圣外，任何别人都做不到的。"②由此可知，陶希圣早期的社会经济史研究成就是为世人所认同的。这也是陶希圣虽从政职但仍对学术研究念念不忘的思想根源。他希望在抗战胜利后相对稳定的社会环境中，利用自身的学术资源，创办《中央日报·食货周刊》，以此延续《食货》半月刊原来的学术路向。陶希圣自言："回忆（民国）十七年，关于中国社会史的论文初见于上海一两个刊物上面。十九年二十年之间，有所谓中国社会史论战的潮流，汹涌一时，到了二十四年，《食货》半月刊问世，我提出了多找材料少谈理论的主张，论战潮流为之改变方向。今天我们复刊《食货》，我们是继续向这一方面走。"陶希圣在《中央日报·食货周刊》创刊号上重申《食货》半月刊的办刊宗旨："少谈理论，绝不是没有理论，不过单有理论，不成其为史学。既是'史'学，就不能轻视史料。同时单有史料，也不成其为史学。既是史'学'就不能缺少理论。《食货》的方向，是重视史料，而不固持一种理论。尽管来稿所持的理论是与编者的观点不同，甚至相反，我们

① 陶希圣：《食货周刊复刊记》，《中央日报·食货周刊》1946 年 6 月 8 日。
② 陶恒生：《"高陶事件"始末》序四（陶鼎来），湖北人民出版社 2003 年版，第 30 页。

一样的刊载。唯一的条件是他们不轻视史料不抹杀史实。……我们今后仍采取上面所说的态度。"①

　　陶希圣希望通过《中央日报·食货周刊》延续《食货》半月刊的治史理念,重振"食货"学派的愿望并未变成现实。"食货"学派也未能依靠《中央日报·食货周刊》恢复其原有的学术声望。

　　首先,从客观环境上看,此时的学术语境已与十年前"食货"学派鼎盛期截然不同。20世纪30年代的《食货》半月刊是应社会史论战之"运"而生,一批学术旨趣相同的学人聚集于此,对理论与材料并重,探求社会发展规律的研究旨趣的集体阐发引起学界共鸣,进而形成名盛一时的"食货"学派。40年代,抗日战争刚结束不久,中国革命经过近十年的发展,共产党力量不断壮大,革命理论也渐趋成熟,逐渐形成与国民党对峙的局面。社会政治环境的变迁反映在思想文化方面,即表现为马克思主义理论与中国革命实践的结合,及马克思主义史学跻身中国史坛成为一支重要的学术力量。陶希圣早期的学术研究也是以马克思主义唯物史观为指导,如前所述他是有选择地运用唯物史观,这与真正的马克思主义学者是不同的。此时,马克思主义史学经过诸多马克思主义学者的辛勤耕耘,唯物史观已与中国历史研究科学地结合起来,并诞生一批具有史学奠基意义的学术著作。此时陶希圣再次提出理论与材料并重的口号已难得到学界的共鸣,影响力减弱。此外,从人员组成上看,40年代的"食货"学派的学术力量大不如30年代,鞠清远、武仙卿、沈巨尘身负汉奸罪名,难以继续从事学术研究。何兹全已于1942年到中央研究院历史语言研究所,此时的学术研究已带有明显的"史语所"风格。陶希圣创办《中央日报·食货周刊》,仅有曾资生(曾謇)、连士升两位"食货"学派成员加入其中。陶希圣此时身居国民党政要职,分身乏术,于是"食货学会旧友公推曾资生先生主编本刊。我深信他能够把握这个方向,比我从前主编半月刊,还要虚心,还要确实"②。《食货》周刊的编务多由曾资生一人负责,曾资生的学术影响力自然无法与陶希圣相提并论。

　　其次,从学术内容上看,"食货"学派在《中央日报·食货周刊》上所发文章的内容也与《食货》半月刊时期有所不同。

　　《中央日报·食货周刊》自1946年6月8日创刊起,到1948年7月19日停刊,最初每逢星期三出版,出到第36期停刊,不久又继续出版。自1948

---

① 陶希圣:《食货周刊复刊记》,《中央日报·食货周刊》1946年6月8日。

② 陶希圣:《食货周刊复刊记》,《中央日报·食货周刊》1946年6月8日。

年 4 月 12 日第 76 期以后改为双周刊,于星期一出版,从 1948 年 7 月 16 日
起改在星期五出版。《中央日报·食货周刊》共刊行 89 期,发表论文 303 篇
(以单篇计,连载 1 次记作 1 篇),"食货"学派成员共发表论文 76 篇,约占发
表论文总数的 25%,其中曾资生 45 篇、陶希圣 17 篇、连士升 14 篇。"食货"
学派成员在《中央日报·食货周刊》发表的论文见下表。

1946—1948 年《中央日报·食货周刊》刊载"食货"学派成员论文统计表

	篇名	作者	出版日期
秦汉及以前（14 篇）	战国时期商业都市的发达	陶希圣	1947 年 5 月 14 日
	管仲与商鞅	陶希圣	1946 年 7 月 14 日
	项羽与马援	陶希圣	1946 年 6 月 15 日
	汉末祸乱与中原黄河流域社会经济的残破	曾资生	1946 年 12 月 28 日
	西汉土地所有制度概况	曾资生	1947 年 5 月 21 日
	汉代商人阶级与商业资本的发展	曾资生	1947 年 6 月 4 日
	秦汉时期的政治经济与社会阶级（上）	曾资生	1947 年 7 月 16 日
	秦汉时期的政治经济与社会阶级（中）	曾资生	1947 年 7 月 23 日
	秦汉时期的政治经济与社会阶级（下）	曾资生	1947 年 7 月 30 日
	秦汉时期的社会及其流品（上）	曾资生	1947 年 8 月 13 日
	秦汉时期的社会及其流品（下）	曾资生	1947 年 8 月 20 日
	汉末的社会政治经济与农民暴动	曾资生	1947 年 11 月 19 日
	略论古代社会到两汉社会	曾资生	1948 年 1 月 7 日
	汉代的社会经济政策	曾资生	1948 年 1 月 14 日
魏晋（7 篇）	诸葛亮、王导、谢安	陶希圣	1946 年 6 月 22 日
	再从曹孟德说起	陶希圣	1946 年 6 月 29 日
	介之推与晋文公	陶希圣	1946 年 7 月 5 日
	汉魏时期江南社会经济政治的发展	曾资生	1947 年 12 月 3 日
	论汉魏时期自然经济的发展	曾资生	1947 年 12 月 24 日
	三国时之蜀盐	曾资生	1947 年 12 月 24 日
	魏晋的土地制度	曾资生	1948 年 7 月 5 日

续表

	篇名	作者	出版日期
隋唐 （3篇）	隋唐之际社会经济的推移	曾资生	1946 年 6 月 22 日
	隋唐统一时期社会经济政治军事的建设概况	曾资生	1946 年 7 月 14 日
	唐代士族门阀与军人门阀的没落	曾资生	1946 年 9 月 21 日
宋元 （9篇）	辽金初期的社会经济概况	曾资生	1946 年 6 月 8 日
	王安石变法及其失败的原因	曾资生	1946 年 6 月 15 日
	宋代衙前里役的苛政以及军事的冗费和腐败	曾资生	1946 年 6 月 15 日
	南宋军事、政治、财政的崩溃与灭亡	曾资生	1946 年 6 月 22 日
	南宋军事、政治、财政的崩溃与灭亡（续完）	曾资生	1946 年 6 月 29 日
	元代的经济统治与超经济的强制剥削	曾资生	1946 年 7 月 27 日
	元代政治的演变与种族的差别	曾资生	1946 年 8 月 10 日
	辽金元的财务行政制度概况	曾资生	1947 年 6 月 25 日
	宋代发运使、转运使与地方财务行政	曾资生	1947 年 10 月 22 日
明 （2篇）	明中叶以降政治军事社会经济的逐渐败坏与明灭亡	曾资生	1946 年 8 月 10 日
	明中叶以降政治军事社会经济的逐渐败坏与明灭亡（续）	曾资生	1946 年 8 月 17 日
现当代 （21篇）	经济社会政策赘语	陶希圣	1947 年 6 月 25 日
	经济社会政策赘语（二）	陶希圣	1947 年 7 月 16 日
	经济社会政策赘语（三）	陶希圣	1947 年 8 月 6 日
	经济社会政策赘语（四）	陶希圣	1947 年 8 月 20 日
	经济社会政策赘语（五）	陶希圣	1947 年 9 月 3 日
	经济社会政策赘语（六）	陶希圣	1947 年 9 月 17 日
	经济社会政策赘语（七）	陶希圣	1947 年 10 月 1 日
	经济社会政策赘语（八）	陶希圣	1947 年 10 月 29 日
	经济社会政策赘语（九）	陶希圣	1948 年 2 月 8 日
	历代土地改革运动的三种制度	曾资生	1948 年 2 月 4 日
	解决土地问题的时期与途径	曾资生	1946 年 10 月 12 日

续表

	篇名	作者	出版日期
现当代 （21篇）	略论中美商约	曾资生	1946 年 11 月 16 日
	论以国家的力量解决土地问题	曾资生	1947 年 1 月 11 日
	论征收财产税	曾资生	1947 年 6 月 11 日
	超经济的政治优越力与中国经济的建设	曾资生	1947 年 7 月 2 日
	再论财产税	曾资生	1947 年 8 月 27 日
	论政治经济的改革	曾资生	1947 年 9 月 10 日
	建议创制限田法令	曾资生	1947 年 10 月 8 日
	响应经济上的晒鬼运动	曾资生	1948 年 3 月 3 日
	《论宪法第一百四十三条与土地问题》	曾资生	1948 年 4 月 26 日
	世界经济剧变与中国	连士升	1946 年 8 月 24 日
其他 （7篇）	食货周刊复刊记	陶希圣	1946 年 6 月 8 日
	谈经世之学	陶希圣	1946 年 9 月 7 日
	中国社会经济政治之史的发展阶段——中国政治史自序	曾资生	1946 年 8 月 3 日
	论新经学与科学	曾资生	1946 年 8 月 31 日
	新经学	曾资生	1946 年 8 月 17 日
	"奴产子"与"家生孩子"	曾资生	1948 年 3 月 3 日
	水冶与水碓	曾资生	1948 年 3 月 30 日
译著 （13篇）	近代法德经济史导言（克拉判著）	连士升	1946 年 6 月 8 日
	近代法德经济史译本序（克拉判著）	连士升	1946 年 6 月 15 日
	近代法德经济史绪论（克拉判著）	连士升	1946 年 6 月 22 日
	铁路时代以前的法国农村生活和农业（一）（克拉判著）	连士升	1946 年 7 月 6 日
	铁路时代以前的法国农村生活和农业（续）	连士升	1946 年 7 月 14 日
	铁路时代以前的法国农村生活和农业（续）	连士升	1946 年 7 月 20 日
	铁路时代以前的法国农村生活和农业（续）	连士升	1946 年 7 月 27 日
	铁路时代以前的法国农村生活和农业（续完）	连士升	1946 年 8 月 10 日

续表

	篇名	作者	出版日期
译著 (13篇)	铁路时代以前的德国农村生活和农业(克拉判著)	连士升	1946年10月26日
	铁路时代以前的德国农村生活和农业(续)	连士升	1946年11月2日
	铁路时代以前的德国农村生活和农业(续)	连士升	1946年11月12日
	铁路时代以前的德国农村生活和农业(续)	连士升	1946年11月23日
	铁路时代以前的德国农村生活和农业(续完)	连士升	1946年11月30日

注:曾资生即曾謇。

为进行比较分析,现将"食货"学派成员在《食货》半月刊上发表的论文分类列表如下。

1934—1937年"食货"学派成员在《食货》半月刊发表论文统计表

	篇数		篇数
秦汉及以前	8	明清	6
魏晋南北朝	18	现当代	无
隋唐	11	译著	18
宋元	19	其他	9

通过比较分析可知,"食货"学派成员在《中央日报·食货周刊》上发表的论义多集中在对现时政治经济政策的评述上,共计21篇,约占论文总数的28%。20世纪30年代"食货"学派极少涉猎现当代社会经济史的研究,《食货》半月刊中也无现当代经济史类论文。此外,"食货"学派早期的社会经济史研究重点是魏晋至隋唐时期的社会经济生活,他们在《食货》半月刊上发表的魏晋至隋唐时期论文共计29篇,约占论文总数的33%。如前所述"食货"学派对这一时期的土地、租税、赋役、财政制度都有精深研究,并形成了独到见解。40年代,"食货"学派在《中央日报·食货周刊》上发表的魏晋至隋唐时期的论文共计10篇,约占论文总数的13%。其中内容涉及社会经济生活4篇,历史人物评传3篇,土地制度1篇,士族门阀1篇,军事制度1篇。从论文的内容上看,"食货"学派在自己所精研的魏晋至隋唐时期的社会经济史研究领域并无创新,甚至在研究内容及质量上还不及30年代。"食货"学派的学术研究逐渐显现颓势。究其原因,主要源于以下几个方面:

第一，经过战争的洗劫后，有限的学术资源、动荡的生存条件成为"食货"学派成员继续潜心学术研究的巨大障碍。据陶希圣回忆："我们搜集的唐代经济史料，约有九十万字，并且按照年代与类别编纂成几个小册子，有三本已由北京大学印刷出版，另外三本，仍是稿本尚未付印。至于宋代经济史料，我已搜集了约二百万字的资料，卡片都存在北京大学经济史研究室里。据新由北平到汉口的北大文学院秘书卢逮曾君说，当日本浪人占据北大时，一切公文书籍全部被毁，或者由日本浪人取去向小贩换香烟与糖果了。这样我们（北京大学经济史研究室同人）搜集得的经济史料、卡片、原稿、抄本，其中有一些是历史上有名的碑铭拓片，都全部完了，这是不易补偿的。甚至我的个人图书也被日本宪兵全部踩躏了。"①陶希圣称："北平沦陷日军之手。研究室同人在慌乱之中，各自携带一部分卡片出走。此后八年，各人由南京、武汉、重庆，以至于还都。我无法恢复研究工作，亦无由寻求那些散佚的书稿。"②曾资生在卢沟桥事变以后，冒死携带一部分卡片由北平到天津，由天津乘船南下，专往湘西后，随手整理成为几部书册。"五年之中，他初则奔走四方，后来由香港复归乡里，又为衣食所困，不得不耕田种菜，以至于编写的工作，先后都有停顿。"③即便在战后编辑《中央日报·食货周刊》时期，生活依然动荡艰苦，曾资生自言："各方面的读者与作者对资生个人的信颇多，未能一一作覆，深以为歉。主要的原因是因生活太苦，过去还有一个私人书记帮我的忙，近来油盐柴米都成了问题，再也用不起书记，加以事务烦冗，遂致无法清理。"④

第二，《中央日报·食货周刊》作为《中央日报》的副刊，篇幅限制严格。《中央日报》是国民党的官方报纸，其副刊所占版面有限，这也限制了专业性学术论文的刊发。《食货周刊》创刊号《投稿简则》特别指出："赐稿每篇以四千字为度，如系长篇，务简分章节，每章节以四千字为度。""但望各方惠稿勿超过四千字以上，每一期总希望能有四篇左右的精彩文字，我们重质不重量，一二千字之短文，尤所欢迎。"⑤话虽如此，但专业性的学术问题有时并非一二千字能分析透彻的，《中央日报·食货周刊》刊发的短小论文的研究深

① 陶希圣：《战时学术研究》，《政论》1938 年第 1 卷第 18 期。
② 陶希圣、沈任远：《明清政治制度》序一，台湾商务印书馆 1967 年版。
③ 曾资生：《中国政治制度史》第 1 册陶序，南方印书馆 1942 年版。
④ 《通讯》，《中央日报·食货周刊》1948 年 6 月 21 日。
⑤ 《编辑的话》，《中央日报·食货周刊》1948 年 1 月 21 日。

度自然比《食货》半月刊略差些。除论文篇幅短小外,《周刊》投稿群体的不稳定也是影响其学术性的一大因素。学术刊物影响范围的扩展与其主编者的学术号召力有直接关联。《中央日报·食货周刊》主编曾謇的学术资历及号召力远不及《食货》半月刊主编陶希圣。陶希圣在《中央日报·食货周刊》创办初期也曾鼎力相助,撰稿支持,但《中央日报·食货周刊》作者群一直不稳定。向《中央日报·食货周刊》投稿的多为中国社会科学研究会及与其有联系的学者、曾謇的朋友或同事及各大学师生。虽然《中央日报·食货周刊》的作者群体中也不乏著名学者,如劳幹、冯汉镛、吴云瑞、杨家骧等,但与《食货》半月刊全盛时期拥有遍及海内外的两百多位食货学会会员的稳定的作者群体相比,已是今不如昔。这表明"食货"学派此时的治学理念及研究方向难以在学界产生共鸣,学术吸引力渐弱。

　　第三,20世纪30年代"食货"学派学术声望日隆的得利因素之一就是通过组织食货学会,加强学术交流,开阔学术视野,利用学术争鸣提高自身的科研能力。40年代"食货"学派也曾通过《中央日报·食货周刊》恢复食货学会,并在《中央日报·食货周刊》上发布《食货学会简章》,"凡国内外专科以上学校毕业生或有同等学力或有相当著作"①之人,"经会员一人介绍,或自动请求参加者(请开明籍贯学历及通讯地址),由本会登记通知,即得为本会会员"②。"凡入会会员曾缴纳会费者由本会寄赠食货周刊,将来本会创办其他学术刊物,均得享受特别厚待,凡会员有研究作品可交由本会审核发表,其有价值之长篇系统著作可由本会介绍出版,其著作权及应得报酬概由原著作人保有之。""本会纯为自由学术团体,会员之加入与脱离不受任何约束,凡会员个人之言行,本会亦不负任何责任。"③与20世纪30年代的食货学会一样,40年代的食货学会也是一个松散的学会组织。所不同的是,此时的食货学会里原来《食货》半月刊的旧友加入者甚少。除人员不同外,学会成员交流探讨的问题也不同。食货学会曾利用《中央日报·食货周刊》组织一些学术研讨会,并即时通过《中央日报·食货周刊》刊布研讨会的成果。1948年4月26日《中央日报·食货周刊》刊载的《中国社会科学研究会、食货学会第一次联合土地问题座谈会记录》(以下简称为《记录》)即是对食货学会与中国社会科学研究会联合举行的针对如何实行土地改革的土地问题

---

①　《食货学会简约》,《中央日报·食货周刊》1946年11月23日。
②　《食货学会简约》,《中央日报·食货周刊》1948年1月28日。
③　《食货学会简约》,《中央日报·食货周刊》1946年11月23日。

座谈会研讨过程的发布。《记录》中特别指出以后研讨会拟邀请地方当局进一步交换意见。① 30 年代食货学会并没有举行过学术座谈会,但通过通信,会员们就商业资本主义社会、社会经济史研究中的理论与材料、经济史史料的搜集与整理、奴隶社会的有无问题等诸多学术问题进行交流与探讨,并通过《食货》半月刊的传播,有力地推动了中国社会经济史研究的发展。相比之下,40 年代食货学会开展的学术交流活动带有强烈的功利色彩,更侧重于学术研究的社会实践性,无形中影响了研讨会的学术深度。

综上所述,学术资料匮乏、学术平台欠缺、学术号召力减弱都是《中央日报·食货周刊》无法重振"食货"学派学术声望的客观因素。从主观因素上看,战时"食货"学派学术思想的变化也是其无法重振声威的重要原因。虽然陶希圣在《中央日报·食货周刊》创刊号上一再重申《食货》半月刊时期理论与材料并重,探寻历史发展规律的治史趋向。事实上,在战时特殊的历史环境中他们的学术思想已随着个人生活经历及时代背景的变迁悄然发生变化。此时,他们倡导以史为鉴、经世致用的"新经学",为国民政府摇旗呐喊,这种带有浓厚政治色彩的史学思想最终成为"食货"学派走向终结的历史注脚。

二、倡导"新经学"

在全民抗战的时代背景下,思想界兴起一股"理学"风潮,陶希圣的学术思想亦受其影响。1942 年陶希圣在曾资生(曾謇)著《中国政治制度史》第 1册序言中称:"要想读史而不迂"须知"社会是一大变化的巨流。此激荡之巨流,无论其主流或细支,都有法则可寻。由主潮而言,可以谓为'理一',由细支而言,可以谓为'分殊'。须知主潮为众多细支的总体,故'理一'必须由各种'分殊'之中来发现。如舍弃细支,即不能把握主潮的法则与途径,而陷于空虚。'理一'是变化的一,不是固定的一。如能把握变化的一,则可以渐进于'勿意,勿必,勿固,勿我'的境界。勿意,勿必,勿固,勿我;才可以谈'时中'。体认'时中',然后可以对于各时代的制度,下价值判断。明白了这个道理,才可以读史而不迂"。②稍后,曾资生也自言:"知与行也,学与用也,道与器也,皆一以贯之者也。知即行也,行即知也;即知即行,能知能行;未有知而不能行者也,亦未有行而不能知者也;知而不能行者也,其知非真也,行

① 《通讯》,《中央日报·食货周刊》1948 年 4 月 12 日。

② 曾资生:《中国政治制度史》第 1 册陶序,南方印书馆 1942 年版。

而不能知者,其行未力也。学即用也,用即学也;舍学无以致用,舍用无以明学;未有学而无用者也,未有用而非学者也;学而不能用者,其学末至也,用而不能明学者,其用非正也。"①此时,"食货"学派认为社会是不断发展变化的,要想真正把握社会发展规律就需要注重社会制度的实践性,这也是学术的真正目的所在。由此,"食货"学派开始摒弃学术的求真旨趣而转向经世致用之学。

1942 年曾资生指出:"要明白历代社会政治经济之渊源演变,利害得失,以供现在改革之镜鉴的。处现在整个国家民族生死存亡之际,舍利用厚生救亡图存的经世之学不讲,来追随那些安坐于大学的讲座之上的教师们来言心言性,谈学说理,徒见其文字之游戏,头脑之幻想而已。顾亭林先生有言:'舍多学而识,以求一贯之方,置四海之困穷不言,而终日将危微精一之说,我弗敢知也。'"②1944 年陶希圣在曾资生著《中国政治制度史》第 1 册作的序文中也称:"自著作内含的思想来说,史学著作又可分为两种:一种是拜古的,一种是用世的。所谓拜古者,持笔摇头之际,其神与古会,而以为凡是古的,就是善的。""所谓用世者,直乘中国古来'经世之学',而其讲求史学的用意,在使现前实际发展与变化的途径和法则,客观的寻看出来。"③

1946 年 6 月 8 日陶希圣在《食货周刊复刊记》中直言:"读史书也不是读死书。历史的事实是过去的。历史的教训是现在的。例如在抗战时期,多少人在努力解决物价问题。他们提出的甚至实施的方案,在一个经济社会史家看来,有许多许多都是历史上讨论过的甚至实行过的。如果依据历史的教训,某一方案是必归失败的,那一方案毕竟不会成功。这并不是说历史的教训可以解决今日的问题。这是说,历史的教训可以帮助现在的人少耗一点精力。不独是物价问题如此,今天中国整个的局面,也只有读史书而明了历史的教训的人,总看得出危机之迫切,但是《食货周刊》只欢迎经济社会史的论文,不愿意泛论大局。如有论到当前经济社会问题而具有史学的眼光者,我们是加倍的欢迎。"④此外,在《食货学会简约》中也强调此学会是"以研究社会经济的讲求经世致用之学为宗旨"⑤。在此需指出,由于"食货"学

---

① 曾资生:《中国政治制度史》第 2 册自序,南方印书馆 1942 年版。

② 曾资生:《两汉文官制度》自序,商务印书馆 1942 年版。

③ 曾资生:《中国政治制度史》第 1 册陶序,南方印书馆 1942 年版。

④ 陶希圣:《食货周刊复刊记》,《中央日报·食货周刊》1946 年 6 月 8 日。

⑤ 《食货学会简约》,《中央日报·食货周刊》1946 年 11 月 23 日。

派成员政治上的分化使得这一时期真正围绕在陶希圣周围继续从事学术研究的"食货"学派成员只有曾资生、连士升。陶希圣此时公务缠身,"食货"学派经世致用学术思想的主要倡导者是曾资生。

1946 年 8 月 17 日,曾资生在《中央日报·食货周刊》上发表《新经学》一文宣称:"此所谓'新经学'乃系指新经世致用之学而言。""今天我们要提倡新经学,我们要使经世致用之学,有新的内容,新的意义,新的发展,新的体系! 于此,我们可以揭橥数意":(一)"新经学就是要多学而识,要研究四海周穷的道理与匡济的谋猷。要多学而识,第一要多识前言往行以蓄其德。因此,新经学与史学不能分家。第二要谙习世事,因此新经学与现实的事务要保持接触,在历史的经验与现实的事物之中体认、学习、磨炼,多学而识的功夫即可获致。复次,要研求四海困穷的道理与匡济的谋猷,则政事、经济、法律,以及典章制度等等,不可不讲,而一切的得失利弊,又不可不明。这都是新经学的下手方法,同时也是新经学的基本功夫。这是新经学的第一意。"(二)"新经学认为人类精神思想和物质生活的进化,乃系整个人类经世致用继续不断的一个发展过程,只有在前进的经世致用之学的发展过程之中,中国理学家的所谓天道、性命、心、理、气等等如一般哲学家、科学家的整个的宇宙原理等等,乃能被认识被体恤和被发见,而且被利用服务于人类,事实上也只有随前进的经世致用之学的发展,人类对于所谓天道、性命、心、理、气等等以及整个宇宙的原理等等的认识乃能日即于正确的境界。因此,新经学不仅认为道不兼乎经济不可利用,而且进一步认为没有人类整个经世致用之学的经验的积累和发展,任何所谓'道'即根本不能认识,道本身的存在,也将不与人生发生联系,这是新经学的第二意。"(三)"新经世致用之学,重在一'经'字,重在一'致'字,其如何能经与怎样能致? 也都是'行'。故经世致用之学总结起来,重在笃实力行,此与自强不息生生不绝的人道与人性是一以贯之的。这是新经学的第三意。"①简言之,曾资生的"新经学"就是倡导学者的学术研究应与现实的社会实践相结合,为现实社会服务。

1946 年 8 月 31 日,曾资生在《论新经学与科学》中再次强调:"就中国学术思想而论,经世致用之学实为主流。""今天我们提倡新经学就是要使新经学日益发达,日益充实,以补学术的萎靡烦琐空虚之弊。""今天我们需要科学,实际所谓科学就是实事求是笃实践履的经世致用之学。中国欲科学昌明,富强隆盛,只有经世致用的学术思想精神与近代欧美科学将结合,乃能

---

① 曾资生:《新经学》,《中央日报·食货周刊》1946 年 8 月 17 日。

使精神和物质两方有新的发展，新的内容，新的境界，舍此之外，不过萎靡、颓唐、混乱、涣散、落伍和败亡而已。""故拿经世致用之学的真儒精神以与科学结合，乃能融贯无间。"①1946 年 9 月 7 日陶希圣作《谈经世之学》一文响应曾资生提出的"新经学"的号召。陶在文中指出："中国的政治思想，一向可分两派。第一是伦理哲学一派；第二是制度政策一派。一个政治思想家，或专属伦理哲学派，或专属制度政策派，又或兼具两种思想而侧重于一面。"并通过对《中国政治思想简史》的回顾特别强调："经世之学偏重制度政策的方面，至于调和伦理哲学与否，则为另一问题。即令一个伦理学哲学家，如欲致用，仍需研讨制度与政策。若抛弃制度政策，专谈伦理哲学，不过是迂儒而已。"②在这种思想的指导下，"食货"学派的中国社会经济史研究内容发生了变化，其关注焦点集中在具有现实意义的课题上。

在全面抗战的社会背景下，"食货"学派对军事政治方面的研究产生了兴趣，希望以史为鉴，为现实的政治军事斗争提供史实参考。如曾资生在《南宋军事、政治、财政的崩溃与灭亡》一文中指出："南宋的军事系当时一个最大的症结问题，许多政治上的斗争和财政的崩溃均直接间接与军事的纷争有关，本来北宋统治的局势，完全以黄河中腹地为重心，以控制东南，但是东南完全是一个不设防的区域，……渡江后，军事形势转变，东南的军备与防守之势成为极端严重的问题，兵权分入诸将之手，朝廷之权日轻，故自建炎以至绍兴，主张军事的集权成为一般的倾向。"然而，随着国家财政和社会军民的经济生活的崩溃，加上金亡以后，元兵猖獗，整个南宋朝廷的命运遂陷于完全绝望的深渊。③ 他的《明中叶以降政治军事社会经济的逐渐败坏与明灭亡》一文通过对政风与吏制的逐渐败坏、军事与边防的废弛、财政的匮乏与政府的搜刮、社会经济的破产与流寇的蔓延四个方面的分析得出明之亡国实不外以下几个原因。"第一是阉宦的擅权与党祸的横流，断丧了国家的元气。第二是国家财政淫靡，于是，搜刮剥削，人民的物力耗尽，断送了社会经济的命脉。第三是体制法令的败坏，国家失其所以依托的纲纪。第四是军务边防的弛废，失去了军事生存的保障。这是根本的原因，至于流寇乃

---

① 曾资生：《论新经学与科学》，《中央日报·食货周刊》1946 年 8 月 31 日。

② 陶希圣：《谈经世之学》，《中央日报·食货周刊》1946 年 9 月 7 日。

③ 曾资生：《南宋军事、政治、财政的崩溃与灭亡》，《中央日报·食货周刊》1946 年 6 月 22 日，1946 年 6 月 29 日（连载）。

是速亡的直接原因而不是至亡的根本因素。"①显然,曾资生以历史上宋、明政权的覆灭暗示国民政府,军事上胜败不仅仅是军事问题,它与整个社会的政治经济生活息息相关。国民政府要想取得军事上的胜利,就要妥善地解决民生问题。

在民生问题中,土地制度是关键。正如曾资生在《解决土地问题的时期与途径》一文中所言:是凡属社会政治经济得到安定的时期,必定是土地问题得到相当解决,至少是与土地问题相关的各种矛盾冲突暂得缓和的时期;凡是一种农民暴动或是革命运动发生,必定包含着土地问题。② 稍后,曾资生在《历代土地改革运动的三种制度》中指出:"中国的土地改革,迟早之间总是要责现的。我们要实行民生主义'耕者有其田'的政策,我们有历史上均田制的传统。我们要实行集体农场或国家农场,我们也有历史上屯田制的经验。我们如果要采取社会政策和渐进的土地改革,借限制地主的土地以便对自耕农加以扶持,则历代限田的制度和办法,也是值得参考的。"③"食货"学派史论结合的治学风格无疑是致力于"新经学"的结果。

"食货"学派的其他以解决现实经济问题为宗旨的论文,如《经济社会政策赘语》《论征收财产税》《超经济的政治优越力与中国经济的建设》《再论财产税》《建议创制限田法令》等,对建议当权者改善国统区人民的生活虽有益,但不可否认,这些论文的立足点及服务对象是国民党政权。如曾资生在文中强调:"国民党一贯的政策,是由平均地权,以达到耕者有其田的目的。此与中国历来国家以公平解决土地问题为其职责的传统精神是一致的。但今天我们党的政策并未见诸实行,而土地问题的严重性依然客观存在,这是我们应该认识的事。在此情形之下,结果倒让共产党以土地革命为号召诱惑的本钱,这是十分值得遗憾的,值得我们深省的。""在这里我要指出:共产党今天所实行的土地政策,一方面以没收土地以农民对地主争斗方式而形成农村中的对立,另一方面则以此土地用豆腐干块式的方法给予农民,使农民获得一时之利,借以此获得群众。这完全是一种落伍的方式,绝不是以言根本解决。今天如果我们能面对土地问题,采取一种进步的高级的土地政策,则不但可以塞绝乱源,而且可以根本解决国计民生的重要问题。""我们

---

① 曾资生:《明中叶以降政治军事社会经济的逐渐败坏与明灭亡》,《中央日报·食货周刊》1946 年 8 月 10 日,1946 年 8 月 17 日(连载)。

② 曾资生:《解决土地问题的时期与途径》,《中央日报·食货周刊》1946 年 10 月 12 日。

③ 曾资生:《历代土地改革运动的三种制度》,《中央日报·食货周刊》1948 年 2 月 4 日。

绝不可因为共产党企图把握土地问题为其号召,遂因噎废食而不谈此一问题,甚至不下决心解决此一问题,须知吾党的政策与主义,重在解决此一问题。此问题一日存在,即党的主义与政策一日未成功。今天应该是我们以主动的姿态进步的政策,切实的步骤以解决此一问题的时候了。"①

再如陶希圣在中国社会科学研究会、食货学会第一次联合土地问题座谈会上的发言,在去年十月中国共产党的土地改革方案中,头段即说明土地公有,取消所有权。以农会为推动'土改'的原动力。一切土地纠纷,都以农会来主持。而农会的组成分子,主要的为军队中的下级干部和贫农。共产党目的本在通过安定农民,争取兵源,但结果恰恰相反,即充分表现其矛盾是无法解除的。总体战方案的提出,即是在解决地主与农民的土地矛盾这一问题。②陶希圣宣称要用"总体战方案"来解决由共产党的"土改"造成的土地矛盾问题。

由上可知,"食货"学派倡导以经世致用为宗旨的"新经学"的根本立足点是为国民党服务,这就使得"食货"学派此时的学术研究带上了浓厚的政治色彩。20世纪30年代的"食货"学派虽是一个受政治立场影响的学术派别,但他们以探寻历史发展规律为宗旨,以学术"求真"为目的的学术研究取得了引人瞩目的学术成就。40年代以倡导"新经学"为宗旨的"食货"学派,在研究过程中过于专注学术的经世致用功用,忽视了社会经济史研究的理论与方法探索,轻视了学术研究中探求历史真相的本意。如曾资生在《汉代的社会经济政策》一文中通过对汉代社会经济政策的考察,提醒国民政府"国家的社会政策,对于当时的社会制度和组织,颇有交互的影响","在某种社会制度和组织之上,通常可以促使国家建立某种政策,而在国家某种可使社会制度发展或改变而有其成功,在相反的场合之下,又不能不归于失败,所以国家的社会政策与社会制度,有其相互依存的关系"。③

"食货"学派过于注重学术的经世致用功能的学术宗旨为学界所摒弃。劳贞一在评曾謇的《两汉文官制度》一书的书评中指出:"讲'经世致用',从清末以来,早成熟调。现在诚然有几个专讲形式逻辑的教授,但他们只是古调独弹,并非现世学术的主流。就一般青年志愿而论,志愿学哲学的和志愿

---

① 曾资生:《解决土地问题的时期与途径》,《中央日报·时候周刊》1946年10月12日。

② 《中国社会科学研究会、食货学会第一次联合土地问题座谈会记录》,《中央日报·食货周刊》1948年4月26日。

③ 曾资生:《汉代的社会经济政策》,《中央日报·食货周刊》1948年1月14日。

学经济的数目上简直不能相比。所以现在的问题是如何将'经世致用'的理论使其更切于实际。而不是将顾亭林的主张再来一个复活。再就学术本身来说,人类生存于大宇宙之中,整个宇宙都是人类知识的对象。所有知识研究的范围,要包括整个自然现象和人类活动。所有一切学术上的分类,都只是为研究便利上的勉强分割,任何学术研究上的最终目的,都只是单纯的求知。所有一切应用方面,都只是几种相关的学术在某一部分获得结论以后所产生的效果。在研究过程中绝无从预料到。倘若每种学术在研究时件件都要想致用,恐将失掉知识的整个性,而研究的结果也许要受到不利的影响。"[1]

　　20 世纪 40 年代"食货"学派的学术研究之所以包含浓厚的政治意义,与此时"食货"学派成员的政治身份有关。1942 年,陶希圣自追随汪精卫赴上海与日和谈后重回重庆,对蒋介石抱有感恩之心,尽心为之效力,成为其重要的"文胆"之一。国民政府抗战后期的许多重要文件、公告皆出自陶希圣之手,其中最负盛名的是 1943 年 3 月出版发行的《中国之命运》。该书由蒋介石撰写、陶希圣校对,是对蒋介石政治哲学思想的一次系统阐述。此书一出即受到共产党的严厉批判。陈伯达《评〈中国之命运〉》一文的首段是由毛泽东亲自撰写,文中写道:"中国国民党总裁蒋介石先生所著的《中国之命运》还未出版的时候,重庆官方刊物即传出消息:该书是由陶希圣担任校对的。许多人都觉得奇怪:先生既是国民党的总裁,为什么要让自己的作品,交给一个曾经参加过南京汉奸群、素日鼓吹法西斯、反对同盟国而直到今天在思想上仍和汪精卫千丝万缕地纠合在一起的臭名昭著的陶希圣去校对呢?"[2]陶希圣回忆:"于是中共及其外围与同路人集中火力,攻击希圣。一叶扁舟被拖出避风塘,扬帆泛海,猷不胜其遍体鳞伤之苦。"陶希圣明知会招到对手的抨击,仍奋力为之。究其原因"希圣一心感激委员长不杀之恩,殊未料委员长知我之深,甚至畀我代大匠斫。我明知其有伤手之虞,亦唯有尽心悉力捉刀以为之"[3]。陶希圣此时除尽心为蒋介石集团服务外无他,这也是陶希圣积极提倡"新经学"的思想根源所在。曾资生在"高陶事件"后,回湖南老家过起农耕生活,后经陶希圣登报寻找,重返重庆并在国民党政权中身居要职。20 世纪 30 年代的"食货"学派虽身为国民党员但并未真正参与到

---

①　劳贞一:《书籍评论:两汉文官制度》,《中国社会经济史集刊》1944 年第 7 卷第 1 期。

②　陈伯达:《评〈中国之命运〉》,晓明社 1946 年版,第 1 页。

③　陶希圣:《八十自序》(下),《传记文学》1979 年第 34 卷第 1 期。

国民党政权体系中,保有一定的学术自由度。40 年代的"食货"学派成员身处国民党政治权利中心,他们极力维护国民政府的统治,这不能不导致他们的学术研究深受政治因素的影响。

第三节 "食货"学派的终结及其历史地位评述

1948 年,国民党在国共战局中的局势急转直下,《中央日报·食货周刊》停刊;1949 年,南京国民政府倒台,"食货"学人作鸟兽散,并选择各自不同的人生道路。"食货"学派七位主要成员中,何兹全、鞠清远、武仙卿、曾謇留在大陆;陶希圣、沈巨尘去了台湾;连士升远赴新加坡定居。1949 年 10 月,陶希圣随蒋介石去台湾之后,"在此期间,我(陶希圣)依旧是笔墨生涯。其职名之可名者,略举于左:(一)"中央日报"三十年,记总主笔八年,常务董事六年,董事长十六年。实际工作,前后一贯,署名者为专论,不署名者为社论。(二)革命实践研究院,由讲座、总讲座、研究委员会副主任委员,其后复为国防研究院讲座,前后一贯,上讲台者讲课,开会议者讨论。(三)唯在政党间之联络与谈商,有助于民主宪政之运行者,三十年努力未尝中断"①。在台湾期间,陶希圣历任国民党宣传部副部长等职,1988 年 6 月 27 日病逝于台北,享年 91 岁。沈巨尘自汪伪政权覆灭后,受到陶希圣的保护,蛰居上海,利用闲暇时间搜集政治制度资料。1949 年赴台后,更名沈任远,曾任台湾教育主管部门秘书,后任教于铭传学院,并出版专著《魏晋南北朝政治制度》《隋唐政治制度》《历代政治制度要略》等,现已去世。连士升自 1949 年赴新加坡定居后直至 1973 年去世,在新的 20 余年间,历任《南洋商报》记者、主笔、总编辑、南洋学会会长、南洋大学筹备委员会宣传组主任、新加坡大学董事等职,并于 1936 年荣获新加坡元首颁赠功勋章。连士升在新期间一直致力于新加坡的文化事业,出版著作达 23 本,包括游记、散文、传记(《甘地传》《尼赫鲁传》《泰戈尔传》)、信札等,他是南洋 20 世纪 50—70 年代声誉卓著的报人及文学家,享有"南洋鲁迅"之美誉。留在大陆的四位食货派成员,据何兹全回忆:"抗战胜利后,陶希圣介绍鞠清远在上海参加接收工作,把他保护起来。这个书呆子不争气。接收单位向陶告他的状,说他看见好书就往自己兜里放,把他辞掉。大陆解放后,顾颉刚先生到北京,我去看他。顾告诉我,

---

① 陶希圣:《八十自序》(下),《传记文学》1979 年第 34 卷第 1 期。

鞠在上海,做汽车押运员,曾求顾给他找工作。以后无下文。估计现在已不在人世了。"①中华人民共和国成立后,曾謇在湖南老家摆地摊、卖杂货,曾求陶孟和为他谋职,后再无消息,估计已不在人世。武仙卿,解放后由于交代得好,未受惩处。镇压反革命期间,包庇其堂兄,两罪合一,判十年徒刑。刑满出狱后,病逝于天津。② 何兹全自言:"陶希圣 30 年代的学生、'亲兵',算来大陆上只有我了,海外怕也没什么人了。"③作为目前唯一健在的"食货"学派成员,何兹全在抗战时期任中央研究院历史语言研究所助理研究员,并于1947 年赴美国,在纽约哥伦比亚大学读书,主修欧洲古代、中世纪史。1950年回国后在北京师范大学任教。何兹全是享誉中外的史学家,中华人民共和国成立以后他的主要研究方向仍集中在汉唐经济史、寺院经济、魏晋南北朝史和兵制史这几个方面,20 世纪 80 年代发表《佛教经律中关于寺院财产的规定》和《佛教经律中关于僧尼私有财产的规定》两文,深化了寺院经济的研究。而《中国古代社会》一书对西周封建说、春秋战国之际封建说和亚细亚型东方社会说提出不同意见,是他多年研究古代社会及古代向中世纪演变的重要成果。正如何兹全自称,留在大陆的他"文革"期间成为"食货余孽",如今是"食货"学派的"孤臣孽子"。④ 综上,随着时代背景的巨大变迁及个人命运的不同选择,"食货"学派最终以解散收场。

一、"食货"学派终结的原因

"食货"学派为何难逃被历史淘汰的命运? 有些学者从学术力量减弱、《中央日报·食货周刊》学术性差、社会经济史理论研究欠缺等方面对"食货"学派自身的历史局限性进行了总结。⑤ 当然,这些都是"食货"学派终结的重要原因,但我们认为最根本的原因是学术与政治之间的过度渗透,使得"食货"学派最终退出历史舞台。

首先,随着国民政府的垮台,"食货"学派失去了赖以生存的学术平台。20 世纪 40 年代陶希圣身为《中央日报》总笔,利用职务之便,遂召集食货派旧人以此国民党官报副刊为平台继续从事学术研究。《中央日报》作为具有较深社会影响力的政府官报,其发行覆盖全国大部分地区,这在有力扩展

---

① 何兹全:《何兹全文集》第六卷,中华书局 2006 年版,第 3226 页。
② 何兹全:《何兹全文集》第六卷,中华书局 2006 年版,第 3226—3227 页。
③ 何兹全:《何兹全文集》第六卷,中华书局 2006 年版,第 3227 页。
④ 陶恒生:《"高陶事件"始末》,湖北人民出版社 2003 年版,第 398 页。
⑤ 苏永明:《"食货派"史学研究》,南开大学 2008 年博士学位论文。

"食货"学派传播范围的同时,也成为限制其进一步发展的枷锁。"食货"学派学人在《中央日报·食货周刊》上撰写了大量涉及现实问题的文章,这是他们投身政治后,在继续学术研究的同时,对国民政府的政治、社会、经济、文化政策给予了极大关注的结果。这种学术为现实服务、政治与学术交织在一起的研究状态无益于其学术发展。1948年,国共两党力量对比发生变化,《中央日报》成为双方进行舆论斗争的战场,此时已无暇出版编辑副刊。《中央日报·食货周刊》自1948年4月12日第76期以后改为双周刊并于同年7月19日停刊。此后,陶希圣随蒋介石集团逃至台湾,《中央日报》随之迁至台湾出版。"食货"学派在大陆失去了可依托的学术平台。

　　其次,新旧政权交替之后,部分"食货"学派成员的政治身份致使他们无法继续从事学术研究。早在抗日战争全面爆发初期,"食货"学派部分成员受陶希圣的影响及对权力的痴迷,深陷政治漩涡无力自拔,遂中断学术研究,由此"食货"学派整体学术力量减弱。1938年陶希圣追随汪精卫离开重庆后,其弟子"食货"学派的其他成员暂时留在重庆,此时傅斯年在给朱家骅的信中写道:"陶希圣已经跟汪精卫走了,但陶留下了一批出色的社会经济史人才,不要管陶,要管这批人才。"①学界前辈惜才若命,希望在变幻莫测的政治斗争之外为他们提供继续从事学术研究的条件,这是对他们学术能力的认可。但随后,在陶希圣的召唤下,这批"社会经济史人才"除何兹全外,都追随陶师而去。武仙卿、沈巨尘、鞠清远就此弃学从政。虽然沈巨尘在抗战结束后,"利用暇时,查阅唐、宋时期文献,搜集政治制度资料,历时数载,还请了一位助手帮同抄录,积累之抄件,约达数百万字,正在整理编撰中"②。沈赴台后也出版了一些专著,但影响力再不及当年。鞠清远此人,据何兹全回忆:"在陶手下《食货》这些人中,我最佩服老鞠。粗犷质朴,厚道,学问最好。他写的有关唐代社会经济的书和论文,至今仍为人所称赞。政治毁了一代天才!"③曾謇(曾资生)虽未沦落为汉奸,但在陶希圣的引荐下在国民政府任职,何兹全称"资生是个好人,政治野心害了他"④。武仙卿、鞠清远、曾謇在中华人民共和国成立后留在了大陆,复杂的政治身份使他们无法被新的社会体系接纳。中华人民共和国成立后,他们也曾托陶孟和、顾颉刚等学

①　何兹全:《何兹全文集》第六卷,中华书局2006年版,第3222—3223页。
②　陶希圣、沈任远:《明清政治制度》序二,台湾商务印书馆1967年版。
③　何兹全:《何兹全文集》第六卷,中华书局2006年版,第3226页。
④　陶恒生:《"高陶事件"始末》,湖北人民出版社2003年版,第398页。

界旧识为他们寻找能够继续从事学术研究的合适工作。此时,陶孟和、顾颉刚作为旧时代的知识分子已是新政权改造的对象,自然无力提供帮助。这部分食货派成员也就失去了继续从事学术研究的可能性。

综上,"食货"学派是以陶希圣为核心,由陶希圣学生组成的学术派别。它应 20 世纪 30 年代社会史论战之"运"而生,在社会经济史研究领域有着突出的学术贡献。40 年代随着社会的变迁,"食货"学派在学术上更多地受政治因素的影响,学术与政治交织在一起。最后随着中华人民共和国成立、陶希圣赴台,"食货"学派也以解散告终。

二、"食货"学派的学术成就

在中国经济史学科的发展进程中,陶希圣与"食货"学派占有重要的一席之地。他们创办社会经济史专业刊物,开拓经济史研究的新领域,组织食货学会,对中国经济史学科的发展做出了不可忽视的积极贡献,在独立的现代意义的中国经济史学科的正式形成过程中有重大的作用。[①]

陶希圣与"食货"学派的社会经济史研究始于 20 世纪二三十年代,他们受社会史论战的影响着手于社会经济史课题的研究,并成为第一次中国社会经济史研究热潮中的佼佼者。40 年代中后期,虽然"食货"学派受政治因素的影响,学术影响力减弱,但仍坚持不断地从事社会经济史的研究,为推动经济史学科的发展贡献力量。"食货"学派作为一个以社会经济史研究为主要方向的学术团体,其成员间有着紧密的学术关联。他们学术旨趣相同,且都精研于魏晋至隋唐时期的社会经济史研究,在学术思想上也大都接近或倾向于唯物史观,并在一些重要历史问题上形成基本一致的学术观点,治学风格以理论与史料并重见长。这些是"食货"学派作为一个主要学术流派存在的重要依据。陶希圣是"食货"学派的领袖,其他"食货"学派成员大都是陶希圣的学生,如何兹全、曾謇等,他们都是在陶希圣的引导下走上社会经济史研究道路,其研究成果的形成、刊布都得益于导师陶希圣。在陶希圣的带领下,"食货"学派的学术研究曾风靡 30 年代的学术界,产生强烈的学术共鸣。

不可否认,"食货"学派发展的一个特点,就是学术与政治的相互渗透。"食货"学派从事社会经济史研究是以解决中国革命道路这一现实的社会政治问题为前提,其学术研究不可避免地受到社会环境及自身政治立场的影响,这大大削弱了"食货"学派的学术力量,为"食货"学派最终退出史坛埋下

---

① 李根蟠:《中国经济史学百年历程与走向》,《经济学动态》2001 年第 5 期。

伏笔。在社会发展进程中,政治与学术相互影响,完全脱离政治的纯学术是不存在的。本书在综合考察政治与学术的基础上,对"食货"学派的形成、发展及衰落的过程进行深入探讨,力求给予陶希圣及"食货"学派一个客观公允的评价,并以"食货"学派为线索,考察民国时期学术与政治的互动关系。

陶希圣是 20 世纪上半叶赫赫有名的社会经济史学者,"食货"学派也在当时的中国史坛取得突出成就,他们的中国社会经济史研究、史学思想、治史方法在中国近现代史学史上产生了深远的影响。要而论之,陶希圣及"食货"学派在推进中国经济史发展过程中展开的工作,主要表现在以下几方面。

(一)高举"史料与理论并重"的大旗,运用唯物史观研治中国史

20 世纪上半期,在中国近代史学史上因治史理念的不同而存在史料学派与史观学派两种类型的史学派别。史料学派从胡适等人提倡的整理国故到顾颉刚发起的"古史辨"运动再到傅斯年创办中央研究院历史语言研究所所提倡的史学研究,在二三十年代长期居于史学的主流。史观学派从梁启超等人倡导"新史学"到 20 年代胡汉民、廖仲恺等人用唯物史观来研究中国历史到社会史论战,其发展与影响也日趋明显与扩大,而以西方社会科学理论与方法来研治、解释中国历史则是其重要走向。余英时曾指出:史料学派,乃以史料之搜集、整理、考订与辨伪为史学的中心工作;史观学派,乃以系统的观点通释中国史的全程为史学的主要任务。①

史料派与史观派互有优劣长短,齐思和在 1946 年发表的《现代中国史学评论》一文中将史料派与史观派称为掌故派与社会学派。前者选择窄深冷僻的题目做穷源溯流的探讨,考证则细入毫芒,征引则繁富博瞻,自矜精深,以为尽史家之能事,实则其研究冷僻偏窄,无关宏旨,对中国文化的了解,无甚贡献;后者厌弃掌故派的烦琐苛碎的考订,要研究中国整个社会的发展,所选择的问题比前者的重要,但往往先有史观,而后再找材料,其依据的材料往往又不完备,结果其作品不免失之粗滥。掌故派的弊病是但知聚集些材料,而缺乏思想,缺乏史观。社会学派的弊病是太重史观,往往但有史观、理论,而缺乏材料。② 近代治学者对这两种史学观念的优劣短长各有取舍,有时不免左右摇摆,史料派与史观派力量相互消长。20 世纪 30 年代

---

① 余英时:《中国史学的现阶段:反省与展望》,《史学评论》1979 年第 1 期。

② 齐思和:《现代中国史学评论》,《大中》1946 年第 1 卷第 1 期。

陶希圣与"食货"学派的学术研究较为典型地反映了中国近代史学的这种发展状况，并最终高举"史料与理论并重"的大旗，运用唯物史观研治中国史，取得了突出的学术成就。

20世纪二三十年代，史学研究随着时代的变动、西方社会科学的介入，其研究取向、研究方法等方面呈现出新的趋势。陶希圣身处这样一个变动发展的学术环境中，已不满于一味疑古辨伪的考据史学，希望运用新的社会科学理论方法构建中国史。由此，陶希圣以唯物史观及其他社会科学理论为研究工具，探求中国历史社会形态及其发展过程。在此过程中，陶希圣声名鹊起的同时也备受争议，其滥用理论、轻视史料的弊病严重影响研究的学术性。陶希圣开始转变思路，召集弟子创办《食货》，在不放弃运用社会科学理论方法探索、阐释中国社会形态及其发展过程的治史目标下，重视史料的搜集与运用。陶希圣及"食货"学派重视史料的治史理念与史料学派并不完全一致，如余英时所言，史料派最大的特色在于其史学与时代完全脱节，主张"证"而不"疏"、"存"而不"补"，在"史学即史料学"的理论支配下，其"证"的范围退缩到材料的真伪这一点上。① 陶希圣与"食货"学派成员不仅重视史料的真伪，而且还非常重视史料的"阐释"意义。

陶希圣与"食货"学派一方面强调史料的搜集，另一方面重视社会科学理论，特别是唯物史观的运用。虽然，陶希圣与"食货"学派成员的唯物史观与正统的马克思主义学者的唯物史观有所不同。正如何兹全所言："他的思想方法接近唯物史观，却并不是唯物史观。……他用的是社会的历史的方法，简言之即社会史观。但在所谓正统马克思主义者的眼中，他的史观是不纯的。"②正如郭沫若对陶希圣的评价："他的方法大抵上是依据唯物辩证法的倾向，但只是倾向，应该还要有更正确的把握。"③

尽管有着上述的重大局限性，但陶希圣与"食货"学派成员"依据唯物辩证法的倾向"，以翔实的史料为基础，以阐释中国社会形态及其发展过程为目标，对中国土地制度、租税赋役及财政制度、社会等级身份等领域的研究，取得了突出的学术成就，也是一个不能否认的事实。他们的一些研究成果直到今日仍有一定的学术价值，并为今人学者所认同。"食货"学派从经济角度入手，以生产方式的演变为线索，将社会历史视为一个有机体，发掘历

---

① 余英时：《中国史学的现阶段：反省与展望》，《史学评论》1979年第1期。
② 何兹全：《爱国一书生：八十五自述》，华东师范大学出版社1997年版，第54页。
③ 杜荃(郭沫若)：《读〈中国封建社会史〉》，《新思潮》1929年第2、3期合刊。

史发展变化的深层动因,构建社会发展的历史过程的中国史研究,也可以说
是运用唯物史观研治中国史。

马克思在《〈政治经济学批判〉序言》这一经典中阐述了唯物史观的基本
原理:"人们在自己生活的社会生产中发生一定的、必然的、不以他们意志为
转移的关系,即同他们的物质生产力的一定发展阶段相适合的生产关系。
这些生产关系的总和构成社会的经济结构,即有法律的和政治的上层建筑
竖立其上并有一定的社会意识形式与之相适应的现实基础……社会物质生
产力发展到一定阶段,便同它们一直在其中活动的现在的生产关系或财产
关系发生矛盾。于是这些关系便由生产力的发展形式变成生产力的桎梏。
那时社会革命的时代就到来了。"①

"食货"学派对魏晋至隋唐时期生产力、生产关系各方面包括土地制度、
土地占有者与劳动者的隶属关系、赋役制度、生产力发展水平、寺院经济等
诸多方面的深入研究,以及在这一基础上对这一历史时期封建社会特征的
考察,应当说是符合马克思主义唯物史观的。

当然,陶希圣及"食货"学派"史料与理论并重",运用唯物史观研治中国
史的工作尚属草创,不可避免地存在不足之处。如杜若遗以鞠清远在《食
货》上刊发的《汉代的官府工业》一文为例,指出"食货"学派存在"动手收集
史料时,若不从一个中心的问题出发,联系到各方面,而只是无目的地、部分
地、不加解释地随见随录,那会发生虽多无益、仍与未经整理无异之弊"②。
而在唯物史观的运用上,陶希圣与"食货"学派也没能走出"以外国的主要是
西方的历史发展的抽象模式来笼罩中国历史的实际进程"③的研究误区,他
们在研究过程中也不免出现教条化的倾向。何兹全晚年回忆 20 世纪 30 年
代的学术研究"这认识,有正确的地方,有教条主义、生搬硬套的地方"④。

尽管如此,在当时中国社会经济史研究已经兴起,科学的研究范式尚未
完全形成之际,陶希圣与"食货"学派重视史料但绝不忽视理论的治史思想
于史学理念的更新有极为重大的意义,并对以后的史学研究产生深远影响。

---

① 陶希圣:《社会科学讲座:马克思的社会进化论》,《新生命》1929 年第 2 卷第 5 期。
② 杜若遗:《介绍〈食货半月刊〉》,《文化建设》1935 年第 1 卷第 4 期。
③ 余英时:《中国史学的现阶段:反省与展望》,《史学评论》1979 年第 1 期。
④ 何兹全、郭良玉:《三论一谈:何兹全郭良玉伉俪自选集》,新世界出版社 2001 年版,
第 165 页。

（二）在中国社会经济史研究中开创新领域、构建新观点，为此后的学术研究提供借鉴

陶希圣与"食货"学派从事社会经济史研究的主要目的是从历史出发，在探讨中国社会发展形态历史规律的基础上解答现实中国社会性质问题。在"食货"学派成员思想中，中国社会经济史"就是要研究我们的祖先怎样使用种种方法发展物质生活，使我们能够明了过去，把握现在，推测未来"①。现在的社会制度是过去社会制度进化的结果，要解答现实社会制度问题，必须从它的历史进程中去探求。

在这种思想的指导下，陶希圣与"食货"学派在中国社会分期研究上投入了大量的精力。在研究过程中，陶希圣与"食货"学派成员形成中国封建社会始于魏晋至唐末的观点。这一观点也逐渐受到学界的关注，如梁园东在评论陶希圣、鞠清远的《唐代经济史》一书时指出："唐代经济状况，实为中国史上的一个转变时代，唐代以前各代经济生活的各方面，都不脱原始形式，虽有些新事项发展，但势力甚微，从唐代起，一切新的事态，始大行发展起来，比方国内外的贸易、货币、工厂、制造品都有新颖的发展，远非前代所及。唐以后各代皆承其端绪，继续演进。""这一个转变，大体上是人所易知的，可是，支持这个新制度的一切经济形态，其发达情形如何，颇不明了。研究这一段情形，不仅是中国经济史，实是全部中国史上最重要的一项工作。"②

为深入探究魏晋至隋唐时期社会形态的转变，陶希圣与"食货"学派就这一时期社会经济生活中的各种问题进行积极探讨，发现了很多当时学界所不曾涉及的新领域、新问题，如寺院经济、社会等级身份研究等。"食货"学派在这些新课题上的独到见解为此后的中国社会经济史研究提供参考与借鉴。在胡戟等主编的《二十世纪唐研究》、张国刚主编的《隋唐五代史研究概要》中，"食货"学派的著作被多次提及并得到较高的学术评价，如鞠清远的《唐代财政史》被认为"考证准确、立论扎实，体例演整，长期为治史者必读之作"。鞠清远的另一著作"《唐宋官私工业》全书虽然只有约 10 万字，重点且在宋代，却有奠基之功，使唐代手工业研究有了一个比较高的起点"③。陶希圣、鞠清远的《唐代经济史》是断代史中经济通论，综合研究的代表作之

---

①　连士升:《研究中国经济史的方法和资料》,《大公报·史地周刊》1936 年 10 月 9 日。

②　梁园东:《读物介绍:唐代经济史》,《商务印书馆出版周刊》1936 年第 201 期。

③　胡戟等:《二十世纪唐研究》,中国社会科学出版社 2002 年版,第 389、451 页。

一。何兹全的《中古时代之中国佛教寺院》一文被认为是僧官制度与寺院组织的开山之作。文中提出寺院不仅是宗教的组织,而且是政治的、经济的组织这一著名论点,对以后的研究极富启发意义。此外,在具体的学术观点上,"鞠清远认为唐代财政史的一大特点是没有中央与地方财政的划分,除附加税外,还未看到确切属于地方的税赋,地方只能与中央分剖在中央规定之下征收得的税赋"。他还在《刘晏评传》中指出财政机构中盐政组织分为留后、监与院、场三级。这些学术观点对全面认识唐代财政状况颇有价值。①由此可知,"食货"学派在新开辟的社会经济史研究领域内的研究成果,至今仍具有较高的学术价值,成为当代学者很好的学术参照。

陶希圣与"食货"学派对魏晋至隋唐时期社会经济生活的探究,主要是为阐释"魏晋封建说"服务的。受当时时代条件的限制,"食货"学派并未将这一学说发展成熟,"魏晋封建说"也未得到学界的普遍认可。1949 年中华人民共和国成立后,中国史学界展开关于中国社会史分期、封建土地所有制形式、资本主义萌芽、汉民族的形成、历代农民战争等关系到中国历史发展规律认识的若干重大问题的讨论。在关于中国社会史分期的讨论中,"魏晋封建说"成为与"西周封建说"和"战国封建说"并立的中国社会史分期的主流学说,得到了何兹全、尚钺等学者的支持。

何兹全自言:"在陶希圣先生对中国社会史的看法常常变动的时期,他只是在魏晋是封建开始的站台上站了一会,又走他的追寻之路了。我却在这里扎根不动了(后来他又回到这一站来)。"②何兹全对"魏晋封建说"的系统论证开始于 20 世纪 50 年代。1956 年何兹全发表《关于中国古代社会的几个问题》指出:东汉以来是奴隶制向封建制的过渡和封建社会成立的时期。③ 1978 年在长春召开的中国社会史分期讨论会上,何兹全做了"汉魏之际封建说"的发言,再次表明中国古代社会进入封建社会的时间是汉魏之际。1991 年他出版《中国古代社会》一书,此书共分三部分,由部落到国家、古代社会、古代到中世纪,从国家形态、社会政治和经济结构等方面论述秦汉社会到魏晋社会的演进,丰富了"魏晋封建说"的论证。此书成为"魏晋封建说"这一学派学说的完整表述。④

---

① 张国刚:《隋唐五代史研究概要》,天津教育出版社 1996 年版,第 145、515、184、194 页。

② 何兹全:《我所经历的 20 世纪中国社会史研究》,《史学理论研究》2003 年第 2 期。

③ 何兹全:《关于中国古代社会的几个问题》,《文史哲》1956 年第 8 期。

④ 何兹全:《中国古代社会》再版前言,北京师范大学出版社 2007 年版。

除何兹全外,持"魏晋封建说"的学者还有尚钺、王仲荦等,经过这些学者的努力,"魏晋封建说"成为中国社会史分期中的主要理论观点之一,并在当代史学界呈发展之势,陶希圣与"食货"学派的开创之功,实不可没。

(三)出版专业性学术期刊、倡导学术争鸣,有力推进社会经济史学科发展

清末民初之际,现代意义上的学术论文在中国出现,登载学术论文的载体就是期刊。"五四"以后,是学术专业期刊的大量发生期,"食货"学派同人也积极加入这种时代学术潮流,先后创办了《食货》半月刊、《益世报·食货周刊》、《中央日报·食货周刊》等,其中《食货》半月刊是 20 世纪 30 年代为数不多的社会经济史专业刊物。

首先,这些报纸杂志登载了大量的学术论文,使得"食货"学派与各方面学人能够就经济史多方面的问题展开争鸣与商榷,如陶希圣与李秉衡、王宜昌、王瑛等人讨论史学研究中的理论与材料之学术关联;陶希圣、曾謇与刘兴唐、武伯伦、吴景超等人讨论奴隶社会之有无问题;陶希圣与丁道谦、李立中论商业资本主义问题等。同时,这些报纸杂志,也推介出大量的社会经济史资料及西方经济史名著,例如敦煌文献的刊布、诸多国外经典著作观点的介绍等,为中国经济史学者的研究提供了很大的方便。

其次,培养了大批的青年才俊,为中国经济史学的发展输送了大量的后备人才,如何兹全、全汉昇、杨联陞、王毓铨、莫非斯、傅衣凌、马非白、刘兴唐、齐思和、周一良等。正如王家范在回眸百年史学历程时总结道:"在新史学里,中国社会经济史研究的兴起,这一路向的推动作用,不容抹杀。但真正在这方面做出较深入研究而富创见的,则要到熟悉西方经济学原理和方法的一代学者手里,突出的如全汉昇、杨联陞等。"[1]而全汉昇、杨联陞等人正是通过《食货》半月刊这一学术平台在学界崭露头角的。此后,全汉昇、杨联陞等即以社会经济史研究为一生的研究旨趣,并成为著名的经济史学家。

最后,通过期刊这一现代传播媒介,扩大社会经济史研究的影响力。这些专业报刊不仅在国内学界引起了广泛关注,其影响力还波及海外,如《食货》半月刊每期约有 60% 销到日本,成为日本研究中国史学者的必读刊物。[2] 1974 年陶希圣自言:"《食货》有一条旧路。""抗战爆发,《食货》半月刊

---

[1] 王家范:《百年史学历程回顾二题》,《历史教学问题》2000 年第 1 期。

[2] 森鹿三:《食货半月刊简介》,高明士节译,《食货》月刊 1971 年第 1 卷第 1 期。

是停刊了。""停刊三十年的《食货》仍有搜求参考的价值。于是东京大安书店将合订本影印发行。大安关闭了,影印本也卖完了,由此可见这条旧路还存在世间。"①而陶希圣在"1968 年春季,游欧洲转美国,经日本回台北。在美日两国几座大学及学术机关与图书馆,得悉《食货》半月刊至今仍是'中国研究'必须参考书刊之一种"②。这些报刊的创办说明"食货"学派成员具有很强的学术自觉性,借助新的传播媒介形成公共的学术研究平台,进而有力地推进中国社会经济史学的发展。

三、"食货"学派的历史局限性

陶希圣与"食货"学派既注重史料的搜集和整理,又不忽视理论和方法,运用唯物史观研治中国社会经济史的同时,开辟了诸多经济史研究新领域,构建新的学术观点,在推动中国社会经济史学科的发展方面做出了积极的贡献。我们在肯定陶希圣与"食货"学派学术贡献的基础上,也应注意"食货"学派发展过程中的局限性。

（一）受政治立场的影响,学术与政治之间的过度渗透最终导致学派的衰落

20 世纪上半叶的中国社会正经历着政治、经济、文化的重大变革,它们之间相互影响,共同推动社会发展。学术研究作为社会文化的重要组成部分,其发展历程也不可避免地受到社会政治经济因素的影响。"食货"学派身处 30 年代复杂的社会政治背景之下,从政治因素方面对其进行考察是必要的,而通过对学派成员政治思想活动及学术思想发展轨迹的分析,可从侧面展现民国时期社会政治经济文化的发展历程。

史学是与时代发展有着紧密联系的社会科学。受社会革命运动的影响,20 世纪 30 年代,学界爆发了持续近十年的社会史论战,由此中国社会经济史研究的第一次高潮骤然兴起。陶希圣与"食货"学派成员紧跟时代步伐,积极吸收接纳唯物史观,在科学地运用史料的基础上,取得了丰富的研究成果,并得到了学界的认同。民国时期社会环境复杂,政治思潮与学术研究相互交织在一起,互利互弊。在 30 年代马克思主义社会思潮兴起的过程中,陶希圣与"食货"学派以唯物史观为指导的史学研究极具学术前瞻性,对后来的社会经济史研究产生了深远影响。然而,受国民党员政治立场的影

---

① 陶希圣:《编辑的话》,《食货》月刊 1974 年第 1 卷第 1 期。

② 陶希圣:《八十自序》（下）,《传记文学》1979 年第 34 卷第 1 期。

响,陶希圣与"食货"学派在学术思想上部分地接受了唯物史观,并有选择地运用唯物史观,这使得他们疏于学术理论的深入探索,这在一定程度上限制了他们学术研究的发展。

客观而言,站在纯学术研究的角度看,学术研究应该规避社会政治等因素的干扰,但是如果学术能在不违背时代发展进程的前提下与社会实践实现完美的结合,也能促进学术的发展。20 世纪 40 年代,在民族的生死存亡之际,以郭沫若、吕振羽、翦伯赞、侯外庐等为代表的马克思主义学者"用马克思主义的历史理论观察整个中国历史的进程并跟当时的革命实践结合起来",进一步深入探讨了中国社会史问题,撰写了一批极富影响力的马克思主义史学著作,"在艰难的岁月里,马克思主义史学是富有成果的"。[①]"在抗日战争这场决定民族生死存亡的关头,不仅马克思主义史学家郭沫若、范文澜、翦伯赞、吕振羽、侯外庐等人成为这场伟大斗争的一员,其他爱国史学家也依据本人所处的具体环境,同全国抗战军民同命运。"[②]如汤象龙、梁方仲等,梁方仲在抗战期间曾多次深入川陕甘等革命根据地进行农村土地经济社会调查,与马克思主义学者进行了广泛的交流与合作,也取得了丰富的研究成果。

如前所述,在社会发展进程中,学术与政治有着紧密的互动关系,他们互为利弊。在顺应历史的发展的前提下,学术与政治、社会实践的适度结合是可以促进学术发展的。然而,逆时代潮流而上,学术为政治服务,学术与政治之间过度渗透,不仅不能促进学术的发展,反而会遭到历史的淘汰。20世纪 40 年代,陶希圣与"食货"学派成员的学术思想由运用唯物史观探求中国历史发展进程转向倡导"新经学",提倡史学与社会现实相结合。这一时期,他们的学术研究为政治服务的意图明显。这种过分强调意识形态色彩的学术研究本身的学术性就受到了学界的质疑,加之陶希圣与"食货"学派成员偏重学术的经世致用功用而减弱了学术的求真意识,致使他们的学术影响力渐衰。40 年代,陶希圣与"食货"学派成员大多任职于国民政府权力核心部门,他们的政治思想与政治身份影响到他们的学术研究,即为国民政府摇旗呐喊,倡导学术为解决国民政府的社会政治、经济民生问题服务。陶希圣与"食货"学派忽视学术发展的时代性,学术与政治的过度渗透,为即将被历史淘汰的腐朽的国民党政权服务的学术研究,难以在学界产生共鸣,并最终退出历史舞台。

---

①　白寿彝:《史学概论》,宁夏人民出版社 1983 年版,第 328—329 页。

②　陈其泰:《史学与民族精神》,学苑出版社 1999 年版,第 20 页。

　　从陶希圣与"食货"学派的学术发展轨迹看民国时期的学术与政治,它们之间有着紧密的互动关系。符合时代发展前进方向的学术研究,适度地与政治相结合能够促进学术研究的发展。反之,逆时代潮流而上,为政治服务的学术活动无益于社会整体的学术发展。

　　(二)过分倚重学派领袖陶希圣,"食货"学派成员未实现学术力量的均衡发展

　　"食货"学派是由陶希圣一手构建的学术派别。1934 年,陶希圣创办《食货》半月刊,以此为平台,一批从事中国社会经济史研究的学人聚集于此,形成名盛一时的"食货"学派。当时从事经济史研究者甚多,秦佩珩著文称:"在'中国经济史'总旗帜底下,虽然有唐庆增、马乘风、齐思和、梁方仲、卫聚贤、连士升、鞠清远、蒲耀琼、莫非斯、陶孟和、魏重庆、王志瑞、陈啸江等氏,然而大势所趋,仍倾向于食货一派。结果自然要以陶希圣的倡导为马首是瞻。"①陶希圣已然成为社会经济史学科的领潮人。

　　在此背景下,何兹全、鞠清远、曾謇、武仙卿、连士升、沈巨尘这几位青年学生受陶希圣学术旨趣及治史理念的影响聚集在其周围形成以社会经济史为专攻的史学派别。"食货"学派最有影响力的学术成果大都形成于 1937年前《食货》半月刊刊行的三年间,这也是"食货"学派最具学术号召力的时期。由于《食货》半月刊存在时间较短,除陶希圣外学派其他成员学术影响力有限,因此学界对其是否可称为学派存有疑问。这种质疑声也从侧面折射出"食货"学派发展过程中的局限性。在《食货》半月刊停刊、领袖陶希圣弃学从政之后,"食货"学派其他成员的学术研究无以为继,这种过分倚重学派领袖的局面表明"食货"学派其他成员未能实现学术力量的均衡发展,这不利于学派的持续发展。

　　与同一时期的南高史地学派相比,"食货"学派学术力量发展失衡的局限性更为凸显。南高史地学派是在 20 世纪 20 年代初南京高等师范学校文史地部学生成立的史地研究会的基础上发展形成的史学派别,主要成员有柳诒徵、竺可桢、陈训慈、张其昀、缪凤林、胡焕庸、郑鹤声、刘掞藜,其中柳诒徵是学派领袖。南高史地学派其他学人在南高毕业后继续从事学术研究,都成为在学界独当一面、学有专攻的青年学人。陈训慈 1923 年于南高毕业后任职于上海商务印刷馆编译所;1930 年任中央大学讲师,讲授中国近代

---

　　①　秦佩珩:《中国经济史坛的昨日今日和明日》,《新经济》1944 年第 11 卷第 3 期。

史;1932 年出任浙江图书馆馆长。张其昀 1923 年毕业后任商务印书馆编辑,后任教于南京中央大学,创办《地理杂志》和中国人地学会;1936 年被聘为浙江大学史地系主任兼历史研究所所长。缪凤林南高毕业后于 1928 年应中央大学之聘,任文学院史学系教授,在中央大学持教 20 余年。胡焕庸南高毕业后于 1926 年赴法留学,并于 1928 年回国后任中央大学地学系教授和气象研究所研究员。1934 年中国地理学会成立,胡先后担任理事、总干事、理事长等职。郑鹤声毕业后于 1929 年任教于中央大学。刘掞藜于南高毕业后入东南大学学习,毕业后先后任教于中山大学、成都大学、武汉大学。

史地学派八位成员中除两位导师柳诒徵、竺可桢外,其余都是南高文史地部学生,他们在毕业后仍继续在科研机构从事学术研究,标帜该派一以贯之的学术文化宗旨,并以倡导发扬中国固有文化和介绍世界最新学术为己任,长期活跃于史地学界。相比之下,"食货"学派成员并未各自独立发展自身的学术力量,而是依附导师陶希圣来从事学术研究。鞠清远、武仙卿、曾謇、沈巨尘在大学毕业后都去了陶希圣主持的北京大学经济史研究室工作。何兹全毕业后赴日留学,一年后回国编辑《教育短波》。连士升在 1934 年研究生毕业后在广东岭南大学任教三年。由此,在陶希圣于抗战初期离开北京大学进入政府组织后,"食货"学派其他成员也就失去了赖以发展的学术平台,最后在陶希圣的错误引导下卷入政治漩涡,未能将"食货"学派的学术研究持续健康地发展下去。

综上所述,以陶希圣为首的"食货"学派是 20 世纪二三十年代中国近代史学史上一支重要的史学派别。"食货"学派高举"理论与史料并重"的大旗,更新史学观念,开辟社会经济史研究新领域,在社会史分期中积极阐发"魏晋封建说"。他们对社会经济史各领域的专题研究都颇有建树,其中的一些学术观点时至今日仍被学者频频引用,对学界产生深远影响。陶希圣与"食货"学派各成员间相互影响,在产生学术共鸣的同时也存在各成员学术力量发展不均衡,政治身份过于复杂,受政治因素影响学术研究脱离时代前进步伐等局限性。但陶希圣与"食货"学派的社会经济史研究、史学思想、治史方法,在推动中国社会经济史学科的发展方面做出了不可磨灭的积极贡献。他们在中国史学史上占有重要的一席之地。

参考文献

[1] 阿里夫·德里克. 革命与历史——中国马克思主义历史学的起源 1919—1937[M]. 翁贺凯译. 南京:江苏人民出版社,2005.

[2] 白寿彝. 中国史学史(一)[M]. 上海:上海人民出版社,1984.

[3] 鲍家麟. 中国社会经济史研究的奠基者——陶希圣先生[J]. 中华文化复兴月刊,1974,7(11).

[4] 北京大学中国中古史研究中心. 纪念陈寅恪先生诞辰百年学术论文集[C]. 北京:北京大学出版社,1989.

[5] 曹文柱,李传军. 二十世纪魏晋南北朝史研究[J]. 历史研究,2002(5).

[6] 长江. 陶希圣与《食货》[N/OL]. 北平晨报,1935-01-18.

[7] 陈峰.《食货》新探[J]. 史学理论研究,2001(3).

[8] 陈峰. 社会史论战与现代中国史学[D]. 济南:山东大学,2005.

[9] 陈虎,王照年. 史学与文学、文献学的有机结合——评《六朝史籍与史学》[J]. 长沙理工大学学报:社会科学版,2006(2).

[10] 陈其泰. 中国近代史学的历程[M]. 郑州:河南人民出版社,1994.

[11] 陈清泉,苏双碧. 中国史学家评传[M]. 郑州:中州古籍出版社,1985.

[12] 陈希红. 评陶希圣的中国社会史研究[J]. 安徽史学,2003(6).

[13] 陈啸江. 两汉经济史[M]. 上海:新生命书局,1936.

[14] 陈啸江. 中国经济社会史研究的总成绩及其待解决问题[J]. 社会科学论丛季刊,1937,3(1).

[15] 陈啸江. 中国经济史研究计划书[J]. 现代史学,1934,2(4).

[16] 陈学明,郑学稼. 中国古代赋役制度史研究回顾与展望[J]. 历史研究,

2001(2).

[17] 陈哲夫.现代中国政治思想流派(三卷本)[M].北京:当代中国出版社,1999.

[18] 杜荃.读《中国封建社会史》[J].新思潮,1929(2、3).

[19] 杜若遗.介绍《食货半月刊》[J].文化建设,1935,1(4).

[20] 杜正胜,王泛森.新学术之路[M].台北:"中央研究院"历史语言研究所,1988.

[21] 杜正胜.通贯礼与律的社会史学:陶希圣先生学述[J].历史月刊,1988(7).

[22] 恩格斯.家族私有财产及国家之起源[M].李膺杨译.上海:新生命书局,1929.

[23] 范泓.书生论政是书生——真实的陶希圣[J].书屋,2005(8).

[24] 方秋苇.陶希圣与"低调俱乐部"、"艺文研究会"[J].民国档案,1992(3).

[25] 冯尔康等.中国社会史研究概述[M].天津:天津教育出版社,1988.

[26] 冯家昇.冯家昇论著辑粹[M].北京:中华书局,1987.

[27] 冯天瑜.中国社会史论战中的两种"封建"观[J].学习与实践,2006(2).

[28] 傅衣凌.治史五十年文编[M].厦门:厦门大学出版社,1989.

[29] 傅允生.历史研究的价值取向与史学的边缘化趋势——兼论中国经济史研究中的误区及其影响[J].浙江学刊,2004(3).

[30] 傅筑夫.陶希圣著《中国封建社会史》[J].图书评论,1933,1(10).

[31] 傅筑夫.研究中国经济史的意义及方法[J].中国经济,1934,2(9).

[32] 高国抗,杨燕起.中国近代史学史概要[M].南宁:广西高等教育出版社,1994.

[33] 高军.中国社会性质问题论战(资料选辑)[M].北京:人民出版社,1984.

[34] 高敏.魏晋南北朝经济史(下)[M].上海:上海人民出版社,1996.

[35] 高增德,丁东.世纪学人自述[M].北京:北京十月文艺出版社,2000.

[36] 格拉斯.工业史[M].连士升译.长沙:商务印书馆,1939.

[37] 耿云志.胡适遗稿及秘藏书信(1、36、37)[M].黄山:黄山书社出版,1994.

[38] 顾颉刚.当代中国史学[M].沈阳:辽宁教育出版社,1998.

[39] 顾颉刚.古史辨(7册)[M].上海:上海古籍出版社,1982.

[40] 顾颉刚.顾颉刚古史论文集:第一册[M].北京:中华书局,1988.

[41] 郭沫若.海涛[M].上海:新文艺出版社,1957.

[42] 郭沫若.中国古代社会研究[M].上海:上海联合书店,1930.

[43] 郭松义.中国社会史研究五十年[J].历史研究,1999(3).

[44] 郭廷以.中华民国史事日志[M].台北:台湾"中央研究院"近代史研究所,1984.

[45] 郭湛波.近五十年中国思想史[M].济南:山东人民出版社,1997.

[46] 国立北京大学一览:民国二十四年度[M].北平:国立北京大学出版组,1935.

[47] 何干之.何干之文集[M].北京:中国人民大学出版社,1989.

[48] 何兹全.爱国一书生:八十五自述[M].上海:华东师范大学出版社,1997.

[49] 何兹全.北宋之差役与雇役[N/OL].华北日报·史学周刊,1933-11-22,12-6.

[50] 何兹全.东晋南朝的钱币使用与钱币问题[J].历史语言研究所集刊,1945(14).

[51] 何兹全.何兹全文集:一—六卷 [M].北京:中华书局,2006.

[52] 何兹全.怀念师生深情忧心国家大事[J].学术界,2002(2).

[53] 何兹全.九十自我学术评述[J].北京师范人学学报:人文社会科学版,2001(5).

[54] 何兹全.魏晋的中军[J].历史语言研究所集刊,1948(17).

[55] 何兹全.魏晋南朝的兵制[J].历史语言研究所集刊,1948(16).

[56] 何兹全.我所经历的 20 世纪中国社会史研究[J].史学理论研究,2003(2).

[57] 何兹全.与曾兴论"质任"是什么?[J].文史杂志,1941,1(4).

[58] 何兹全.中古时代之中国佛教寺院[J].中国经济,1934,2(9).

[59] 贺渊.社会史论战的先声——《新生命》杂志对中国社会结构的探讨[J].南京大学学报:哲学·人文科学·社会科学版,2006(3).

[60] 洪认清.《食货》半月刊在经济史学理论领域的学术贡献[J].史学史研究,2007(4).

[61] 侯建新.经济—社会史:历史研究的新方向[M].北京:商务印书馆,2002.

[62] 侯外庐.韧的追求[M].北京:生活·读书·新知三联书店,1985.

[63] 侯云灏.20 世纪前期中国史学流派略论[J].史学理论研究,1999(2).

[64] 胡逢祥,张文建.中国近代史学思潮与流派[M].上海:华东师范大学出版社,1991.

［65］胡逢祥.唯物史观与中国现代史学传统［J］.南开学报,2002(2).

［66］胡逢祥.现代中国史学专业学会的兴起与运作［J］.史林,2005(3).

［67］胡戟,张弓,李斌城,等.二十世纪唐研究［M］.北京:中国社会科学出版社,2002.

［68］胡培翚.仪礼正义(二)［M］.南京:江苏古籍出版社,1993.

［69］胡适.胡适文存(二集3卷)［M］.黄山:黄山书社,1996.

［70］黄静.抗战时期史学流派研究(1931—1945)［D］.北京:北京师范大学,2003.

［71］黄静.食货学派及其对魏晋封建说的阐发［J］.学术研究,2005(2).

［72］黄静.禹贡派与食货派的学术关联［J］.学海,2003(3).

［73］黄宽重.陶希圣与食货杂志［J］.历史月刊,1988(7).

［74］黄文山.对于中国古代社会史研究方法论之检讨［J］.新社会科学季刊,1934(秋季号).

［75］晁福林.论前疑古时代——五四新文化运动与学术方法的变革［J］.北京师范人学学报:社会科学版,1999(2).

［76］嵇文甫.嵇文甫文集(上)［M］.郑州:河南人民出版社,1985.

［77］吉书时,许殿才.何兹全先生访问记［J］.史学史研究,1990(1).

［78］加藤繁.中国经济史考证［M］.吴杰译.上海:商务印书馆,1959.

［79］翦伯赞.历史哲学教程［M］.北京:北京大学出版社,1990.

［80］姜伯勤.唐五代敦煌寺户制度［M］.北京:中华书局,1987.

［81］姜胜利,苏永明.鞠清远史学初探［J］.兰州大学学报,2007(3).

［82］蒋俊.中国史学近代化进程［M］.济南:齐鲁书社,1995.

［83］金景芳.论井田制度［M］.济南:齐鲁书社,1982.

［84］金毓黻.中国史学史［M］.石家庄:河北教育出版社,2000.

［85］晋阳学刊编辑部.中国现代社会科学家传略［M］.太原:山西人民出版社,1983.

［86］鞠清远.皇庄起源论［J］.中国经济,1934,2(7).

［87］鞠清远.刘晏评传［M］.上海:商务印书馆,1937.

［88］鞠清远.唐代财政史［M］.上海:商务印书馆,1940.

［89］鞠清远.唐代的两税法［J］.国立北京大学:社会科学季刊,1936,6(3).

［90］鞠清远.唐宋官私工业［M］.上海:新生命书局,1934.

［91］鞠清远.唐宋元寺领庄园研究［J］.中国经济,1934,2(9).

［92］鞠清远.中国经济史料丛编·唐代篇之四·唐代之交通［M］.北平:国

立北京大学出版组,1937.

[93] 瞿林东.二十世纪的中国史学上、下[J].历史教学,2000(3、5).

[94] 瞿林东.史学与史学史纲[M].合肥:安徽教育出版社,1998.

[95] 瞿林东.择善而固执,上下而求索:何兹全先生的治学道理和学术成就[J].北京师范大学学报,1991(4).

[96] 瞿林东.中国简明史学史[M].上海:上海人民出版社,2005.

[97] 瞿林东.中国史学的理论遗产[M].北京:北京师范大学出版社,2005.

[98] 瞿林东.中国史学史纲[M].北京:北京出版社,2005.

[99] 瞿同祖.中国封建社会[M].上海:上海人民出版社,2003.

[100] 柯岑.中国古代社会[M].上海:黎明书店,1933.

[101] 堀敏一.均田制的研究[M].韩国磐,等译.福州:福建人民出版社,1984.

[102] 劳贞一.书籍评论:两汉文官制度[J].中国社会经济史集刊,1944,7(1).

[103] 黎世衡.中国经济史讲义(京师大学堂讲义)[M].1912年印(印行者不详).

[104] 李德模.关于马克思及马克思主义中文译著书目试编[J].新思潮,1930(2、3).

[105] 李方祥.三十年代的食货派与中国社会经济史研究的兴起[J].北京科技大学学报,2007(1).

[106] 李根蟠.二十世纪的中国古代经济史研究[J].历史研究,1999(3).

[107] 李根蟠.唯物史观与中国经济史学的形成[J].河北学刊,2002(3).

[108] 李根蟠.中国"封建"概念的演变和"封建地主制"理论的形成[J].历史研究,2004(3).

[109] 李根蟠.中国经济史学百年历程与走向[J].经济学动态,2001(5).

[110] 李天石,陈振.宋辽金史研究概述[M].天津:天津教育出版社,1995.

[111] 李源涛.20世纪30年代的食货派与中国社会经济史研究[J].河北学刊,2001(5).

[112] 李泽厚.中国现代思想史论[M].天津:天津社会科学院出版社,2004.

[113] 连亮思,连文思.连士升纪念文集[M].吉隆坡:新加坡南洋学会,1976.

[114] 连士升.海滨寄简(1—4)[M].吉隆坡:新加坡星洲世界书局有限公司,1963.

[115] 连士升.回首四十年[M].吉隆坡:星洲世界书局,1952.

[116] 连士升.记国际历史学会会长田波莱教授[J].大众知识,1936,1(5、6).

[117] 连士升.经济与地理[J].禹贡,1935,2(11).

[118] 连士升.研究中国经济史的方法和资料[N].大公报·史地周刊,1936-10-09.

[119] 连士升.英国经济史学的背景和经过[J].东方杂志,1935,32(1).

[120] 梁捷.陶希圣和《食货》——民国经济思想丛谈之二[J].博览群书,2007(6).

[121] 梁启超.中国历史研究法(外二种)[M].石家庄:河北教育出版社,2000.

[122] 梁园东.读物介绍:唐代经济史[J].商务印书馆出版周刊,1936(201).

[123] 林甘泉,田人隆,李祖德.中国古代史分期讨论五十年[M].上海:上海人民出版社,1982.

[124] 林甘泉.二十世纪的中国史学[J].历史研究,1996(2).

[125] 刘道元.九十自述[M].台北:龙文出版股份有限公司,1994.

[126] 刘道元.两宋田赋制度[M].上海:新生命书局,1933.

[127] 刘道元.中国中古时期的田赋制度[M].上海:新生命书局,1934.

[128] 刘光宇.评陶希圣所谓"流寇之发展及其前途"[J].动力,1930(2).

[129] 刘节.陶希圣著《中国政治思想史》[J].图书评论,1933,1(12).

[130] 刘俐娜.20世纪初期中国社会转型与史学的发展[J].教学与研究,2004(6).

[131] 刘茂林.《食货》之今昔[J].中国史研究动态,1980(4).

[132] 刘馨,宋勤霞.西方实证主义史学与二十世纪初中国新史学思潮[J].山西师大学报:社会科学版,2002(1).

[133] 罗绳武.陶希圣主编《食货》的介绍及批评[J].中国农村,1935,1(11).

[134] 马乘风.中国经济史:第1册[M].中国经济研究会,1935.

[135] 孟瑞星,左永平.也谈陶希圣与"和平运动"[J].思茅师范高等专科学校校报,2005(3).

[136] 欧阳跃峰.20世纪中国史学的论争与发展[J].安徽师范人学学报:人文社会科学版,2005(2).

[137] 皮伦.评陶希圣、武仙卿著《南北朝经济史》[J].文史杂志,1944,4(5、6).

[138] 齐思和.近百年来中国史学的发展[J].燕京社会科学,1949(2).

[139] 齐思和.现代中国史学评论[J].大中,1946,1(1).

[140] 齐思和.中国史学界的展望[J].大中,1946,1(5).

[141] 齐振.中国社会史研究方法论的商榷[J].文史,1934,1(2).

[142] 钱穆.八十忆双亲:师友杂忆[M].北京:生活·读书·新知三联书店,1998.

[143] 钱穆.国史大纲[M].上海:商务印书馆,1996.

[144] 乔治忠,姜胜利.中国史学史研究述要[M].天津:天津教育出版社,1996.

[145] 秦佩珩.从蓬勃到沉寂的中国经济史坛[J].清议,1944,2(4).

[146] 秦佩珩.中国经济史坛的昨日今日和明日[J].新经济,1944,11(3).

[147] 丘旭.中国的社会到底是什么社会?——陶希圣错误意见之批评[J].新思潮,1930(4).

[148] 全汉昇.中国行会制度史[M].上海:新生命书局,1934.

[149] 阮兴.《食货》与20世纪30年代的中国经济社会史学界[J].中国社会经济史研究,2005(2).

[150] 阮兴.《食货》与中国经济社会史研究[D].广州:中山大学,2005.

[151] 阮兴.陶希圣与《食货半月刊》[J].兰州大学学报:社会科学版,2005(2).

[152] 桑兵.晚清民国的国学研究[M].上海:上海古籍出版社,2001.

[153] 森鹿三.唐代之交通——中国经济史料丛编·唐代篇之四[J].东洋史研究,1937,2(6).

[154] 上海市哲学社会科学学会联合会.中国社会科学家联盟成立55周年纪念专辑[C].1986.

[155] 沈巨尘.秦汉的皇帝[J].文化建设,1935,1(8).

[156] 沈巨尘.秦汉的尚书台[J].文化建设,1935,2(1).

[157] 沈任远.历代政治制度要略[M].台北:洪范书店有限公司,1988.

[158] 沈任远.隋唐政治制度[M].台北:台湾商务印书馆,1977.

[159] 沈任远.魏晋南北朝政治制度[M].台北:台湾商务印书馆,1971.

[160] 石决明.外国学者关于中国经济史之研究与其主要贡献[J].中国经济,1934,2(10).

[161] 石决明.中国经济史研究上的几个重要问题[J].中国经济,1934,2(9).

[162] 食货月刊编辑委员会.陶希圣先生八秩荣庆论文集[M].台北:食货出版社,1979.

[163] 斯波义信.宋代江南经济史研究[M].方健,何忠礼译.南京:江苏人民出版社,2001.

[164] 苏永明."食货派"的经济史研究方法探讨[J].史学史研究,2007(3).

[165] 苏永明."食货派"史学研究[D].天津:南开大学,2008.

[166] 孙家骧,曾宪楷,郑昌淦.批判陶希圣"前资本主义社会论"的反动观点[J].历史研究,1958(12).

[167] 唐长孺.魏晋南北朝史论丛[M].北京:生活·读书·新知三联书店,1955.

[168] 唐长孺.魏晋南北朝史论丛续编[M].北京:生活·读书·新知三联书店,1959.

[169] 唐长孺.魏晋南北朝史论拾遗[M].北京:中华书局,1983.

[170] 唐长孺.魏晋南北朝隋唐史三论[M].武汉:武汉大学出版社,1992.

[171] 唐德刚.高宗武探路汪精卫投敌始末(一—五)[J].传记文学,1995,66(2—6).[172] 唐耕耦.略论唐代的资课[J].中华文史论丛,1983(2).

[173] 唐耕耦.唐代的资课[J].中国史研究,1980(3).

[174] 陶恒生."高陶事件"始末[M].武汉:湖北人民出版社,2003.

[175] 陶恒生.南洋的"京派"文人连士升——兼述连、陶两家七十年的情谊[J].传记文学,2010(4).

[176] 陶晋生.陶希圣论中国社会史[J].古今论衡,1999(2).

[177] 陶希圣,鞠清远.唐代经济史[M].上海:商务印书馆,1936.

[178] 陶希圣,沈巨尘.秦汉政治制度[M].上海:商务印书馆,1936.

[179] 陶希圣,沈任远.明清政治制度[M].台北:台湾商务印书馆,1967.

[180] 陶希圣,武仙卿.南北朝经济史[M].上海:商务印书馆,1937.

[181] 陶希圣.八十自序[J].传记文学,1978,33(6).

[182] 陶希圣.八十自序[M].台北:食货月刊社,1979.

[183] 陶希圣.潮流与点滴[M].台北:传记文学出版社,1979.

[184] 陶希圣.夏虫语冰录[M].台北:法令月刊社,1980.

[185] 陶希圣.中国社会之史的分析.上海:新生命书局,1929.

[186] 田彤.简析社会史论战中的方法论问题[J].华中师范大学学报:人文社会科学版,1999(4).

[187] 王记录.五十年来中国史学史分期研究述评[J].中国史研究动态,2002(6).

[188] 王家范.百年史学历程回顾二题[J].历史教学问题,2000(1).

[189] 王建科."高、陶出逃"原因析[J].江海学刊,1997(4).

[190] 王健文整理,杜正胜、黄宽重访谈.风气新开百代师——陶希圣先生与中国社会史研究[J].历史月刊,1988(7).

[191] 王礼锡,陆晶清.中国社会史论战(1—4)[M].上海:神州国光社,1931—1933.

[192] 王明根,焦宗德.民国丛书[M].上海:上海书店出版社,1991.

[193] 王学典,陈峰.20世纪唯物史观派史学的学术史意义[J].东岳论丛,2002(2).

[194] 王学典.20世纪中国史学评论[M].济南:山东人民出版社,2002.

[195] 王学典.二十世纪后半期中国史学主潮[M].济南:山东大学出版社,1996.

[196] 王学典.现代学术史上的唯物史观——论作为"学术"的马克思主义[J].山东社会科学,2004(11).

[197] 王宜昌.论陶希圣最近的中国经济社会史论[J].中国经济,1935,3(1).

[198] 王毓铨.通信一束[J].禹贡,1935,4(10).

[199] 翁贺凯.1927—1934陶希圣之史学研究与革命论——兼论其与国民党改组派之关系[J].福建师范大学学报:哲学社会科学版,2003(4).

[200] 吴承明.中国经济史研究的方法论问题[J].中国经济史研究,1992(1).

[201] 吴怀棋.中国史学思想通史[M].黄山:黄山书社,2002.

[202] 吴少珉,赵金昭.二十世纪疑古思潮[M].北京:学苑出版社,2003.

[203] 吴雁南.中国近代社会思潮(四卷本)[M].长沙:湖南教育出版社,1998.

[204] 吴泽.史学概论[M].合肥:安徽教育出版社,1985.

[205] 吴泽.中国史学集刊(1)[M].南京:江苏古籍出版社,1987.

[206] 武仙卿.汉魏大族的概况[N/OL].北平:华北日报·史学周刊,1935-02-07.

[207] 武仙卿.南北朝国家寺院土族的协和与冲突[J].文化建设,1936,3(1).

[208] 武仙卿.秦汉农民生活与农民暴动[J].中国经济,1934,2(10).

[209] 武仙卿.三国时期的人民生活[N/OL].北平:华北日报·史学周刊,1934-12-27.

[210] 武仙卿.唐代土地问题[M].北平:国立北京大学出版组,1937.

[211] 武仙卿.元代农民生活探讨[J].国师月刊,1934,5(6).

[212] 向燕南,尹静.中国社会经济史研究的拓荒与奠基——陶希圣创办《食货》的史学意义[J].北京师范大学学报:社会科学版,2005(3).

[213] 谢保成.中国史学史(3)[M].北京:商务印书馆,2006.

[214] 许冠三.新史学九十年[M].长沙:岳麓书社,2003.

［215］许莹莹.陶希圣参加"中国社会史论战"缘起初探——兼论其在论战中的政治归属［J］.兰州学刊,2009(3).

［216］杨宽.历史激流中的动荡和曲折——杨宽自传［M］.台北:时报文化出版企业有限公司,1993.

［217］杨祖义.20世纪上半期中国经济史学发展初探［D］.武汉:中南财经政法大学,2003.

［218］叶振鹏.20世纪中国财政史研究概要［M］.长沙:湖南人民出版社,2005.

［219］尹达.中国史学发展史［M］.郑州:中州古籍出版社,1985.

［220］于沛.20世纪中国史学:特点和趋势［J］.学海,2001(4).

［221］于沛.外国史学理论的引入和回顾［J］.历史研究,1996(3).

［222］余文祥.陶希圣随汪反汪的前前后后［J］.武汉文史资料,1995(3).

［223］余英时.现代学术与学人［M］.桂林:广西师范大学出版社,2006.

［224］余英时.犹记风吹水上鳞:钱穆与现代中国学术［M］.台北:三民书局股份有限公司,1991.

［225］俞旦初.爱国主义与中国近代史学［M］.北京:中国社会科学出版社,1996.

［226］宇都宫清吉.土地问题——中国经济史料丛编·唐代篇之二［J］.东洋史研究,1937,2(6).

［227］袁永一.书籍评论:唐代经济史［J］.中国社会经济史集刊,1937,5(1).

［228］曾繁康.中国现代史学界的检讨［J］.责善半月刊,1940,1(5).

［229］曾謇.中国古代社会(上)［M］.上海:新生命书局,1935.

［230］曾业英主编.五十年来的中国近代史研究［M］.上海:上海书店出版社,2000.

［231］曾资生,吴云端.中国历代土地问题述评［M］.重庆:中华建国出版社,1948.

［232］曾资生.北宋新旧党派的兴起斗争及其演变［J］.文化先锋,1948,8(4).

［233］曾资生.汉代的婚姻制度［J］.大华杂志,1947,1(1).

［234］曾资生.汉代政制概略［J］.中央周刊,1945,7(26).

［235］曾资生.汉唐贮才的制度和精神［J］.中央周刊,1943,6(9).

［236］曾资生.金元的荐举制度［J］.东方杂志,1946,42(6).

［237］曾资生.两汉文官制度［M］.重庆:商务印书馆,1942.

［238］曾资生.论经世学［J］.中流,1948,1(1).

［239］曾资生.明代政制概略［J］.中央周刊,1946,8(4).

［240］曾资生.清代政制概略［J］.中央周刊,1946,8(32).

［241］曾资生.宋代政制概略［J］.中央周刊,1945,7(36).

［242］曾资生.宋金与元的乡里制度概况［J］.东方杂志,1944,40(20).

［243］曾资生.宋辽金元的制举概略［J］.东方杂志,1944,40(17).

［244］曾资生.隋唐时代的制科［J］.东方杂志,1944,40(3).

［245］曾资生.唐代的考课上计与升降赏罚［J］.文史杂志,1944,3(9、10).

［246］曾资生.唐代取才的规模［J］.中央周刊,1943,6(5).

［247］曾资生.唐代政制概略［J］.中央周刊,1945,7(40).

［248］曾资生.中国古代社会中异于宗法的各种婚姻家庭制度［J］.文风杂志,1944,1(4、5).

［249］曾资生.中国五权宪法制度之史的发展与批判［M］.上海:商务印书馆,1948.

［250］曾资生.中国政治制度史(第1、2册)［M］.重庆:南方印书馆,1943.

［251］曾资生.中国政治制度史(第3册)［M］.重庆:南方印书馆,1944.

［252］曾资生.中国政治制度史(第4册)［M］.重庆:建设出版社,1944.

［253］曾资生.中国宗法制度［M］.上海:商务印书馆,1946.

［254］张承宗.新史学的回顾与前瞻［J］.苏州大学学报:哲学社会科学版,2003(2).

［255］张崇山等.胡适往来书信选［M］.香港:中华书局,1983.

［256］张广志.中国古史分期讨论的回顾与反思［M］.西安:陕西师范大学出版社,2003.

［257］张广智,张广勇.现代西方史学［M］.上海:复旦大学出版社,1996.

［258］张广智.中国史学如何走向世界——由法国年鉴学派走向世界说开去［J］.江海学刊,2007(1).

［259］张国刚,乔治忠.中国学术史［M］.上海:东方出版中心,2002.

［260］张国刚.二十世纪隋唐五代史研究回顾与展望［J］.历史研究,2001(3).

［261］张国刚.隋唐五代史研究概要［M］.天津:天津教育出版社,1996.

［262］张横.评陶希圣的历史方法论［J］.读书杂志,1932,2(2、3).

［263］张建成.经济史的史学范式与经济学范式［J］.内蒙古师范大学学报:哲学社会科学版,2006(3).

［264］张岂之.中国近代史学学术史［M］.北京:中国社会科学出版社,1996.

［265］张世林.为学术的一生［M］.桂林:广西师范大学出版社,2005.

[266] 张世林.学林春秋[M].北京:中华书局,1998.

[267] 张书学.中国现代史学思潮研究[M].长沙:湖南教育出版社,1998.

[268] 赵金康,张殿兴.高宗武和陶希圣叛汪原因探析[J].河南大学学报,1994(2).

[269] 赵庆河.读书杂志和中国社会史论战[M].台北:稻禾出版社,1995.

[270] 赵世瑜,邓庆平.二十世纪中国社会史研究的回顾与思考[J].历史研究,2001(6).

[271] 郑学稼.社会史论战简史[M].台北:黎明文化事业出版社,1986.

[272] 中国第二历史档案馆史料组.1941年陶希圣滞港期间致陈布雷函一组[J].民国档案,1999(4).

[273] 钟叔河,朱纯.过去的学校[M].长沙:湖南教育出版社,1982.

[274] 周天游.秦汉史研究概要[M].天津:天津教育出版社,1990.

[275] 周文玖,王记录.20世纪中国史学思潮发展大势略论[J].济宁师专学报,2001(2).

[276] 周予同.五十年来中国之新史学[J].学林,1941(4).

[277] 朱建发.中国近代史学科学化研究(1902—1949)[D].上海:华东师范大学,2004.

[278] 朱守芬.《食货半月刊》与陶希圣[J].史林,2001(4).

[279] 朱维铮.周予同经学史论著选集[M].上海:上海人民出版社,1996.

[280] 朱亦芳.为什么研究历史和怎样去研究历史[J].中国经济,1935,3(1).

[281] 朱政惠.海外中国史评论[M].上海:上海古籍出版社,2006.

[282] 滋圃.书报评述:中国政治思想史[J].读书月刊,1932,2(2).

附录 陶希圣著作年表(1899—1949)

一、著作

1926 年

《中国司法制度》,上海,商务印书馆。

1928 年

《对华门户开放主义》,上海,商务印书馆。

《亲属法大纲》,上海,商务印书馆。

1929 年

《中国社会之史的分析》,上海,新生命书局。

《中国封建社会史》,上海,南强书局。

《法律学制基础知识》,上海,新生命书局。

《革命论之基础知识》,上海,新生命书局。

《国家论》,奥本海马著,陶希圣译,上海,新生命书局。

《中国社会与中国革命》,上海,新生命书局。

1930 年

《中国问题之回顾与展望》,陶希圣主编,上海,新生命书局。

1931 年

《中国社会现象拾零》,上海,新生命书局。

《辩士与游侠》,上海,商务印书馆。

《西汉经济史》,上海,商务印书馆。

《古代法》,梅因著,陶希圣译,上海,商务印书馆。

《婚姻与家族》,上海,商务印书馆。

1932 年

《中国政治思想史》(四册),上海,新生命书局(1932—1935 年)。

1936 年

《唐代经济史》,与鞠清远合著,上海,商务印书馆。

《秦汉政治制度》,与沈巨尘合著,上海,商务印书馆。

1937 年

《南北朝经济史》,与武仙卿合著,上海,商务印书馆。

《唐代寺院经济史料》(唐代篇),国立北京大学出版部,未发行。

1943 年

《论道集》,重庆,南方印书馆。

1944 年

《中国社会史》,重庆,文风书局。

二、论文

1920 年

《新旧商品与新旧妇女》,《妇女杂志》17 卷 2 期。

1925 年

《理论上之宗法》,《学艺》7 卷 4 期。

《五卅惨杀事件事实之分析与证明》,《东方杂志》22 卷 8 期。

《中国关税改订的沿革(外交常识)》,《学生杂志》12 卷 11 期。

《中英条约概观》,《学生杂志》12 卷 11 期。

1927 年

《离婚制度》,《新女性》2 卷 10 期。

《宗法理论的创造》,《民铎》8 卷 4 期。

1928 年

《从中国社会史上观察中国国民党》,《新生命》1 卷 9 期。

《中国社会到底是甚么社会》,《新生命》1 卷 10 期。

《中国官僚及军备之社会史的观察》,《新生命》1 卷 12 期。

《科举制度的意义》,《春潮》1 卷 2 期。

《士大夫身份与宗族》,《春潮》1 卷 2 期。

1929 年

《官僚政治及其摧毁》,《新生命》2 卷 1 期。

《历史的法则可否成立》,《新生命》2卷1期。

《中国宗法势力及其摧毁》,《新生命》2卷1期。

《关于士大夫身份的几个问题》,《新生命》2卷2期。

《中国封建制度的消减》,《新生命》2卷3—5期。

《社会科学讲座:马克思的社会进化论》,《新生命》2卷5期。

《中国教育制度之史的观察》,《教育杂志》21卷3期。

《中国革命之过去及现在》,《新生命》2卷4期。

《中国革命之史的分析》,《新生命》2卷8期。

《中国政治思想之发达与民权主义》,《新生命》2卷8、9期。

《中国之民族及民族问题》,《东方杂志》26卷20期。

1930 年

《中国前代之革命》,《新生命》3卷1期。

《中国之商人资本及地主与农民》,《新生命》3卷2期。

《土地兼并与井田思想》,《经济学报》1卷1期。

《唐代中国社会之一斑——读旧唐书列传随笔》,《新生命》3卷6期。

《科学的复古与望族制度》,《新生命》3卷9期。

《到官僚之路》,《学生杂志》17卷9期。

《流寇之发展及其前途》,《新生命》3卷11期。

《教育与官僚主义》,《教育杂志》22卷8期。

《官僚主义之种种》,《中学生》7期。

《妇女不平衡的发展(一)》,《妇女杂志》16卷9期。

《妇女不平衡的发展(二)》,《妇女杂志》16卷10期。

《对中国作何? 孔子与耶稣》,《中学生》创刊号。

《社会周期病之诊视》,《中学生》5期。

《英雄与社会环境》,《中学生》9期。

《民国十八年之中国社会》,《东方杂志》27卷4期。

1931 年

《三个重要的对比》,《学生杂志》18卷1期。

《关于中国的封建制度》,《读书杂志》1卷1期。

《中国经济及其复兴问题》,《东方杂志》28卷1期。

《辛亥革命的意义》,《东方杂志》28卷19期。

1932 年

《国民战与国民代表大会》,《时代公论》1期。

《为什么争言论结社自由?》,《时代公论》2 期。

《中国之法西斯蒂》,《时代公论》11 期。

《中国社会形式发达过程的新估定》,《读书杂志》2 卷 7、8 期。

《汉儒的僵尸出祟》,《读书杂志》2 卷 7、8 期。

《谈东北义勇军》,《独立评论》第 24 号。

《一个时代错误的意见——评时代公论杨公达先生的主张》,《独立评论》第 20 号。

1933 年

《西汉的社会与政治》,《民族》1 卷 3 期。

《东汉之社会政治》,《中国经济》1 卷 6 期。

《中国历史上的集权与分权》,《独立评论》第 81 号。

《由国民代表会到国民参政会》,《独立评论》第 33 号。

《太原见闻记》,《独立评论》第 72、75 号。

《中国历史上的集权与分权》,《独立评论》第 81 号。

《西汉的社会与政治》,《民族》1 卷 1—6 期。

1934 年

《中国经济发达的一个趋势》,《中国经济》2 卷 1 期。

《东汉之社会政治》,《中国经济》2 卷 5 期。

《中国经济史的引论》,《法商》1 卷 1 期。

《古代国与野之分》,《清华周刊》40 卷 11、12 期。

《对于尊孔的意见》《清华周刊》42 卷 3—4 期。

《宋代社会之一斑——几部宋人笔记所择录》,《社会学刊》4 卷 3 期。

《中国社会的进化》,《北平周报》第 80 期。

《中国固有的社会思想——重农轻商思想》,《文化建设》1 卷 1 期。

《宋代的各种暴动》,《中山文化教育馆季刊》1 卷 2 期。

《食货半月刊宣言》,《晨报·社会研究周刊》11 月 14 日。

《中国社会史经济史研究的方法》,《晨报·社会研究周刊》11 月 14 日。

《王安石以前田赋不均及田赋改革》,《食货》1 卷 1 期。

《十六七世纪间中国的采金潮》,《食货》1 卷 2 期。

《搜读地方志的提议》,《食货》1 卷 2 期。

《历史上的农民暴动(通信)》,《历史与现实》第 8 期。

《读中国经济史研究专号上册以后》,《中国经济》2 卷 10 期。

《中国古代社会组织与仁义》,《华北日报》12 月。

《无为还是有为?》,《独立评论》第 91 号。

《伪国的承认不承认》,《独立评论》第 201 号。

1935 年

《古代的土壤及其所宜的植物的记载》,《清华学报》10 卷 1 期。

《元代佛寺田园及商店》,《食货》1 卷 3 期。

《元代弥勒白莲教会的暴动》,《食货》1 卷 4 期。

《元代江南的大地主》,《食货》1 卷 5 期。

《中央政府制度略史》,《文化建设》1 卷 5 期。

《元代西域及犹太人的高利贷与头口搜索》,《食货》1 卷 7 期。

《金代猛安谋克的土地问题——读金史随笔之一》,《食货》1 卷 8 期。

《明代弥勒白莲教及其他妖贼》,《食货》1 卷 9 期。

《五代的都市与商业》,《食货》1 卷 10 期。

《中国古代社会与中古社会的分析》,《新创造》2 卷 4 期。

《为什么否认现在的中国——答胡适"试评所谓中国本位的文化建设"》,《文化建设》1 卷 7 期。

《五代的庄田——读新旧五代史随笔之二》,《食货》1 卷 11 期。

《十一至十四世纪的各种婚姻制度(一)(二)》,《食货》1 卷 12 期、2 卷 3 期。

《读经问题》,《教育杂志》25 卷 5 期。

《北宋初期的经济财政诸问题》,《食货》2 卷 2 期。

《土地兼并与井田思想》,《骨鲠》第 63 号。

《宋代的职田——读宋史随笔之二》,《食货》2 卷 9 期。

《东周时代的农工商业与社会层》,《中山文化教育馆季刊》2 卷 3 期。

《周代诸大族的信仰和组织》,《清华学报》10 卷 3 期。

《北宋几个大思想家的井田论》,《食货》2 卷 6 期。

《王安石的社会思想与经济政策》,国立北京大学《社会科学季刊》5 卷 3 期。

《明代王府庄田之一例——晋政辑要里抄下来的数字》,《食货》2 卷 7 期。

《盛唐户口较多的州郡》,《食货》2 卷 10 期。

《战国至清代社会史略说》,《食货》2 卷 11 期。

《满族未入关前的俘虏与降人》,《食货》2 卷 12 期。

《中国法制的两个系统》,《现代评论》1 卷 5 期。

《疑古与释古》,《食货》3 卷 1 期。

《宋明道学家的政术》(上)(下),国立北京大学《社会科学季刊》5 卷 4 期、6 卷 2 期。

《再谈读书》,《读书季刊》1 卷 2 号。

《齐民要术的田器及主要用法》,《国学季刊》5 卷 2 期。

《重新估定一切》,《中国社会》1 卷 4 期。

《民主与独裁的争论》,《独立评论》第 136 号。

《都市与农村》,《独立评论》第 137 号。

《思想界的一个大弱点》,《独立评论》第 154 号。

《中国最近之思想界》,《四十年代》6 卷 3 期。

《历史教学的方针》,《江苏教育》4 卷 3 期。

《土地兼并与井田思想》,《经济学报》1 卷 1 期。

1936 年

《斯密·亚丹论中国》,《食货》3 卷 3 期。

《齐民要术里田园的商品生产》,《食货》3 卷 4 期。

《北宋亡后北方的义军》,《食货》3 卷 5 期。

《元代长江流域以南的暴动》,《食货》3 卷 6 期。

《齐民要术的田器及主要用法》,《国学季刊》5 卷 2 期。

《顺治朝的逃人及投充问题》,《食货》3 卷 11 期。

《唐户籍薄丛辑》,《食货》4 卷 5 期。

《冀筱泉著中国历史上的经济枢纽区域》,《食货》4 卷 6 期。

《中国地方行政机关的等级》,《独立评论》第 218 号。

《唐代管理水流的法令》,《食货》4 卷 7 期。

《唐代管理"市"的法令》,《食货》4 卷 8 期。

《唐代的钱荒》,国立北京大学《社会科学季刊》6 卷 3 期。

《唐代官私贷借利息限制法》,国立北京大学《社会科学季刊》2 卷 1 期。

《唐代处理商客及蕃客遗产的法令》,《食货》4 卷 9 期。

《由五四运动谈到通俗文化》,《大众知识》1 卷 1 期。

《国内和平与国外紧急》,《大众知识》1 卷 2 期。

《井田与均田》,《大公报·经济周刊》第 189 号。

《中国社会史的轮廓》,《北平晨报》11 月 7 号。

《西汉长安的市》,《北平晨报·历史周刊》第 9 号。

《研究中国社会史的方法和观点》,《益世报·社会研究》12 月 9 日。

《从旧书中找社会史料的方法》,《西北风》7 期。

《食货周刊创刊的意思》,《益世报·食货周刊》12 月 6 日。

《唐代寺院经济概说——唐代经济史料丛编寺院经济篇序》,《益世报·食货周刊》12 月 13 日。

《低调与高调》,《独立评论》第 201 号。

《国际均势与中国的生命》,《独立评论》第 184 号。

《北京大学学生大会的感想》,《独立评论》第 185 号。

《中国地方行政机关的等级》,《独立评论》第 218 号。

《战难和更不易》,《独立评论》第 226 号。

1937 年

《春秋末战国初的变法运动》,《中山文化教育馆季刊》4 卷 1 期。

《南北朝经济史鸟瞰》(与武仙卿合写),《商务印书馆出版周刊》第 236 号

《西汉时代的"客"》,《食货》5 卷 1 期。

《古代与中古的"客"》,《华北日报·史学周刊》第 120 期。

《唐代寺院经济概说——唐代经济史料丛编寺院经济篇序》,《食货》5 卷 4 期。

《王莽末年的豪家及其宾客子弟》,《食货》5 卷 6 期。

《中国政治制度的变迁》,《中外月刊》2 卷 4 期。

《格式与头衔》,《益世报·食货周刊》3 月 9 日。

《以感情答感情》,《益世报·食货周刊》3 月 23 日。

《瞿兑之先生中国社会史料丛编序》,《益世报·食货周刊》5 月 4 日。

《由武昌到开封》,《独立评论》第 232 号。

《民主政治的一解》,《独立评论》第 235 号。

《论开放党禁》,《独立评论》第 237 号。

《再谈党禁问题》,《独立评论》第 239 号。

《不党者的力量》,《独立评论》第 242 号。

《国民大会的一个解释》,《独立评论》第 243 号。

《科学的战争》,《滇黔月刊》3 卷 3 期。

《残余的资本主义——一个忠告》,《文摘》1 卷 6 期。

《一刻钟的谈话》,《半月文摘》1 卷 5 期。

《西汉的客》,《食货》5 卷 1 期。

《民族与民生》,《月报》1 卷 2 期。

1938 年

《国际新均势的构成》,《政论》1 卷 2 期。

《义勇军的历史教训》,《政论》1 卷 2 期。

《集体安全并不绝望》,《政论》1 卷 3 期。

《国际新均势一瞥》,《政论》1 卷 4 期。

《理想主义与现实主义》,《政论》1 卷 5 期。

《欧洲政局的变动》,《政论》1 卷 5 期。

《德奥合并与英义谈判》,《政论》1 卷 7 期。

《英义协定签订以后》,《政论》1 卷 8 期。

《日本外交的烦闷》,《政论》1 卷 9 期。

《抗战建国纲领的性质与精神》,《政论》1 卷 11 期。

《战时学术研究》,《政论》1 卷 18 期。

《抗战的目的与理想》,《政论》1 卷 21 期。

《思想科学化运动》,《政论》1 卷 22 期。

《谈资本主义》,《政论》1 卷 23 期。

《捷克是怎样吃了亏》,《政论》1 卷 24 期。

《欧洲形式的影响》,《政论》1 卷 26 期。

《外交的沉闷与活泼》,《政论》1 卷 31 期。

《抗战中建国的三原则》,《黄埔》1 卷 1 期。

《国际大势与中国的外交路线》,《民力》2 期。

《日本的歧路》,《半月文摘》1 卷 8 期。

1939 年

《国际阵线与国家利害》,《时代文选》1 卷 2 期。

1940 年

《日本在长江下游的经济独占》,《外交研究》2 卷 4 期。

《"新中央政权"是什么?》,《闽政月刊》6 卷 2 期。

《汪伪所谓"中央政治会议"》,《闽政月刊》6 卷 2 期。

1941 年

《面对美日谈判之日本》,《国防周报》3 卷 1 期。

《日苏冲突之必然性》,《时论月刊》1 卷 4 期。

1942 年

《荀子与礼记所说的"太一"》,《文化先锋》1 卷 11 期。

《所谓大东亚新秩序或共荣圈》,《新经济半月刊》7 卷 10 期。

1943 年

《中国国民党组党的精神》,《组织》1 卷 1 期。

《战略与战术》,《新认识》6 卷 5 期。

《张江陵的政治哲学》,《世界学生》2 卷 1—2 期。

《王荆公论性命之学》,《经纬月刊》1 卷 10 期。

《百年来两个潮流一条血路》,《时代精神》7 卷 5—6 期。

1944 年

《中国经济史上之交通工具》,《西南公路》270 期。

1945 年

《拿破仑兵法语录》,《民族正气》,4 卷 3—4 期。

1946 年

《食货周刊复刊记》,《中央日报·食货周刊》6 月 8 日。

《项羽与马援》,《中央日报·食货周刊》6 月 15 日

《诸葛亮、王导、谢安》,《中央日报·食货周刊》6 月 22 日。

《再从曹孟德说起》,《中央日报·食货周刊》6 月 29 日。

《介之推与晋文公》,《中央日报·食货周刊》7 月 5 日。

《管仲与商鞅》,《中央日报·食货周刊》7 月 14 日。

《谈经世之学》,《中央日报·食货周刊》9 月 7 日。

《抗战简史》,《中央日报》10 月 31 日。

1947 年

《战国时期商业都市的发达》,《中央日报·食货周刊》5 月 14 日。

《经济社会政策赘语》(一—八),《中央日报·食货周刊》6 月 25 日、7 月 16 日、8 月 6 日、8 月 20 日、9 月 3 日、9 月 17 日、10 月 1 日、10 月 29 日。

《战国时期的农夫与商人》,《大华杂志》1 期。

《黄金潮的启示》,《中农月刊》8 卷 2 期。

《民盟助匪,罪不可恕》,《书报精华》35 期。

1948 年

《经济社会政策赘语》(九),《中央日报·食货周刊》2 月 8 日。

《不承认主义》,《中央日报周刊》3 卷 8 期。

索　引

后　记

　　2008 年我重回母校南京师范大学攻读博士学位，李天石先生未嫌我资质愚钝，让我忝列门墙。在李天石先生的指导下，我选择了"食货"学派为研究对象。除了在学校图书馆和南京图书馆研读众多的近代报纸杂志外，先生将自己收藏的《食货》杂志借予我学习之用，学生不胜感激。为了指导我写作，从选题到定稿，先生都不厌其烦地讲解、修改，有时达到四五遍之多。在先生的悉心指导下，我方能够围绕"食货"学派的发展轨迹撰写博士论文。由于我的古代经济史素养较差，写作中遇到的困难可想而知，许多难题都是在先生的帮助下解决的。可以说，在博士论文基础上形成的本书，很多地方都凝结着先生的心血和劳动。先生的热情鼓励和严格要求，时时督促我警醒，使我不敢有丝毫懈怠。本书虽然因我鲁钝而未能尽现先生的意旨，但先生精益求精的治学态度、一丝不苟的学风、深厚的学术底蕴，都使我感佩至深，成为我毕业至今一直努力的方向。

　　2004 年，我考入南京师范大学攻读硕士学位，萧永宏先生是我学术研究的启蒙老师。入学后，萧师多次督促我要刻苦研读史料及大家的著作。在我读博后，萧师多次关注我博士论文的写作情况，在此，对萧师表示衷心的感谢！

　　感谢读书期间慈鸿飞先生、施合金先生、刘进宝先生、郑忠先生的耳提面命，他们在本书的酝酿、写作和修改过程中提出的中肯意见，使我进一步明确了努力方向。

　　最后，特别感谢我的父母，二老的养育之恩非言辞所能表达，在此遥祝二老身体健康！还有我的爱人，在我读博的三年间，是他的默默支持，使我最终顺利完成学业，在此感谢他。

陈园园

2018 年 2 月

图书在版编目(CIP)数据

陶希圣与"食货"学派研究 / 陈园园著. —杭州：
浙江大学出版社，2018.6
ISBN 978-7-308-18354-3

Ⅰ.①陶… Ⅱ.①陈… Ⅲ.①陶希圣(1899—1988)
—人物研究 Ⅳ.①K825.1

中国版本图书馆 CIP 数据核字(2018)第 130324 号

陶希圣与"食货"学派研究

陈园园　著

责任编辑	吴伟伟 *weiweiwu@zju.edu.cn*	
责任校对	杨利军　牟杨茜	
封面设计	春天书装	
出版发行	浙江大学出版社	
	（杭州市天目山路 148 号　邮政编码 310007）	
	（网址：http://www.zjupress.com）	
排　　版	杭州隆盛图文制作有限公司	
印　　刷	绍兴市越生彩印有限公司	
开　　本	710mm×1000mm　1/16	
印　　张	14	
字　　数	245 千	
版印次	2018 年 6 月第 1 版　2018 年 6 月第 1 次印刷	
书　　号	ISBN 978-7-308-18354-3	
定　　价	48.00 元	